2

MÉTHODE
DE FRANÇAIS

FESTIVAL

Sylvie
POISSON-QUINTON

Michèle
MAHÉO-LE COADIC

Anne
VERGNE-SIRIEYS

Direction éditoriale : **Michèle Grandmangin**
Édition : **Christine Ligonie**
Conception graphique, couverture et mise ne pages : **Anne-Danielle Naname**
Recherche iconographique : **Clémence Zagorski**
Illustrations : **Paul Chan et Eugène Collilieux**
Cartographie : **Afdec**

© CLE International / Sejer 2006 – ISBN 209-035323-6

AVANT-PROPOS

Festival 2 s'adresse à des adultes ou à de grands adolescents, lycéens ou étudiants par exemple. Cette méthode est la suite de *Festival 1*, dont elle reprend certaines des caractéristiques.

- La présentation : une maquette très lisible, ce qui permet à l'apprenant de se repérer immédiatement dans les différentes rubriques de la leçon grâce au jeu de couleurs ; des consignes claires.
- Les contenus :
  – un vocabulaire soigneusement dosé (moins de 30 mots par leçon en moyenne) et directement utile ;
  – une attention toute particulière aux « petits mots » qui servent dans la communication de tous les jours (« Pour communiquer ») et aux tournures typiquement françaises (« Manière de dire ») ;
  – un contenu grammatical qui va à l'essentiel et une progression en spirale : chaque élément nouveau étant vu, revu, repris et approfondi tout au long du manuel. Des explications simples avec un minimum de métalangage ;
  – dans chacune des leçons, des exercices de prononciation (« Phonétique, rythme et intonation ») mettant en particulier l'accent sur les spécificités du français parlé, du « français ordinaire ».
- La démarche : une incitation constante à prendre des initiatives et à exprimer ses propres points de vue.

CE QU'IL Y A DE DIFFÉRENT

- Les dialogues ne sont plus intégralement retranscrits en première page, afin que les apprenants puissent s'exercer à une vraie compréhension orale, sans avoir le texte sous les yeux. Seules certaines répliques essentielles à la compréhension sont là pour les guider. Les dialogues transcrits intégralement se trouvent à la fin du manuel.
- Les questions de compréhension orale portant sur le dialogue accompagnent celui-ci sur la même page. Elles sont suivies d'une rubrique « Phonétique, rythme et intonation » et parfois d'un point « Phonie-graphie ».
- L'écrit est plus développé que dans le niveau 1 : toute la seconde page lui est consacrée. On part d'un texte (une lettre amicale ou officielle, un petit article de journal, une publicité, un témoignage, une mini-biographie…). Suivent des activités de compréhension écrite puis d'expression écrite guidée (le texte est alors proposé comme un « modèle ») ou plus libre, mais toujours liée au thème du texte.
- Dans la dernière page, la partie Civilisation est plus développée que dans *Festival 1*. Les textes ne doivent pas être travaillés d'une manière exhaustive, ils sont à comprendre « globalement » et servent de point de départ à des activités de type interculturel. Cette rubrique est suivie d'une « Expression personnelle orale ou écrite » qui incite l'apprenant à réagir, à s'engager personnellement, à prendre position, à proposer… En un mot, nous avons adopté une perspective résolument « actionnelle », suivant en cela les directives du Cadre européen commun de référence.
- Quant aux thèmes qui reprennent les préoccupations et les intérêts quotidiens des Français, ils sont peut-être un peu plus « adultes » que dans *Festival 1* : les études et le travail, les loisirs et le tourisme, les relations familiales et de voisinage, les choix de vie et les projets, les rêves et les regrets… autant de thèmes qui permettent à l'apprenant de s'impliquer immédiatement et de réagir personnellement.

Chaque leçon occupe quatre pages.

PAGE 1

Éléments d'un dialogue « déclencheur ». Questions de compréhension orale. Puis, rubrique Phonétique, rythme et intonation et parfois Phonie-graphie.

A : le dialogue   **C** : le lexique   **D** : Lisez et écrivez (compréhension écrite et expression écrite)

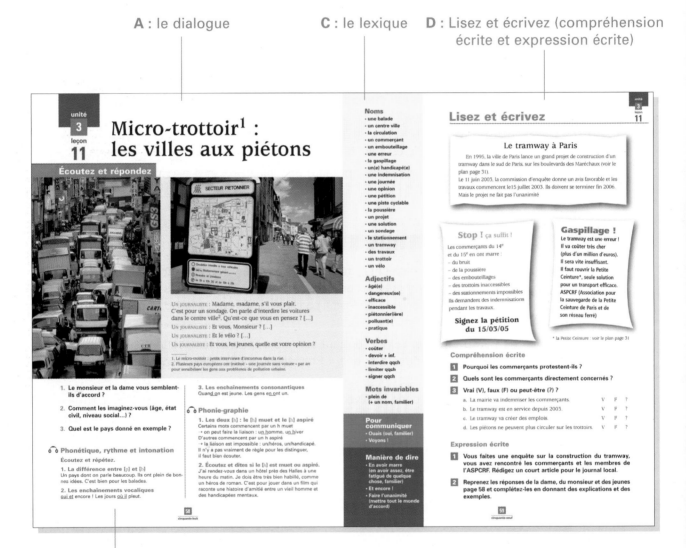

B : Phonétique, rythme et intonation
Phonie-graphie

PAGE 2

Lisez et écrivez. Cette page est entièrement consacrée à l'écrit : activités de compréhension puis de production. À gauche, le lexique, les mots Pour communiquer et les expressions idiomatiques (Manière de dire).

Cette page Grammaire et vocabulaire présente le plus clairement possible, à droite, les trois à quatre points de grammaire et de vocabulaire les plus importants de la leçon et à gauche, en vis-à-vis, les exercices correspondants.

Civilisation. Un texte et des documents iconographiques proposent une réflexion sur un aspect de la culture française, qu'il s'agisse de « culture cultivée » (le Festival de Cannes, par exemple) ou plus largement des habitudes françaises (les loisirs, les relations de voisinage...). Ce texte sert de point de départ à un travail de type interculturel (mise en relief des ressemblances et des différences entre la culture source et la culture cible) et à une production orale et écrite.

E : Grammaire et vocabulaire

F : Civilisation

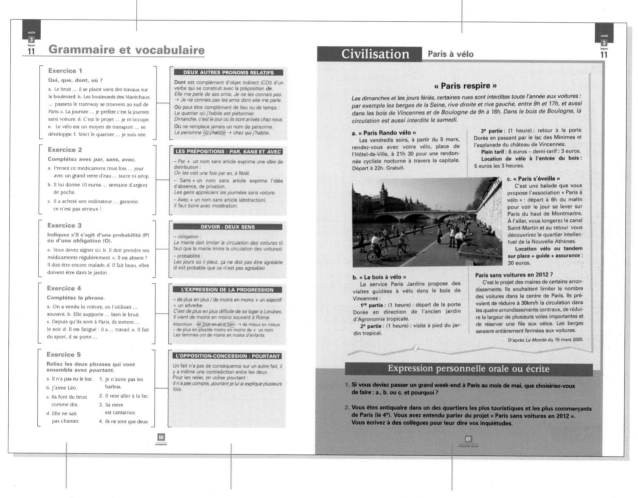

exercices   explications   **G : expression personnelle orale et écrite**

- La première unité est une unité de révision des contenus de *Festival 1*.
- À la fin de chaque unité se trouvent un quizz grammatical et des activités préparant aux épreuves des unités A2 et B1 du Delf.
- À la fin du manuel, vous trouverez :
  – un Précis grammatical reprenant les points de grammaire vus au cours des unités ;
  – la transcription des dialogues et des exercices d'écoute ;
  – un Portfolio permettant à l'apprenant d'évaluer lui-même sa progression et de réfléchir à son mode d'apprentissage des langues ;
  – un lexique en cinq langues incluant, le cas échéant, les différentes constructions des verbes.

Unité 1 : Rappels et révisions

LEÇONS	SAVOIR-FAIRE	GRAMMAIRE	VOCABULAIRE	PRONONCIATION
LEÇON 1 Paris en bateau-mouche	• Informer, s'informer	• l'interrogation (1) • l'impératif (1) • quelques constructions verbales	• les loisirs • le tourisme	• le son [ɑ̃]
	Civilisation : *De Lutèce à Paris*			
LEÇON 2 Premier jour à la fac	• Expliquer, commenter	• l'interrogation (2) • le passé composé (1) • la négation avec le présent et le passé composé	• les emplois du temps	• le son [ɛ̃]
	Civilisation : *Du lycée à la fac : le choix des lycéens*			
LEÇON 3 Je la connais, c'est Léna !	• Expliquer, raconter (1)	• le passé composé (2) • l'imparfait et le passé composé (1) • les possessifs (1) • les pronoms COD	• les vacances • les rencontres (1)	• les sons [e], [ɛ] et [ɔ̃]
	Civilisation : *Les congés payés de 1936 à aujourd'hui*			
LEÇON 4 Coup de foudre sur l'autoroute	• Raconter (2)	• l'imparfait et le passé composé (2) • les pronoms COI • les verbes pronominaux (1)	• l'amour • les rencontres (2) (chanson)	• le son [r]
	Civilisation : *Vivre en couple*			

QUIZZ GRAMMATICAL ET LEXICAL
VERS LE DELF A2

Unité 2 : La vie au quotidien

LEÇONS	SAVOIR-FAIRE	GRAMMAIRE	VOCABULAIRE	PRONONCIATION
LEÇON 5 Je te raccompagne	• Proposer, accepter	• les possessifs (2) • les indéfinis • la comparaison • le conditionnel (1)	• l'expression de la spatialisation	• le son [j]
	Civilisation : *Paris intra muros : 2 160 000 habitants*			
LEÇON 6 Au marché aux puces : on chine	• Questionner, marchander	• les relatifs : *qui* et *que* • les démonstratifs • la caractérisation	• brocante, marché, antiquités	• l'opposition [ʃ] et [z]
	Civilisation : *Les marchés aux puces*			
LEÇON 7 Qu'est-ce qu'on fait à dîner ?	• Proposer, parler de la quantité (1)	• les partitifs • l'expression de la quantité • le pronom *en* COD	• les mesures, les poids • les quantités	• du français parlé au français écrit (1)
	Civilisation : *Le partage des tâches ménagères : Français, encore un effort !*			
LEÇON 8 Mettez-la au four trente minutes	• Dire de faire, parler de la quantité (2)	• impératif (2) et pronoms • les doubles pronoms (1) • *faire* et *laisser* + inf.	• la cuisine • les recettes	• du français parlé au français écrit (2)
	Civilisation : *Ce que mangent et boivent les Français*			

QUIZZ GRAMMATICAL ET LEXICAL
VERS LE DELF A2

Unité 3 : Apparences et identité

LEÇONS	SAVOIR-FAIRE	GRAMMAIRE	VOCABULAIRE	PRONONCIATION
LEÇON 9 Elle se marie samedi	• S'interroger, hésiter	• le pronom *en* : COD et COI • les doubles pronoms (2) • la place des adjectifs	• les cérémonies • les vêtements	• l'enchaînement (1) • l'insistance • du français parlé au francais ecrit (3)
	Civilisation : *Qu'est-ce que je mets ?*			
LEÇON 10 Serge Gainsbourg, une vie	• Comprendre une biographie, se situer dans le temps	• la chronologie • les phrases longues • l'ordre des mots	• la chanson • les chanteurs • les acteurs	• prononcer une phrase longue (1)
	Civilisation : *La chanson française*			
LEÇON 11 Micro-trottoir : les villes aux piétons	• Exprimer son opinion (1)	• les relatifs *dont* et *où* • le verbe *devoir* • l'opposition (1)	• les modes de transport	• l'opposition [p] et [b] • les enchaînements (2)
	Civilisation : *Paris à vélo*			
LEÇON 12 Elle a changé de look	• Décrire qqn (physique, caractère)	• l'accord du passé composé avec *avoir* • l'accord avec *on* • le plus-que-parfait	• la mode • les vêtements • les tatouages • le piercing	• l'opposition [r] et [l] • les enchaînements (3)
	Civilisation : *Décorer son corps*			
QUIZZ GRAMMATICAL ET LEXICAL **VERS LE DELF A2**				

Unité 4 : Papotages et reportages

LEÇONS	SAVOIR-FAIRE	GRAMMAIRE	VOCABULAIRE	PRONONCIATION
LEÇON 13 Vous savez ce qui s'est passé ?	• Raconter un incident, le commenter	• la complétive à l'indicatif • la concordance des temps • le discours direct/rapporté	• un immeuble et ses habitants	• l'opposition [t] et [d] • prononcer une phrase longue (2)
	Civilisation : *Les repas de quartier*			
LEÇON 14 Devine qui j'ai vu !	• Donner son opinion sur qqn	• *en* et *y* COI • le gérondif • *depuis/il y a*	• les différents modes d'habitat	• Comment prononcer « tous »
	Civilisation : *Le boom de la colocation en France*			
LEÇON 15 En direct de...	• Relater un événement (1)	• l'interrogation indirecte • lequel, laquelle • ailleurs, d'ailleurs, par ailleurs	• les loisirs : des idées de week-end	• le son [sj] • le son [zj] • le tréma
	Civilisation : *Les régions françaises*			
LEÇON 16 La Palme d'or est attribuée à...	• Relater un événement (2)	• la forme passive • le pronom *le* « neutre » • ne ... guère • les deux relatives	• Cannes, le festval, • le cinéma	• prononcer les nombres et les dates
	Civilisation : *La fabuleuse histoire du Festival de Cannes*			
QUIZZ GRAMMATICAL ET LEXICAL **VERS LE DELF A2**				

Unité 5 : Travail et projets

LEÇONS	SAVOIR-FAIRE	GRAMMAIRE	VOCABULAIRE	PRONONCIATION
LEÇON 17 Une nouvelle baby-sitter	• S'informer sur un emploi (1)	• le subjonctif (1) • les infinitifs noms	• les petites annonces (1)	• les phrases « en suspens »
	Civilisation : *Les petits boulots pour étudiants*			
LEÇON 18 Cherchons jeune fille rousse...	• S'informer sur un emploi (2)	• le subjonctif (2) • tant que/jusqu'à ce que • l'expression de la durée	• les petites annonces (2)	• les voyelles géminées
	Civilisation : *Les roux et les rousses, la beauté du diable*			
LEÇON 19 Je suis vraiment ravie que tu viennes	• Inviter qqn, écrire une lettre	• le subjonctif (3) • l'opposition (2) • parce que/puisque • les verbes impersonnels	• Genève – la Suisse • la francophonie	• la prononciation de *ex*...
	Civilisation : *Parlez français en Europe*			
LEÇON 20 Le tiercé gagnant : le 14, le 7 et le 3	• Faire un reportage	• l'indicatif ou le subjonctif ? • les verbes pronominaux (2)	• les hippodromes	• les sons [y] et [i]
	Civilisation : *Les jeux de hasard et d'argent*			

QUIZZ GRAMMATICAL ET LEXICAL
VERS LE DELF B1

Unité 6 : Rêves et regrets

LEÇONS	SAVOIR-FAIRE	GRAMMAIRE	VOCABULAIRE	PRONONCIATION
LEÇON 21 Les trois souhaits	• Le récit, exprimer un souhait, un regret (1)	• le conditionnel (2) • les adverbes en -*ment* • la place de l'adverbe	• les contes	• les onomatopées
	Civilisation : *Les contes de fées*			
LEÇON 22 Ah ! si j'étais elle...	• Exprimer un souhait, un regret (2)	• le conditionnel (3) • dont : parmi lesquels • tout	• les sentiments (1)	• l'opposition [s] et [z]
	Civilisation : *Un concours de poésie : « des rimes et des rames »*			
LEÇON 23 Avec des si...	• Exprimer un souhait, un regret (3), une crainte • faire des reproches	• l'expression de la condition, de l'hypothèse, de l'irréel du présent • les doubles pronoms (3)	• les sentiments (2)	• le son [jø]
	Civilisation : *Belles-mères et belles-filles*			
LEÇON 24 Reproches	• Protester, refuser, argumenter	• se situer dans le temps • le futur (rappel) • le conditionnel passé	• les lettres officielles	• l'opposition [k] et [g]
	Civilisation : *Les superstitions françaises*			

QUIZZ GRAMMATICAL ET LEXICAL
VERS LE DELF B1

RAPPELS et RÉVISIONS

unité

1

Paris
en bateau-mouche

Écoutez et répondez

LA GUIDE : Bonjour messieurs-dames.
Pendant une heure et quart, vous allez
entendre une merveilleuse leçon d'histoire.
Nous sommes ici au pont de l'Alma…

LA MÈRE : Loulou, le caméscope ? Où est-il ?

LE PÈRE : Il est là, dans mon sac.

LA MÈRE : Tu peux prendre le petit ? Vite !
Tu me prends avec lui ? […]

LA GUIDE : À votre gauche, le Grand Palais.
Le jardin des Tuileries et le musée du Louvre.
Le vieux Louvre, le palais des rois de France,
date du XIIIe siècle… […]
À droite, le quai Voltaire. Et voici maintenant
le Palais de l'Institut. Il date de 1663.
Et l'Académie française. À gauche, le square
du Vert-Galant avec la statue d'Henri IV.
Le Vert-Galant, c'est lui.

L'ENFANT : Maman, il est où, Henri IV ? Qui c'est ?

LA MÈRE : Chut ! Loulou, le caméscope ! Vite ! […]

LA GUIDE : Attention, nous arrivons au Pont-Neuf, le plus vieux pont de Paris. Il date de… […]

1. **Vrai (V), faux (F), peut-être (?). Justifiez votre réponse.**
   a. Regardez le plan page 11. Quand la guide dit « à droite », elle indique la rive gauche. (V) F ?
   b. « Le vieux Louvre date du XIIIe siècle. » La construction commence en 1304. V (F) ?
   c. Dans le bateau-mouche, la famille est en haut, sur le pont. V (F) ?
   d. L'enfant est un petit garçon. (V) F ?
   e. Le père s'appelle Jean-Louis. V (F) (?)

2. **Poser une question. Reliez une question à une réponse.**
   a. On arrive quand ?
   b. Où sont les toilettes, s'il vous plaît ?
   c. Les tickets, ça coûte combien ?
   d. Qu'est-ce que c'est ?
   e. Ce pont date de quand ?
   f. Qui a le caméscope ?
   g. Vous payez comment ?

   1. En bas à droite.
   2. C'est moi !
   3. Par carte bleue.
   4. À midi et demi.
   5. 7 euros.
   6. La statue du roi Henri IV.
   7. Du XIVe siècle.

Phonétique, rythme et intonation

Écoutez et répétez.

1. **Rythme et intonation. L'enchaînement.**
   – Les toilettes, s'il vous plaît ? – Les toilettes, c'est
   en bas ? – Les toilettes, c'est en bas ou en haut ?
   – Allez… – Allez, regarde papa – Allez, regarde
   papa et fais un sourire.

2. **Le son [ã].**
   – Maman, on arrive quand ? Maman, tu
   m'entends ? On mange dans combien de temps ?
   – Dans un moment. Patience !
   – Maman, j'ai soif ! Et j'ai faim !
   On arrive quand ?

Noms

- un caméscope
- une claque   *slap*
- un coca
- une escale   *a stop*
- la faim (avoir faim)
- l'histoire
- un palais
- un passager
- un roi
- la soif (avoir soif)
- un square   *un petit parc*
- une statue
- les toilettes

Adjectifs

- ancien, ancienne
- magnifique
- merveilleux, merveilleuse
- vieux, vieille

Verbes

- admirer qqn, qqch
- dater de…
- descendre
- écouter qqn, qqch
- longer qqch   *to go alongside*
- répondre qqch à qqn
- se taire   *to be quiet*
- tomber

Mots invariables

- en bas
- parmi

Pour communiquer

- Chut !
- Vite !
- Tais-toi !
- Oh là là !
- Zut ! (familier)

Manière de dire

- Prendre quelqu'un ou quelque chose en photo
- Le petit, la petite (l'enfant)
- Qu'est-ce que ça veut dire ?
- Faire pipi

Lisez et écrivez

Paris Étapes Croisières

Nous partirons du pont de Bir-Hakeim. Juste à votre droite, vous pourrez admirer la tour Eiffel. Nous longerons la rive gauche. Parmi les plus beaux ponts de Paris, le pont d'Iéna, le pont de l'Alma, le pont Alexandre-III…

Sur votre droite, vous verrez l'Institut et la célèbre Académie française puis à gauche, l'île de la Cité et le pont Saint-Michel. Notre premier arrêt sera l'escale de la Tournelle. Les passagers qui veulent visiter Notre-Dame de Paris devront descendre ici.

Sur l'île Saint-Louis, vous admirerez les magnifiques bâtiments du XVIIᵉ siècle. Nous reviendrons par la rive droite. À nouveau, l'île de la Cité. La passerelle des Arts. Nous arriverons enfin au Louvre. Les passagers qui veulent visiter le Louvre descendront ici.

Compréhension écrite

Lisez les explications et complétez le schéma.

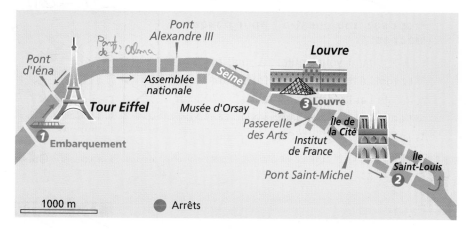

Expression écrite

À partir de ces éléments, rédigez une publicité pour cette croisière sur la Seine.

a. départs samedi ou dimanche b. embarquement : 12 h 30 c. déjeuner en musique
d. durée : 1 h 45 e. adultes : 50 €, enfants –12 ans : 25 € f. tenue correcte exigée
g. départ pont de l'Alma, rive droite h. prix nets, vin et service compris

Point Orthographe

Comment écrire l'impératif à la 2ᵉ personne du singulier ?

1. Verbes en -er (+ *ouvrir* et *offrir*) : la 2ᵉ personne du singulier perd son -s final (sauf dans « Vas-y »). – *Appelle-moi – Allez, mange ! – Écoute !*
– Lève-toi ! – Dépêche-toi ! – Ouvre la porte !

2. Autres verbes : on garde le -s final. – *Viens ! – Mets la table !*
– Dis la vérité ! – Éteins la lumière – Bois quelque chose…

Répondez avec un impératif.

Exemple : Je peux sortir ? → Oui, sors.

a. Je peux aller dormir chez Mélanie ? → … b. Je prends quel journal ? → … c. Qu'est-ce que je fais ? Je pars ? → … d. Si tu veux, je parlerai le premier. → … e. Il faut écouter ? → … f. Je mets quelle jupe ? La noire ? → …

Grammaire et vocabulaire

Exercice 1

Quelle est la valeur de l'impératif ?

a. Mets la table, s'il te plaît.

b. Descends et vite !

c. Va voir un médecin, c'est plus prudent !

d. Arrête de bouger tout le temps !

e. Passe un bon week-end. À lundi !

IMPÉRATIF (1)

On récapitule !

1. Il n'y a que trois personnes et il n'y a pas de pronom sujet.

Tu regardes papa ? → *Regarde papa !*
On va au cinéma ? → *D'accord, allons-y !*
Vous écoutez la dame ? → *Écoutez la dame !*

2. On utilise l'impératif pour :
– ordonner quelque chose
– interdire quelque chose
– conseiller quelque chose
– exprimer un souhait ~~to express~~
– exprimer une demande, une prière

Exercice 2

Proposez une question pour chaque réponse.

a. … ? Quand vous voulez. À midi ? b. … ? Chez moi, si tu veux. c. … ? Trois euros vingt. d. … ? Je l'ai là, dans mon sac. e. … ? Victor Legrand. f. … ? Vingt-deux ans. g. … ? Non, ils sont italiens. h. … ? C'est un petit cadeau pour toi.

LES MOTS POUR POSER UNE QUESTION (1)

On récapitule !

Qui… ? À qui… ? Chez qui… ?
Qu'est-ce que… ?
Est-ce que… ?
Quand… ?
Où… ?
Comment… ?
Combien… ?
Quel(s)… ? Quelle(s)… ?

Exercice 3

Qui parle ? La mère (M) ? l'enfant (E) ? les autres touristes (T) ?

a. Je voudrais manger une glace ! b. Tu peux aller avec lui aux toilettes ? c. Tu peux nous prendre en photo, moi et le petit ? d. Vous pouvez vous taire, s'il vous plaît ! e. Attention ! Tu peux tomber !

LA CONSTRUCTION VERBE + INFINITIF

Par exemple :

vouloir + infinitif	*Vous voulez danser ?*
pouvoir + infinitif	*Je peux venir ?*
savoir + infinitif	*Tu sais parler russe ?*
aimer + infinitif	*Elle aime sortir, danser.*
préférer + infinitif	*Moi, je préfère lire.*

Exercice 4

Complétez ces phrases.

a. Mes nouvelles chaussures sont trop petites. Aïe ! J'ai … pieds. b. Tu as … ? Mets un manteau ! c. Maman ! J'ai …, je voudrais un coca ! d. Vous avez … de quoi ? de tomates ? de pommes ? e. Il est 13 heures. On mange ? J'ai … ! f. Il ne faut pas avoir … du docteur. Il est très gentil. g. J'ai trop … ! Tu peux ouvrir la fenêtre, s'il te plaît ? h. De quoi as-tu … ? d'une glace ? d'un gâteau ? Choisis !

ATTENTION À LA CONSTRUCTION DE CES EXPRESSIONS

Avoir faim
Avoir soif
Avoir chaud
Avoir froid
Avoir mal + au…, à la…. ou aux…
Avoir peur de + nom ou infinitif
Avoir envie de + nom ou infinitif
Avoir besoin de + nom ou infinitif
(Vérifiez le sens de ces expressions dans votre dictionnaire.)

Civilisation   De Lutèce à Paris

À l'époque gallo-romaine, une première muraille (n° 1) entoure l'île de la Cité.

1213 : Philippe Auguste fait construire une nouvelle muraille (n° 2). Le Louvre est une des forteresses de cette enceinte.

1383 : Charles V agrandit la ville (enceinte n° 3) ; il transforme le Louvre en palais, fait construire une nouvelle forteresse, la Bastille et le château de Vincennes. Paris compte 150 000 habitants.

1635 : Louis XIII élargit la muraille (enceinte n° 4) vers le nord-ouest.

1785 : on construit le mur des fermiers généraux (enceinte n° 5). Pour entrer dans Paris, il faut payer une taxe aux 62 barrières qui ferment la ville. Les 500 000 Parisiens protestent !

1844-1859 : nouvelle enceinte, les fortifications (n° 6) entourent Paris d'un anneau de 300 m de large sans construction. La nouvelle enceinte englobe les villages de Montmartre, de Belleville, de Passy, d'Auteuil, etc.

Les fortifications sont détruites après la Première Guerre mondiale. Les limites actuelles de Paris sont presque exactement celles de 1860.

■ **Numérotez les différentes enceintes de Paris.**

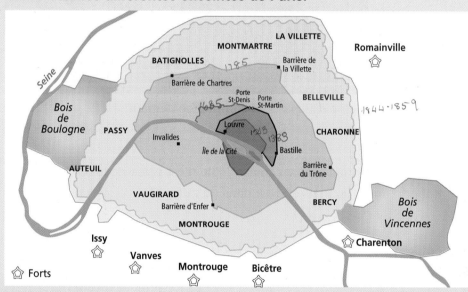

Expression personnelle orale ou écrite

1. Jeu de rôles. Vous êtes avec votre famille.
Vous prenez le bateau-mouche.
Un élève joue le rôle du client, un autre le rôle du vendeur,
un autre joue le rôle d'un autre touriste…
Voici quelques indications pour vous aider.

Horaires :	Itinéraire : Pont de l'Alma (départ)
De 10 h à 22 h 30, un départ toutes les demi-heures.	→ île de la Cité → île Saint-Louis
	→ Hôtel de Ville → place de la Concorde
Prix : 7 euros	→ Pont de l'Alma → tour Eiffel
(enfants -12 ans : 4 euros)	→ statue de la Liberté
Départ : Pont de l'Alma.	→ Pont de l'Alma (terminus)

2. Proposez un itinéraire d'une journée pour faire visiter votre ville à un groupe de touristes français. Attention, ils ne peuvent consacrer qu'une journée à cette visite. Vous indiquerez donc seulement les sites les plus intéressants à visiter.

Premier jour à la fac

Écoutez et répondez

PAUL : Bonsoir, ma chérie.
Alors, ces cours ? Ça va ?
C'est intéressant ?

LAURA : Pas mal. Mais c'est dur, la fac.
C'est plus dur que le lycée !

MARIANNE : C'est normal, tu es plus
intelligente ! Enfin, j'espère !

LAURA : Tu plaisantes ! En psycho,
je n'ai rien compris. C'est du chinois !
[…]

MARIANNE : Et les autres cours ?
C'est bien ?

LAURA : L'anglais, ça va. La prof
est bien. Mais on n'a que deux
heures par semaine. C'est très peu.
En statistiques, c'est affreux.

Personne ne comprend rien. En socio, je ne sais pas. On commence demain.

PAUL : Et les étudiants ? Ils sont sympas ?

LAURA : Moi, je ne connais personne. […]

PAUL : Tu ne connais aucun étudiant ? Tu n'as pas vu Louise ? Elle n'est pas avec toi en psycho ?

LAURA : Dans le cours d'amphi du lundi, si, mais elle est dans un autre TD.

---

1. **À votre avis, quelles sont les relations entre Paul, Marianne et Laura ? Justifiez votre réponse.**

2. **Cochez les phrases qui correspondent au dialogue.**
   a. Laura commence ses études à l'université. ☑
   b. Elle se spécialise en littérature anglaise. ☒
   c. Elle est très contente de ses cours de sociologie. ☒
   d. Elle voit son amie Louise à la fac une seule fois
      par semaine. ☑

3. **Reliez une question à une réponse.**
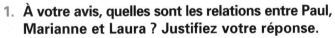
   a. Pourquoi c'est difficile ?
   b. Laura connaît quelqu'un ?
   c. Pourquoi elle étudie
      la psycho ?
   d. C'était comment,
      ton cours ?
   e. Et ta copine Louise,
      elle n'est pas avec toi ?

   1. Pas mal.
   2. Si, le lundi.
   3. Non, absolument
      personne !
   4. Parce que le prof
      parle trop vite.
   5. Pour devenir
      psychologue scolaire.

🎧 Phonétique, rythme et intonation

1. **Rythme et intonation.**
   Écoutez et répétez.
   a. Alors, ces cours ? Ça va ?
   b. Et les étudiants ? Ils sont sympas ?
   c. Et les autres cours ? C'est bien ?

2. **Le son [ɛ̃]. Écoutez et répétez.**
   a. C'est Alain ?
   b. C'est intéressant.
   c. On se voit demain matin ?

🎧 Phonie-graphie

Le son [ɛ̃]. Écoutez et complétez.
a. Maman, j'ai …,
   je voudrais du …
b. La … des soldes,
   c'est le … février.
c. Tu sais … que je
   ne comprends
   … aux statistiques.

d. Elle n'a … …
   dans son cours.
e. Il habite …
   boulevard …-
   Michel.
f. Va te laver les …
   dans la salle de …

Noms

- un amphi(théâtre)
- un diplôme
- le lycée
- un mot
- la psychologie
- la sociologie
- les statistiques
- des TD
  (travaux dirigés)
  Tutorial

Adjectifs

- affreux, affreuse
- difficile
- dur(e) (difficile)
- horrible
- intelligent(e)
- intéressant(e)
- normal(e)

Verbes

- comprendre qqch
- espérer qqch
- exagérer
- oser
- plaisanter 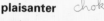 *choke*
- rester
- s'en aller

Mots invariables

- enfin

Pour communiquer

- Bonsoir

Manière de dire

- Pas mal (assez bien)
- La fac (l'université)
- Cours en amphi
  (cours « magistral »
  devant 200 à 700
  étudiants)
- cours de TD (travaux
  dirigés, cours avec
  25 à 50 étudiants)
- C'est du chinois
  (c'est impossible
  à comprendre)

Lisez et écrivez

Emploi du temps 1re année, 1er semestre						
	9 h-11 h	**11 h-13 h**	**13 h-15 h**	**15 h-17 h**	**17 h-19 h**
Lundi	Psychologie générale (amphi)		Anglais	Statistiques	
Mardi	Socio			Histoire des idées	Volley-ball
Mercredi					
Jeudi	Psychologie générale (TD)				Psychologie sociale (groupe A)
Vendredi			Informa-tique		

Compréhension écrite

1 Elle a combien d'heures de cours par semaine ?

2 Quelle est sa matière principale ?

3 Est-ce que son emploi du temps est équilibré ?

Expression écrite

1 Laura a choisi de ne pas prendre de cours le mercredi. À votre avis, pourquoi ? Imaginez une raison.

2 Dans votre pays, les étudiants de première année ont à peu près combien d'heures de cours par semaine ? Développez en 2 à 3 lignes.

Point Orthographe

Quelques abréviations courantes

Complétez le mot comme dans l'exemple.

Exemple : la fac = la faculté

a. le labo =
b. la psycho =
c. le resto-U =
d. un amphi =
e. la socio =
f. la bibli =
g. la philo =
h. la géo =
i. le ciné =
j. les infos =
k. la télé =
l. le prof =

Quelques sigles utilisés à l'université

un TD (travaux dirigés) – un TP (travaux pratiques) – une UFR (Unité de formation et de recherche) – une UV (unité de valeur) – un EC (élément constitutif ; une UV est en général constituée de 3 ou 4 EC).

Laura est dans l'UFR de psychologie. Elle suit 8 EC au premier semestre.

Grammaire et vocabulaire

Exercice 1

Proposez une question pour chaque réponse.

a. ... ? Le mardi seulement.

b. ... ? Parce qu'elle n'a pas cours ce jour-là.

c. ... ? En bus ou à bicyclette.

d. ... ? Dans quelques années.

LES MOTS POUR POSER UNE QUESTION (2)

On récapitule !

Comment ?

Pourquoi ?

Pour quoi faire ?

Avec qui, chez qui ?

Quand ?

Dans combien de temps ?

Exercice 2

Répondez à la forme négative.

a. Tu connais quelqu'un dans ce cours ?

b. Vous buvez quelque chose ? Un apéritif ?

c. Elle est contente de ses cours ?

d. Elle voit encore ses copains de lycée ?

e. Tout le monde comprend les statistiques ?

f. Tout est facile pour Laura, cette année ?

g. Le prof parle souvent avec les étudiants ?

LA NÉGATION

On récapitule !

*Elle **ne** parle **pas** suédois.*

*Je **ne** connais **personne**.*

*Vous **ne** voulez **rien** ?*

*Il **ne** boit **jamais** d'alcool.*

*On **n'**habite **plus** à Paris, on habite à Lyon.*

***Personne n'**aime ce prof.*

***Personne ne** comprend **rien**.*

Exercice 3

Reprenez au passé composé ce que Laura a fait hier. À vous de trouver le verbe qui convient.

9 h	cours de psycho
11 h	travail à la bibliothèque
13 h	déjeuner avec Louise
16 h	gym
20 h	dîner avec Karl

Exercice 4

Mettez ces phrases au passé composé.

a. Il ne travaille pas dimanche.

b. On ne voit rien dans ce magasin.

c. Nous ne rencontrons personne.

d. Je ne bois jamais d'alcool.

LE PASSÉ COMPOSÉ (1)

On récapitule !

Le passé composé est formé d'un auxiliaire (*avoir* ou *être*) et d'un participe passé.
– *Quelqu'un a parlé avec lui ?*
– *Non, on n'a pas osé. Il est parti très vite.*

Le plus souvent, l'auxiliaire est *avoir* mais les verbes qui se conjuguent avec *être* sont des verbes très utilisés, très courants, comme : *naître, arriver, rester, entrer, aller, partir, tomber, mourir, venir* ou les verbes pronominaux.

– Parfois avec *être*, parfois avec *avoir* : *descendre, monter, sortir, rentrer, passer.*

Attention à la place de la négation!
*Je n'ai **rien** compris. On n'a **pas** osé. Il n'a **jamais** voyagé.*

Au passé composé les deux parties de la négation encadrent l'auxiliaire, en général.
Mais pas toujours ! Observez :
*Je n'ai vu **personne**.*
*Je n'ai vu **aucun** étudiant.*

➡ Voir le Précis grammatical p. 138

Attention !

1 Ne confondez pas *un peu* (une petite quantité positive) et *peu* (une petite quantité négative).
Elle a un peu d'argent (= une certaine quantité) ≠ *Elle a peu d'argent* (= pas beaucoup)

2 *Elle a douze heures de cours **par semaine**. Elle dort huit heures **par nuit**.*

3 *Ça ira mieux **dans une semaine** (dans* + durée → idée de futur)

Civilisation
Du lycée à la fac : le choix des lycéens

À la fin des années 1950, moins de 10 % des jeunes arrivent jusqu'au baccalauréat. Actuellement, 63 % des jeunes obtiennent ce diplôme.

Ou plus exactement l'un de ces diplômes. En effet, il y a trois séries de baccalauréat, de « bac » : la série générale (3 options possibles : sciences ; économie ; littérature) – la série technologique – la série professionnelle.

Cette démocratisation du bac a entraîné une certaine dévalorisation. En 1900, être bachelier était exceptionnel (1 % d'une génération) ; en 1960, c'était encore assez rare (10 % d'une génération). Aujourd'hui, c'est devenu banal.

Avec le « bac », on peut s'inscrire dans l'enseignement supérieur. Presque tous les bacheliers de la série générale et 75 % des bacheliers de la série technologique s'y inscrivent, mais moins de 20 % des bacheliers « professionnels ».

L'égalité garçons-filles est de plus en plus réelle mais, encore aujourd'hui, on constate que les garçons choisissent plutôt les filières scientifiques ou économiques et les filles les langues, la littérature, la psychologie, la communication...

Expression personnelle orale ou écrite

1. **Commentez ces chiffres. Qu'est-ce qu'ils montrent ?**

   Évolution de la population étudiante en France

Année	Population étudiante	Population française
1900	40 000	38 500 000
1930	100 000	
1950	200 000	
1960	309 000	46 000 000
1970	850 000	
1980	1 117 000	
1990	1 700 000	
1995	2 141 000	58 500 000
2000	2 100 000	
2004	2 200 000	61 000 000

2. **Dans votre pays, est-ce que les filles et les garçons s'orientent vers les mêmes études ? Donnez des exemples.**

3. **Dans votre pays, comment est-ce qu'on entre à l'université ? Est-ce qu'il y a un examen ou un concours ? Expliquez en 3 ou 4 lignes.**

Je la connais, c'est Léna !

Écoutez et répondez

On sonne…

JULIE : Salut Martin, entre. Je suis en train de montrer mes photos de vacances à Simon. Tu les regardes avec nous ?

MARTIN : Volontiers. […]

JULIE : Eh oui ! Les vacances sont finies. Regardez, là, c'est notre maison de vacances.

SIMON : C'est où ?

JULIE : À l'île de Ré. Mes parents la louent chaque année. Là, les enfants de mon frère, ils pêchent des crabes. […]

MARTIN : Léna ? Léna ! Mais je la connais ! Elle a un petit accent italien, non ?

JULIE : Oui, elle est née à Florence.

MARTIN : J'ai rencontré cette fille à La Trinité-sur-Mer à Pâques. C'est elle, je suis sûr. Ça alors ! Elle participait aux régates, et moi, je faisais un reportage photo sur la Bretagne du Sud. On a sympathisé et puis un jour, elle est partie… sans dire au revoir… Tu as son numéro de téléphone ?

JULIE : Oui, je crois.

1. **Julie parle des vacances de printemps, d'été ou d'hiver ?**

2. **En regardant la carte de la couverture, expliquez où se trouvent l'île de Ré et La Trinité-sur-Mer.**

3. **Quel est le métier de Simon ? Et celui de Martin ?**

4. **Les parents de Julie sont-ils propriétaires de la maison ?**

Phonétique, rythme et intonation

Écoutez et répétez.
1. Le son [e] : volontiers, la rentrée, l'île de Ré, Léna, un rendez-vous, notre maison.
   Le son [ɛ] : avec plaisir, mon frère, je la connais, ils pêchent, la mer.
   L'opposition [e] et [ɛ] : J'ai retrouvé mes élèves. Je connais Léna. J'ai rendez-vous avec elle.
2. Le son [ɔ̃] : bonjour Simon, mon rédacteur, tout le monde.
3. **Rythme** : Regardez-la. Regardez, là. **Attention à la différence de sens !**
4. **Intonation de surprise** : Léna ! Je la connais ! Ça alors !

Phonie-graphie

Les terminaisons -é, -ée,-és, -ées, -er, -ez se prononcent [e].

Écoutez et répétez :
le marché, aimer, le boulanger, venez.
mais la terminaison -et se prononce [ɛ] : un jouet, un ticket, il met un pull.
Attention : « et » seul se prononce [e].

Pour communiquer
- **Volontiers.
  Avec plaisir**
  (marque de politesse)
- **Ça alors !**
  (étonnement)
- **Je crois** (oui).

Manière de dire
- **Le boulot**
  (le travail, familier)
- **Une fille super**
  (une fille gentille, sympathique, dynamique)
- **Là** (sur cette photo)
- **Un petit accent**
  (un accent léger, peu prononcé)
- **Faire du bateau**
  (sport)

Lisez et écrivez

Bienvenue à La Trinité-sur-Mer

VOTRE CHAMBRE D'HÔTE AU BORD DE L'EAU

A 2 kms du Port, Point-Er-Nazar
- *Chambres grand confort en bord de rivière.*
- *Service hôtelier, jardin, parking.*

Tél. 02 97 55 19 76 - Fax 02 97 55 19 77
Internet : www.bir.fr/trinite/nazar
E-mail : point.er.nazar@bir.fr

TENNIS • MINI-GOLF de Kervillen
Face au Camping de La Plage - 56470 LA TRINITÉ-SUR-MER
Tél. 02 97 55 73 28

MINI-GOLF à partir de 2,5 € par personne • BILLARD-GOLF 1,5 € • TENNIS à partir de 6,5 € par heure

Compréhension écrite

1 Une famille de 5 personnes (2 adultes, 2 enfants et un bébé) vient à La Trinité-sur-Mer. Ils font une heure de tennis puis un mini-golf. Combien dépensent-ils ?

2 Les chambres d'hôte se trouvent sur le port, au bord de la plage ou au bord de la rivière ?

3 Est-ce qu'on peut y déjeuner et dîner ?

4 Le numéro de téléphone du casino se termine par 25 37. Quels sont les six premiers numéros ?

Expression écrite

Vous êtes en vacances près de La Trinité-sur-Mer. Vous écrivez à des amis pour les persuader de vous rejoindre. Utilisez les informations des deux photos.

Grammaire et vocabulaire

Exercice 1

Trouvez une question possible.

a. ... ? – Oui, je les aime beaucoup.

b. ... ? – Non, nous ne le connaissons pas.

c. ... ? – Oui, nous la louons tous les étés.

Exercice 2

Mettez les verbes entre parenthèses au passé composé.

a. Mes deux frères (*naître*) *sont nés* à Tokyo.

b. Le train (*partir*) *est parti* à l'heure.

c. Elles (*entrer*) *sont entrées* dans le magasin.

d. Ma mère et ma sœur (*arriver*) *sont arrivées* hier.

e. Voilà Monsieur, vous (*arriver*) *êtes arrivé* chez vous.

f. Quelle impolitesse ! Elle (*entrer*) *est entrée* sans frapper !

g. Sa grand-mère (*mourir*) *est morte* cet été.

h. Toutes les feuilles (*tomber*) *sont tombées* à cause du vent.

Exercice 3

Choisissez l'imparfait ou le passé composé pour les verbes entre parenthèses.

a. Je (*penser*) *pensais* justement à vous quand le téléphone (*sonner*) *a sonné*.

b. David (*être*) *était* un garçon sympathique : il (*bavarder*) *bavardait* et (*rendre*) *rendait* service facilement.

c. Autrefois, l'été, nous (*aller*) *allions* en Sicile.

d. Vous êtes tout pâle, qu'est-ce qui (*se passer*) *s'est passé* ... ?

e. Je (*déjeuner*) *ai déjeuné* à midi, je (*travailler*) *j'ai travaillé* au bureau, je (*sortir*) *suis sortie* à 18 heures, je (*aller*) *suis rentrée* au cinéma et je (*rentrer*) *allée* chez moi.

f. Je (*appeler*) *ai appelé*, tu (*ne pas répondre*) *tu m'as pas répondu*, tu (*être*) *étais* où ?

g. Hier il (*pleuvoir*) *a plu* toute la matinée : nous (*rester*) *sommes restées* chez nous.

Exercice 4

Retrouvez tous les adjectifs possessifs du dialogue.

... photos de vacances

... élèves

Continuez la liste.

LES PRONOMS COD : LE, LA, L', LES

Ils remplacent un nom COD du verbe :
Je connais Léna → Je la connais, je l'appelle souvent.
Julie connaît Martin et Simon → Elle les connaît.

Ils se placent devant le verbe sauf à l'infinitif et à l'imperatif affirmatif.

Autres pronoms COD : me (m'), te (t'), se (s') nous, vous

LE PASSÉ COMPOSÉ AVEC « ÊTRE » ET « AVOIR » (2)

Auxiliaire *être* au présent + participe passé
Léna est partie.

– Avec l'auxiliaire *être*, le participe passé s'accorde avec le sujet :
Elle est née à Florence. Elles sont parties seules.
Il est né à Paris. Ils sont partis seuls.

– Avec l'auxiliaire *avoir* : pas d'accord avec le sujet.
Léna a quitté la Bretagne.

L'accord se fait avec le COD s'il est placé avant le verbe.
Ils ont regardé les photos.
Ils les ont regardées.

L'IMPARFAIT ET LE PASSÉ COMPOSÉ (1)

On récapitule !

L'imparfait exprime un décor, une description, un état, des actions vues dans leur déroulement ou leur répétition :
Les vacances, c'était bien ! Il faisait beau. Nous déjeunions dehors.

Le passé composé exprime des actions ponctuelles, successives. Il marque la progression du récit :
Il a rencontré Léna, ils ont sympathisé puis elle est partie.

Utilisés ensemble, ils insistent sur les aspects différents de l'action :
Il faisait beau (= décor), *nous avons nagé et nous avons ramassé des crabes* (= actions ponctuelles).
Il a fait beau tout l'été (= cet été-là) : *chaque jour, nous nagions et nous ramassions des crabes* (= description, habitude).

LES ADJECTIFS POSSESSIFS (1)

*C'est la maison de Léna → C'est **sa** maison.*
*Ce sont les photos de Léna → Ce sont **ses** photos.*

*C'est la maison des parents → C'est **leur** maison.*
*Ce sont les crabes des enfants → Ce sont **leurs** crabes.*

Civilisation

a

b

c

Les congés payés

1936
Le Front populaire : pour la première fois, en France, tous les salariés ont quinze jours de congés payés. Depuis, le temps des vacances a augmenté régulièrement :
1956
3e semaine
1969
4e semaine
1982
5e semaine

Les mois de juillet et d'août sont les mois où la majorité des Français prennent leurs vacances, le plus souvent en France (à l'hôtel, en camping ou en famille) au bord de la mer, à la montagne ou à la campagne. De plus en plus, ils gardent une semaine à Noël et une semaine au printemps. Traditionnellement, le mois de septembre est appelé le mois de la rentrée : c'est la rentrée pour la plupart des Français et aussi la rentrée des classes pour les élèves et les professeurs.
Le mot « tourisme » vient du grand tour d'Europe que les jeunes aristocrates anglais faisaient au XVIIIe siècle. Depuis, cette pratique s'est banalisée et démocratisée, mais 25 % de Français ne partent jamais en vacances.

Pouvez-vous dater approximativement chaque photo ?

Expression personnelle orale ou écrite

1. Officiellement, combien de semaines de vacances il y a dans votre pays ?

2. Que signifie « être en vacances » pour vous ?

3. En quelques lignes, racontez vos dernières vacances. Utilisez l'imparfait et le passé composé.

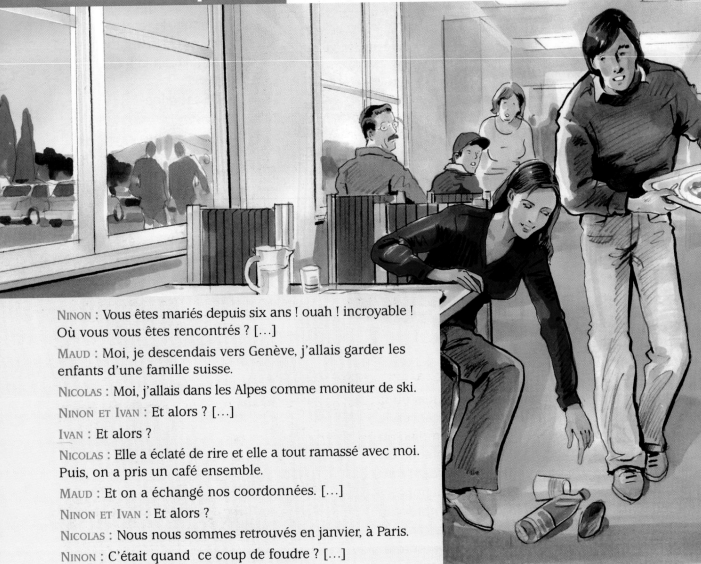

Coup de foudre sur l'autoroute

Écoutez et répondez

NINON : Vous êtes mariés depuis six ans ! ouah ! incroyable !
Où vous vous êtes rencontrés ? […]

MAUD : Moi, je descendais vers Genève, j'allais garder les
enfants d'une famille suisse.

NICOLAS : Moi, j'allais dans les Alpes comme moniteur de ski.

NINON ET IVAN : Et alors ? […]

IVAN : Et alors ?

NICOLAS : Elle a éclaté de rire et elle a tout ramassé avec moi.
Puis, on a pris un café ensemble.

MAUD : Et on a échangé nos coordonnées. […]

NINON ET IVAN : Et alors ?

NICOLAS : Nous nous sommes retrouvés en janvier, à Paris.

NINON : C'était quand ce coup de foudre ? […]

---

1. **Maud et Nicolas allaient du nord vers le sud ou du sud vers le nord ?**

2. **Pourquoi Maud et Nicolas échangent-ils leurs adresses et leurs numéros de téléphone ?**

3. **Aujourd'hui, ils se connaissent depuis combien de temps ?**

4. **Quelle est la date de leur mariage ?**

Phonétique, rythme et intonation
Écoutez et répétez.

1. **Le son [r]**
   – Le son [r] en initial
   vous vous êtes rencontrés en été, j'ai renversé mon café, elle a éclaté de rire, nous nous sommes retrouvés à la rentrée. Je riais.
   – Le son [r] à l'intérieur d'un mot
   le mariage, l'autoroute, la cafétéria, je suis amoureux, je pleurais.
   – Le son [r] en finale : un moniteur, tous les jours.

2. **L'opposition entre [õ] et [ũ]**
   se rencontrer, on a attendu deux ans, j'ai renversé mon plateau.

Lisez et écrivez

🎧 *Une belle histoire*

Michel Fugain

C'est un beau roman, c'est une belle histoire
C'est une romance d'aujourd'hui
Il rentrait chez lui, là-haut vers le brouillard
Elle descendait dans le midi, le midi
Ils se sont trouvés au bord du chemin
Sur l'autoroute des vacances
C'était sans doute un jour de chance
Ils avaient le ciel à portée de main
Un cadeau de la providence
Alors pourquoi penser au lendemain
Ils se sont cachés dans un grand champ de blé
Se laissant porter par le courant
Se sont raconté leurs vies qui commençaient
Ils n'étaient encore que des enfants, des enfants
qui s'étaient trouvés au bord du chemin
Sur l'autoroute des vacances
C'était sans doute un jour de chance
qui cueillirent le ciel au creux de leurs mains
comme on cueille la providence
refusant de penser au lendemain. [...]

Une Belle histoire
Paroles : PIERRE DELANOE – Musique : MICHEL FUGAIN
© 1972 Universal Music Publishing (catalogue Éditions Musicales *Le Minotaure*)
« Avec l'aimable autorisation d'Universal Music Publishing ».

Compréhension écrite

1 **Que raconte la chanson ?**

2 **À quelle saison se passe l'histoire ? Quels sont les indices ?**

3 **Donnez un autre titre à la chanson.**

Expression écrite

a.

b.

Imaginez et décrivez le lieu et les circonstances de leur rencontre.

Noms

- une aire de repos
- l'autoroute
- le brouillard
- un champ
- un chemin
- le ciel
- le courant
- le lendemain
- une main
- le mariage
- le midi
- un moniteur de ski
- la providence
- un roman
- une romance

Verbes

- cacher (se)
- cueillir qqch
- dire qqch à qqn
- écrire à qqn
- laisser (se) + inf.
- se marier
- porter qqn / qqch
- se raconter qqch
- renverser qqch

Mots invariables

- à portée de
- encore
- exactement
- là-haut
- sans doute

Pour communiquer

- Ouah ! Incroyable ! (admiration, étonnement)
- Et alors ? (pour connaître la suite d'une histoire)
- C'est comme ça.

Manière de dire

- Descendre vers (aller vers le sud)
- Avoir un coup de foudre (tomber amoureux immédiatement)
- Échanger ses coordonnées (se donner son nom et son n° de téléphone)
- Éclater de rire (rire fort et beaucoup)

Grammaire et vocabulaire

Exercice 1

Conjuguez les verbes entre parenthèses au passé composé.

Marion rappelle leur rencontre à Franck :
Je (*s'asseoir*) ... près de la fenêtre.
Tu (*s'approcher*) ... et tu m'as demandé :
« La place est libre ? » Nous (*se regarder*) ...
et tu (*s'asseoir*) ... en face de moi. La serveuse
(*s'approcher*) .... Tu m'as offert un café.

LES VERBES PRONOMINAUX (1)

Ils sont toujours accompagnés d'un pronom de la même personne que le sujet :
Je m'amuse, tu t'amuses, il s'amuse, nous nous amusons, vous vous amusez, ils s'amusent.

Ils forment le passé composé avec l'auxiliaire « être » :
Elle s'est amusée.
Nous nous sommes rencontrés.

Attention à l'accord du participe passé et du sujet

→ Voir le Précis grammatical p. 135

Exercice 2

Complétez avec les pronoms COI.

a. Mes parents, je ... écris quelquefois.
b. Mes amis, je ... téléphone souvent.
c. Mon amie, je ... parle tous les jours.
d. Mon frère, je ... prête ma voiture.

Exercice 3

Remettez les phrases dans l'ordre.

a. pardon/demande/lui/il
b. apporte/un café/elle/leur
c. disons/lui/nous/au revoir
d. des bonbons/leur/elle/achète

LES PRONOMS COMPLÉMENTS D'OBJET INDIRECT

Lui : masculin ou féminin singulier
Leur : masculin ou féminin pluriel
Tu parles à Nicolas → Tu lui parles.
Je parle à Maud → Je lui parle.
Elle parle aux petites filles → Elle leur parle.
Elle parle aux gens → Elle leur parle.

– ils s'utilisent avec presque tous les verbes suivis de la préposition « à »

– ils se placent toujours avant le verbe (sauf à l'impératif affirmatif)

– autres pronoms COI : me (m'), te (t'), se (s'), nous, vous

Attention : ne confondez pas : *je leur* (pronom COI) *parle* et *je parle à leurs* (adjectif possessif) *enfants.*

→ Voir le Précis grammatical p. 130

Exercice 4

Passé composé ou imparfait ?

a. Il y (*avoir*) du monde, je (*ne pas la voir*),
je (*repartir*) sans elle.
b. Elle (*commander*) un café, une table (*être*)
libre, elle (*s'asseoir*), elle (*lire*) un peu un
journal, puis, comme il (*ne plus pleuvoir*),
elle (*partir*).

LE PASSÉ COMPOSÉ ET L'IMPARFAIT (2)

1. Passé composé = actions successives, progression de l'histoire
j'ai renversé..., elle a éclaté de rire, elle a ramassé, on a pris un café, on a échangé nos coordonnées, nous nous sommes appelés, nous nous sommes retrouvés.

2. Imparfait = décor, circonstances, description, état
je descendais, j'allais, j'étais amoureux, je pleurais, je riais.

→ Voir le Précis grammatical p. 138

VOCABULAIRE

Être rouge comme une tomate (= avoir honte)

Être blanc comme neige (= être innocent)

Être vert de peur, être rose de plaisir ou d'émotion, être gris (= être légèrement ivre), être noir (= être vraiment ivre)

Civilisation   Vivre en couple

Aujourd'hui, en France, 85 % des adultes vivent en couple mais il existe différentes manières de vivre avec quelqu'un.

Le mariage : le mariage civil est le seul légal. Aujourd'hui, moins d'un couple sur deux se marie religieusement. Quand un homme et une femme décident de passer devant monsieur le maire (= se marier), ils envoient des faire-part de mariage à leurs amis et à leurs familles. Ils organisent une grande fête avec tout le monde. Dans certaines familles, les traditions sont respectées : ce sont les parents qui informent du mariage de leurs enfants ; la mariée est en blanc et la cérémonie à l'église est obligatoire. En moyenne, les filles se marient vers 28 ans et les garçons vers 30 ans. En 2005, une loi a fixé l'âge légal du mariage à 18 ans pour les deux sexes.

Le concubinage : beaucoup de (jeunes) gens vivent ensemble sans se marier. Ils sont concubins (17 % des couples en 2001). La mairie délivre un certificat de concubinage. Il donne au couple presque le même statut que celui d'un couple marié.

Le PACS (Pacte civil de solidarité) : depuis le 15 novembre 1999, deux personnes majeures de sexe opposé ou non, vivant en couple, peuvent se pacser, c'est-à-dire contracter officiellement des devoirs et des droits réciproques proches de ceux des couples mariés.

L'union libre : deux personnes vivent ensemble sans engagement officiel. C'est le cas de 18 % des adultes. La majorité des jeunes commencent par vivre en union libre avant de se marier ou de se pacser.

Regardez les faire-part et imaginez de qui il s'agit.

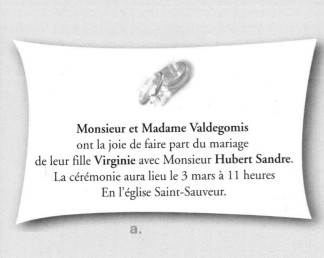

Monsieur et Madame Valdegomis
ont la joie de faire part du mariage
de leur fille **Virginie** avec Monsieur **Hubert Sandre**.
La cérémonie aura lieu le 3 mars à 11 heures
En l'église Saint-Sauveur.

a.

b.

*Claude et Dominique
se sont pacsés
le 20 juin 2004
en présence de tous leurs amis*

c.

Claire Guilloux et David Stora
sont heureux de vous annoncer
qu'ils se marient
le 10 juillet 2006, à 10 heures
à la mairie du 11e

Expression personnelle orale ou écrite

1 Comment se marie-t-on en général dans votre pays aujourd'hui ?

2 Vous êtes allé(e) au mariage de votre meilleur(e) ami(e) ou d'un frère ou d'une sœur. Racontez l'événement.

3 Interrogez des personnes âgées sur leur mariage et résumez en quelques lignes la manière dont on se mariait à leur époque.

grammatical et lexical

1. Vrai (V) ou faux (F) ?

a. « Viens, regarde et tais-toi. » Ces verbes sont à l'impératif ?   (V)   F

b. Je connais Léna = Je lui connais.   V   (F)

c. Le passé composé est toujours formé avec l'auxiliaire « avoir ».   V   (F)

d. Les verbes pronominaux utilisent l'auxiliaire « être ».   (V)   F   4

2. Rendez à chaque verbe sa terminaison.

a. Vous ven~~ez~~ ?   é

b. À 22 heures, les magasins sont ferm~~és~~   ez

c. Où est-ce qu'elles sont all~~ées~~   er

d. Elle a tout mang~~é~~   ée

e. Il aime beaucoup s'amus~~er~~   és

f. Pékin, c'est là où elle est n~~ée~~   ées   6

3. Choisissez le mot qui convient.

a. Mes voisins sont charmants, je … adore.   ☑ les   ☐ l'

b. Je suis amoureux d'elle, je … téléphone tous les jours.   ☑ lui   ☐ la

c. Ce cours est trop difficile, je … déteste.   ☑ le   ☐ la

d. C'est Halloween, donne-… des bonbons. ✗   ☑ les   ☐ leur ✗

e. Le Louvre, vous … avez visité ?   ☐ le   ☑ l'

f. Tu connais sa copine ? Oui, je … connais.   ☐ lui   ☑ la

g. Elle est amoureuse de Greg, elle … écrit chaque jour.   ☑ lui   ☐ l'   6

4. Lisez le texte.

Des touristes ont perdu leur caméscope sur le bateau. L'hôtesse leur propose de chercher avec eux. Elle est énervée, elle leur dit de mieux surveiller leurs affaires. D'autres passagers proposent aussi leur aide. Quelques minutes plus tard, leurs enfants reviennent avec l'appareil. Il était resté dans les toilettes.

Relevez les cas où :

• **leur est un pronom COI invariable** : *leur propose*

• **leur(s) est un adjectif possessif** : *leur caméscope*   3

5. Remettez les phrases dans l'ordre.

a. vu / elle / personne / n'a

b. ne / personne / l'a / vu

c. jamais / vient / ne / il / ici

d. se parle / plus / on / ne

e. rien / elle / dit / ne   5

f. rien / lui / plaît / ne   ✗

6 Reliez.

a. J'ai mal   3

b. J'ai besoin   4

c. Je suis vert   1

d. Je suis rouge   2

1. de peur

2. de honte

3. au ventre

4. d'un verre d'eau   4

🎧 Compréhension orale

Écoutez deux fois et répondez aux questions.

5

1. Cochez la bonne réponse.

- Ils se sont rencontrés
  - ☐ **a.** à Paris
  - ☐ **b.** à Bordeaux
  - ☑ **c.** dans le train ✓

- C'était
  - ☐ **a.** au mois d'août 1995
  - ☐ **b.** en octobre 1995 ✗
  - ☑ **c.** le 26 mai 1985

- Lui, il était
  - ☐ **a.** biologiste
  - ☑ **b.** professeur ✓
  - ☐ **c.** étudiant de mathématiques

- Elle habitait
  - ☐ **a.** en Espagne
  - ☑ **b.** à Paris ✓
  - ☐ **c.** à Bordeaux

3

2. Complétez.

Pendant le voyage, Annelise et Frédéric ont parlé de beaucoup de choses. Ils ont parlé…

3. « Elle lui a laissé ses coordonnées. » Imaginez quelles sont les coordonnées d'Annelise.

cinéma theatre sujet de
difficulté de s Paris   2

le numero de téléfon
l'addresse de E-Mail   2
l'addresse

Expression orale

Pour chacune de ces réponses d'Annelise, proposez deux questions possibles de Frédéric.

1. a. Est Continuez-vous les études de biologie ?

   b. ....? 1½

   – Non, je termine mes études de biologie.

2. a. Comment vous appellez vous ?

   b. ....?

   – Annelise. En un seul mot.

3. a. Ce n'est pas difficile trouver ?

   b. w ....?

   – Si, surtout à Paris. En banlieue, on trouve plus facilement.

4. a. Puis-j'auto votre coordinées ?

   b. ....?

   – Oui. Vous avez quelque chose pour écrire ?

5. a. Allons-nous prendre une verre ?

   b. ....?

   – Oui, bonne idée ! avec plaisir.

Compréhension écrite

Titre : ....

Depuis plusieurs années, le Burkina Faso, en Afrique de l'Ouest, mène une politique volontariste en ce qui concerne la scolarisation des filles. Les objectifs sont quantitatifs, bien sûr, mais également qualitatifs : il faut plus de filles à l'école et un meilleur enseignement pour elles.

C'est pour le gouvernement burkinabé une priorité absolue. Comme le déclare le ministre de l'Éducation : « *Les femmes jouent un rôle pivot dans notre société. Ce sont elles qui suivent l'évolution des enfants. Avec une population féminine éduquée, le cadre de vie s'améliore, les questions d'hygiène ou de nutrition sont prises en compte…* »

C'est un véritable défi pour différentes raisons. Tout d'abord, le poids de la tradition : jusqu'à maintenant, les filles restaient à la maison pour aider leur mère aux travaux ménagers et se mariaient ensuite. Persuader les familles de l'uti-lité pour les filles d'avoir un métier n'est pas toujours facile.

Les problèmes sont liés aussi à la géographie : souvent, pour aller à l'école, les enfants doivent faire plusieurs kilomètres à pied, avec la fatigue et les risques d'agression que cela entraîne. Bien entendu, le problème le plus grave est d'ordre économique. Le pays est très pauvre et ce programme coûte cher. Il faut construire des écoles, rétribuer les enseignants, aider les familles à payer les frais d'inscription…

La politique menée en faveur de la scolari-sation a remporté un grand succès dans la population. Elle suscite un espoir énorme et porte déjà ses fruits. Un chiffre le montre : en 2005, 46, 3 % des filles étaient scolarisées contre 37, 2 % en 2002.

D'après *Le Monde de l'éducation*, mai 2005.

1. Parmi ces trois titres, lequel correspond le mieux au texte ?

a. Révolution culturelle au Burkina Faso

b. Un défi pour le Burkina Faso : scolariser les filles

c. La situation éducative au Burkina Faso

2. Parmi ces mots, lequel n'est pas de la même famille que les autres ?

école – scolarité – scolarisation – écolier – scolariser – écologie – scolaire

3. Cherchez dans le texte le mot ou l'ex-pression de même sens que…

(Les mots à trouver suivent l'ordre du texte.)

a. un but : ....   b. un rôle central : ....

c. un challenge : ....   d. payer : ....

e. avoir des résultats : ....

4. Pourquoi le gouvernement burkinabé a-t-il lancé ce programme de scolarisa-tion des filles ?

Expression écrite

Répondez à une invitation : une amie française vous écrit pour vous inviter en France, du 10 au 20 août. Vous êtes obligé de refuser à cause de votre travail. Vous lui proposez deux choses :
– Vous pourriez, vous, aller en France mais plus tard, en octobre.
ou
– Elle pourrait, elle, venir chez vous à un autre moment.

La vie au quotidien

Je te raccompagne

1 *Sur le pas de la porte*

SÉBASTIEN : Allez, bonsoir tout le monde, rentrez bien.

VOIX : Bonsoir, bonsoir, merci pour cette bonne soirée. Ciao !

2 *Dans la rue*

SÉBASTIEN : Camille, tu rentres en métro ?

[...]

SÉBASTIEN : Mais ce n'est pas la tienne !

ÉTIENNE : Non, la mienne est en panne mais Julien me prête la sienne. [...]

CAMILLE : Euh... D'accord, merci beaucoup. Salut Sébastien, merci.

3 *Dans la voiture*

ÉTIENNE : Tu habites près du périphérique ?

CAMILLE : Oui, hélas ! Mon appartement donne sur l'avenue. Il y a du bruit et c'est plutôt moche. Et toi ? [...]

CAMILLE : Moi, j'aimerais vraiment déménager dans un autre quartier, plus tranquille, mais j'aimerais rester à Paris. Je rêve d'un balcon ou d'une petite terrasse, mais c'est cher !

1. **Quelle heure est-il à peu près ?**

2. **Quelles sont les relations entre les quatre personnages ?**

3. **Qui habite à Paris ?**
   Dans quel arrondissement ?

4. **Pourquoi Sébastien s'inquiète-t-il pour Camille ?**

Phonétique, rythme et intonation

Écoutez et répétez.
1. Le son [j] : Camille, la banlieue.
2. L'opposition entre [jɛ̃] et [jɛn] : le mien, la mienne ; Julien, Étienne.
3. Le son [ʒ] : Julien, j'habite, j'aime.

Phonie-graphie

Attention à : votre [vɔtr] voiture # la vôtre [votr]

notre [nɔtr] appartement # le nôtre [notr]

Lisez et écrivez

Noms
- une avenue
- un balcon
- la banlieue
- le bruit
- une direction
- le périph(érique)
- un quartier
- une soirée
- une station (de métro)

Adjectifs
- calme
- même
- moche   *ugly*
- proche

Verbes
- déménager
- prêter qqch à qqn
- raccompagner qqn
- rêver de qqch

Pour communiquer
- À bientôt.
- Bien sûr.
- Et encore merci.
- Attends.
- Pas de problème.
- Rentrez bien.

Manière de dire
- Donner sur (être situé au bord d'une rue, d'une cour)
- Être en panne (ne pas fonctionner)
- Habiter au diable (très loin)

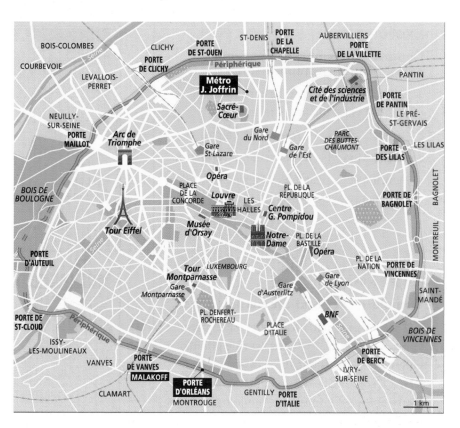

Compréhension écrite

1 Étienne a deux possibiltés pour raccompagner Camille. Regardez le plan et dites lesquelles.

2 Quels sont les arguments d'Étienne pour préférer sa banlieue ?

3 Imaginez pourquoi Camille souhaite rester à Paris.

Expression écrite

Comparez les avantages et les inconvénients de la vie dans une grande ville et de la vie en banlieue.

Grammaire et vocabulaire

Exercice 1

Complétez les phrases par une expression de comparaison.

a. À Paris, c'est … chose … dans toutes les grandes villes : la foule, le bruit.

b. Paris et Londres offrent … avantages.

c. Paris est une ville … ancienne … New York.

d. Madrid est … peuplée … Mexico.

e. Elles habitent dans … quartier.

LA COMPARAISON

Pour exprimer la similitude :
– le même, la même, les mêmes + un nom
– le même, la même, les mêmes + nom + que…
Ils vont dans la même direction.
Elle n'habite pas dans le même arrondissement que ses amis.

Pour exprimer une différence :
– plus/moins + adjectif
– plus/moins + adjectif + que + nom/pronom
Paris est plus bruyant.
La banlieue est moins chère que Paris.

Exercice 2

Complétez la question ou la réponse.

a. Bonjour Léo, mon ordinateur est en panne, je peux utiliser … ? b. Vous avez de grands enfants ! – Oui, ils ont 10 et 14 ans. Et … ? – Oh … sont petits : ils ont 2 et 4 ans. c. C'est incroyable, notre voiture est toujours en panne ! Celle de Marc et Zoé, jamais ! – C'est normal, … est neuve !

LES PRONOMS POSSESSIFS (2)

Je n'ai pas de vélo, tu me prêtes <u>le tien</u> ?
J'ai oublié mes clés, alors j'ai utilisé <u>les siennes</u>.

Notre plan est moins clair que <u>le vôtre</u>.
Vos filles ont le même âge que <u>les leurs</u>.

➡ Voir le Précis grammatical p. 131

Exercice 3

Choisissez la forme correcte.

a. Voulez-vous … tasse de thé ?

b. Elle ne sait pas le nom … invités.

c. C'est fermé, revenez … jour.

d. Elle est très curieuse, la vie … l'intéresse beaucoup.

e. Vous avez tout compris ? Voulez-vous … … explications ?

LES PRONOMS INDÉFINIS

exprimant la différence : un/une autre, d'autres
– *Vous pouvez me montrer un autre album de photos ?*
– *Bien sûr, en voici d'autres.*

Attention
Des autres = ~~de + les autres~~
Je vis seule, je ne m'occupe pas des autres.

Exercice 4

Mettez les verbes au conditionnel.

a. Camille (*souhaiter*) … trouver un appartement plus calme.

b. Nous (*aimer*) … quitter ce quartier.

c. Vous (*vouloir*) … vous installer à la campagne ?

LE CONDITIONNEL (1)

– il a la forme du futur simple, mais des terminaisons en *-ais, -ais, -ait, -ions, -iez, -aient.*

– il peut exprimer le souhait :
J'aimerais habiter en banlieue.

➡ Voir le Précis grammatical p. 140

Civilisation

Paris intra-muros : 2 160 000 habitants

La petite couronne comprend les départements 92 (les Hauts-de-Seine), 93 (la Seine-Saint-Denis) et 94 (le Val-de-Marne). Ces départements touchent la capitale et sont séparés d'elle par le périphérique qui est comme une barrière symbolique entre la ville et la banlieue. Toutes les lignes de métro desservent la petite couronne.

La grande banlieue s'étend au-delà de la petite couronne. Pour y aller, il faut prendre le RER ou un train de banlieue.

L'ensemble constitue l'Île-de-France : 11 001 887 habitants qu'on appelle des Franciliens.

Contrairement aux villes américaines, les villes françaises ont un centre ville commerçant, animé et (très) cher. Plus on s'éloigne du centre (les beaux quartiers) moins les loyers sont chers, moins les magasins sont chics et plus la population est diversifiée.

Expression personnelle orale ou écrite

1. **Quelle est la structure de la capitale dans votre pays ? Pouvez-vous la dessiner ?**

2. **Par groupe de trois, imaginez une ville idéale (taille, espaces verts, commerces, transports, style architectural…) et présentez-la.**

3. **Une famille (parents + 2 garçons de 6 et 8 ans) cherche un logement. Son budget : autour de 2000 euros/mois, charges comprises. Le père va travailler à La Défense et la mère est professeur dans un lycée technique, rue Fondary dans le 15e arrondissement. Regardez la carte de Paris et de la banlieue et dites quel sera le choix de la famille et pourquoi .**

A
15e : M°Porte de la Plaine, 4 pièces, 90 m², décor ancien penderies, grand balcon, 3e étage avec ascenseur. 2000 + 90 euros/mois.

B
15e M° Émile Zola. 3/4 pièces, 61 m², 1930, état neuf, balcon, 2 chambres, cuisine équipée, double vitrage, 1750 + 150 euros/mois.

C
17e : 4 pièces, proche métro Ternes et RER A, 80m², 5e étage avec ascenseur, très bon état, double vitrage, 1800 + 120 euros/mois.

D
92 : Issy-les-Moulineaux 5mn du M°Corentin Celton, vie de village, maison de ville, 90 m², 4 pièces + terrasse, à rafraîchir, 1800 euros/mois, charges comprises.

E
Saint-Germain-en-Laye : 78, maison de charme (80 m²), avec jardin 300 m², quartier recherché, 10 mn du RER et centre ville, 1690 euros/mois, charges comprises.

F
78 : Versailles, charmante maison de ville, 100m², 5 pièces, séjour double, possibilité chambre ou bureau supplémentaire, balcon, 1600 euros tout compris.

Au marché aux puces : on chine[1]

Écoutez et répondez

1 LE VENDEUR : Bonjour, vous cherchez quelque chose ?

LA CLIENTE : Euh… oui. Bonjour. Je pourrais voir cette chaise, s'il vous plaît ?

LE VENDEUR : Voilà, c'est une chaise en bois qui date des années trente. J'ai les quatre si vous voulez, en bon état.

LA CLIENTE : Vous les faites à combien pièce ? […]

LE VENDEUR : Non, elles sont plus anciennes mais elles sont abîmées. Elles ont besoin d'une réparation. Ça vous intéresse ?

LA CLIENTE : Non, merci monsieur, au revoir.

LE VENDEUR : À votre service.

2 *Un peu plus loin*

UN AUTRE VENDEUR : Vous voulez un renseignement ? N'hésitez pas, je suis là pour ça.

LA CLIENTE : Oui, je cherche des verres, je voudrais voir ceux que vous avez là.

LE VENDEUR : Ceux qui sont dans la caisse ?

LA CLIENTE : Non, pas ceux-là, les autres, sur la table. Oui, c'est ça. Ils sont en cristal ?

LE VENDEUR : Ah ! Ma petite dame, ça c'est un service en cristal de Baccarat[2] ; ceux-là non, ils sont en verre ordinaire.

LA CLIENTE : C'est combien ?

LE VENDEUR : Lesquels ? […]

LA CLIENTE : Euh… en fait, je voudrais six verres seulement.

LE VENDEUR : Impossible. c'est les douze ou rien !

LA CLIENTE : Je vais réfléchir.

LE VENDEUR : Comme vous voulez. Mais ne réfléchissez pas trop longtemps. C'est une affaire !

1. chiner : chercher et acheter des objets dans un marché aux puces.
2. Baccarat : ville française célèbre pour sa cristallerie.

1. **Quel est le prix d'une chaise si la cliente prend les quatre ?**

2. **Pourquoi ne doit-elle pas réfléchir trop longtemps ?**

3. **Vrai (V), faux (F) , on ne sait pas (?).**
   a. Toutes les chaises sont dans le même état ?   V F ?
   b. Le vendeur accepte de vendre la moitié des verres ?   V F ?
   c. Les beaux verres sont sur la table ?   V F ?
   d. Au marché aux puces, les prix sont fixes ?   V F ?

Phonétique, rythme et intonation

L'opposition [ʒ] et [ʃ].
Écoutez et répétez.
Je voudrais cette chaise.
Vous les faites à combien chacune ?
Je cherche des verres.
Je chine.

Noms

- l'argenterie
- un(e) autre
- une bande dessinée
- du bois
- une caisse
- une chaise
- une collection
- du cristal
- une époque
- un jouet
- un outil
- une passion
- un prix
- un renseignement
- une réparation
- un service (vaisselle)
- une table (meuble)
- la vaisselle (ustensile)

Adjectifs

- abîmé(e)
- impossible

Verbes

- ajouter qqch à qqch
- comparer
- flâner
- fréquenter un lieu ou qqn
- hésiter
- marchander
- observer
- réfléchir
- se faire plaisir

Mots invariables

- à part
- hors de
- plutôt

Pour communiquer

- Au revoir
- À votre service

Manière de dire

- Je vous les fais à… (je vous fais une réduction).
- C'est donné (ce n'est pas cher).
- C'est une affaire ! (c'est un bon achat, pas cher).
- Ma petite dame.
- Être en bon/ en mauvais état.

Lisez et écrivez

Brocante : rêver, économiser, s'évader par la chine

15 millions de Français fréquentent les puces, les brocantes et autres vide-greniers : comme Baptiste, toujours à la recherche d'une nouvelle bande dessinée à ajouter à sa collection ; comme Reine qui achète des objets à un ou deux euros, objets de cuisine, jouets, vaisselle ; comme Édith qui complète son argenterie. Comme eux tous, Sabine aime les objets qui ont une histoire. Elle, sa passion, ce sont plutôt les vieux outils en bois.

Le marché aux puces c'est un moment à part, hors du temps moderne : on flâne, on marchande, on observe, on compare, on se fait plaisir.

Compréhension écrite

1 Quelles sont les différentes motivations des amateurs de brocante ?

2 Par deux, donnez un exemple de marchandage.

3 Rendez à chacun sa passion :

a. Édith 3
b. Sabine 4
c. Baptiste 1
d. Reine 2

1. les albums
2. les objets utiles pas chers
3. les couverts en argent
4. les vieux outils

Expression écrite

1 Aimez-vous ou détestez-vous les marchés aux puces ? En quelques lignes, expliquez pourquoi.

2 Quel est, à votre avis, le profil psychologique d'un(e) collectionneur(se) ? Décrivez-le.

Grammaire et vocabulaire

Exercice 1

Reliez les deux parties de la phrase.

a. J'ai trouvé une chaise

b. Il connaît
un marché

c. Le marchandage,
c'est une chose

d. Ce sont des verres

e. Montre-moi
le service

1. que tu as acheté.

2. que je ne sais
pas faire.

3. qui date de 1900.

4. qui est très animé.

5. qui coûtent cher.

Exercice 2

Complétez par le pronom démonstratif ou interrogatif qui convient.

– Regarde, j'ai trouvé deux vases aux Puces
... préfères-tu ?

– Je préfère ... il est plus original.

– Et je t'ai acheté une vieille BD.

– ... ?

– Un *Tintin*.

– ... ?

– ... *Tintin au Tibet*.

Exercice 3

Répondez en utilisant un démonstratif + *que* ou *qui* comme dans les exemples.

a. – Vous aimez les pommes ? – Oui, surtout ...
b. – Vous connaissez tous ces enfants ? – Non,
seulement ... c. – Vous prenez ces deux pantalons ? – Non, seulement ... d. – Vous voyez
cette voiture ? – Laquelle ? ...

Exercice 4

Émilie a acheté :

a. une robe

b. des boîtes

c. des chaussures

d. un bracelet

e. un saladier

1. en argent

2. en cuir

3. en soie

4. en bois

5. en verre

LES PRONOMS RELATIFS : QUI, QUE

• **Qui** : personne ou chose
– toujours sujet du verbe
– jamais élidé même devant une voyelle
Voici un objet qui amuse beaucoup les enfants.
Voici la personne qui aime vos livres.

• **Que** : personne ou chose
– toujours complément d'objet direct. Le verbe a déjà un sujet ;
– peut s'élider → *qu'*
Voici un objet que les enfants aiment beaucoup.
Voici la personne que vos livres intéressent.

➡ Voir le Précis grammatical p. 132

LES PRONOMS DÉMONSTRATIFS

masc sing : *celui*   fém sing : *celle*
masc pluriel : *ceux*   fém pluriel : *celles*

– peuvent s'utiliser seuls quand ils sont suivis de *-ci* ou de *-là* :
Vous voulez des verres ? Ceux-ci ou ceux-là ?

Rappel neutre : *ce, c', ça, ceci, cela.*
10 euros la chaise, cela me convient. C'est très bien.

– sinon, ils sont suivis de *de* :
– *Tu aimes sa cuisine ?*
– *Non, je préfère celle de Paola.*

➡ Voir le Précis grammatical p. 133

LE PRONOM INTERROGATIF : LEQUEL

– se décline : *laquelle, lesquels, lesquelles*
– demande un choix parmi plusieurs éléments.
Il y a des fruits en dessert : lequel tu veux ?

DÉMONSTRATIFS + RELATIFS

Les pronoms démonstratifs peuvent être suivis d'un pronom relatif : celui qui/celui que/
celui où/celui dont
– *Vous aimez les objets anciens ?*
– *Oui, surtout ceux qui datent des années 1900.*
– *Regardez ces photos, ce sont celles que je préfère.*

Ce = pronom neutre (= les choses)

→ ce qui, ce que
Achète ce que tu veux, ce qui te plaît.
➡ Voir le Précis grammatical p. 133

LA CARACTÉRISATION

La préposition « en » suivie d'un nom peut exprimer la matière d'un objet :
Au marché aux puces, il y avait des chaises en bois et des verres en cristal.

Civilisation   Les marchés aux puces

I y a différents marchés aux puces permanents à Paris. Ils sont situés à la périphérie de la ville.

• **Celui de la porte de Saint-Ouen** est le plus grand et le plus connu : plus de quatre millions de touristes par an. Des promenades guidées sont organisées. La visite dure deux heures et coûte huit euros (plein tarif) ou six euros (tarif réduit). Il est ouvert le samedi, le dimanche et le lundi toute la journée. On y trouve des meubles, des tableaux, des bibelots, de l'argenterie, des vêtements.

• **Celui de la porte de Vanves** (samedi et dimanche matin) est considéré par les amateurs comme le dernier vrai marché aux puces, moins touristique et plus convivial que son célèbre concurrent.

• **Celui de la porte de Montreuil** est moins chic. De 7 heures à 17 heures les samedi, dimanche et lundi, on y déballe des quantités de fripes (vieux vêtements), d'ustensiles de cuisine, de ferraille. Mais, en 1991, un chineur chanceux y a trouvé un tableau attribué à Van Gogh.

• **Les marchés aux puces** sont concurrencés par les nombreuses brocantes et les vide-greniers organisés régulièrement par des associations de professionnels, de commerçants ou des particuliers. Même une institution comme l'Église catholique a organisé un vide-grenier monastique, à Paris, les 12, 13 et 14 mars 2005 !

Expression personnelle orale ou écrite

1. Est-ce qu'il y a des marchés aux puces chez vous ?

2. Êtes-vous collectionneur ? De quoi ?

3. Par deux : un(e) marchand(e) et un(e) client(e). Le (la) client(e) a trouvé un objet qui lui plaît mais il est cher. Il/elle marchande.

4. Qu'aimeriez-vous trouver dans un marché aux puces en France ? Pourquoi ? Rédigez un texte de quelques lignes.

Qu'est-ce qu'on fait à dîner ?

Écoutez et répondez

PAOLA : Abdel, nous avons des invités ce soir.

ABDEL : Ah bon ! Qui ? […]

ABDEL : Moi, je fais la salade et toi, la quiche. Tu la fais très bien.

PAOLA : OK. Tu as ce qu'il te faut ? Non ? Bon, je fais les courses. Tu as besoin de quoi ? Qu'est-ce que tu veux mettre dans ta salade ? Des haricots verts, des tomates… J'en prends un kilo ? Ça suffit ?

ABDEL : Non. Pour huit personnes, il en faut au moins deux kilos. Et deux boîtes de haricots verts. Des olives noires… Il y a des œufs ?

PAOLA : Attends. Je regarde. Non, il n'y en a pas. J'en prends une douzaine : j'en ai besoin aussi pour ma quiche.

ABDEL : Des oignons, il y en a. De l'ail, aussi. […] Et pour la quiche, tu as besoin de quoi ? Il reste du lait ?

PAOLA : Oui, il en reste un litre. Ça suffit. Je prends de la crème fraîche, des lardons, du gruyère râpé… […]

1. **Combien de personnes habitent avec Abdel et Paola ?**

2. **Cochez les ingrédients que vous avez entendus.**

Pour la salade

a. des tomates ☑	b. de la salade verte ☐	c. des avocats ☐
d. des kiwis ☐	e. de l'ail ☑	f. des olives vertes ☐
g. du saumon ☐	h. du thon ☑	i. des haricots rouges ☐
j. des oignons ☑	k. des œufs ☑	l. des haricots verts ☑

Pour la quiche

a. du lait ☑	b. du saucisson ☐	c. des carottes ☐
d. de la crème ☑	e. des œufs ☑	f. de la pâte ☑
g. des oignons ☐	h. des lardons ☑	i. de l'ail ☐
j. de l'eau ☐	k. du gruyère râpé ☑	l. des olives ☐

3. **Cochez la bonne réponse.**

« Tu en prends deux boîtes » Il parle…
a. du lait ☐
b. des œufs ☐
c. des haricots ☑

« J'en prends une douzaine » Elle parle…
a. des œufs ☑
b. des tomates ☐
c. des olives ☐

Phonie-graphie

Du français parlé au français écrit (1)

Écoutez et écrivez la phrase correctement.
a. .... ? b. ....
c. .... ? .... ?

Phonétique, rythme et intonation

1 Attention
un œuf → [ɛ̃nœf]
des œufs → [dezø]
un oignon → [ɛ̃nɔɲɔ̃]
des oignons → [dezɔɲɔ̃]

2 Attention à la différence entre le français parlé et le français écrit. Écoutez.
Il y a des œufs ? = [jadezø]
→ vous entendez trois syllabes seulement.
Il n'y en a pas = [jãnapa]
→ vous entendez trois syllabes seulement.

3 Rythme. Écoutez et répétez.
a. Des œufs, il n'y en a pas. (2/3)
b. Des oignons, j'en ai. (3/2) c. Et toi, tu as besoin de quoi ? (2/3)
d. Toi, tu as besoin de tomates ? (1/4)

Noms
- de l'ail
- une boîte
- la crème
- du gruyère
- des haricots
- un invité
- du lait
- des lardons
- une lettre
- un litre
- un miracle
- un œuf
- un oignon
- une olive
- de la pâte
- une quiche
- du thé (à la menthe)
- du thon

Adjectifs
- énorme
- râpé

Verbes
- boire qqch
- s'excuser
- inviter qqn
- oublier qqn/qqch /que + ind.

Mots invariables
- à l'avance
- au moins
- par terre   *on the ground*

Pour communiquer
- S'il te plaît.

Manière de dire
- Faire les courses.
- Ça suffit.
- Bon marché (# cher).
- Au moins 8 (minimum 8).

Lisez et écrivez

Étudiants
le coin des bonnes idées

Vous êtes étudiant, vous avez beaucoup d'amis mais peu d'argent. Samedi, vous faites une fête chez vous et vous ne savez pas comment faire : vous voulez inviter dix amis et vous avez un studio de 15 m^2 et deux chaises seulement ; c'est la fin du mois et vous n'avez que trente euros ; les voisins ne sont pas très sympathiques : ils n'aiment pas les jeunes et ils détestent le bruit.

Pas de panique !

→ **D'abord**, les voisins. Écrivez une petite lettre gentille pour vous excuser à l'avance du bruit. Ensuite, les chaises ? Pas de problème. Tout le monde par terre !

→ Et avec **trente euros**, vous pouvez faire des **miracles** !
Miracle **à l'italienne** : des spaghettis à la bolognaise.
Miracle **à la marocaine** : un couscous poulet.
Miracle **à la mexicaine** : un chili con carne avec des haricots rouges, de la viande et beaucoup d'épices.
Miracle **à la française** : deux grandes quiches et une belle tarte aux pommes.
Et comme boisson, du thé à la menthe, un peu de bière ou de vin.

→ N'oubliez pas que vos invités apporteront quelque chose, sans doute à boire.

Compréhension écrite

1 **À votre avis, ce texte vient...**

a. d'un livre de cuisine ☐

b. d'une revue pour étudiants ☑

c. d'un journal économique ☐

2 **Comprenez les mots grâce au contexte. Que signifient ces expressions ?**

a. Pas de panique ! = ... *Ne vous inquiétez ! C'est possible !*

b. Tout le monde par terre ! = ... *Tous le monde peuvent s'asseoir par terre*

3 **Vrai (V) ou faux (F) ?**

a. peu d'argent = un peu d'argent ⓥ F

b. ils détestent le bruit = ils n'aiment pas le bruit ⓥ F

c. Je n'ai que trente euros = j'ai trente euros seulement ⓥ F

Expression écrite

Et votre miracle à vous, qu'est-ce que c'est ?
Imaginez que vous êtes dans la même situation (un tout petit studio et pas beaucoup d'argent) : vous avez invité à dîner huit ou dix amis. Qu'est-ce que vous faites ?

Grammaire et vocabulaire

Exercice 1

Complétez avec *du, de la, de l'ou des*.

a. Qu'est-ce que vous prenez ? *de l'*eau ? *du* vin ? … bière ? **b.** Prends *du* gruyère râpé et *des* lardons. **c.** Je voudrais *de l'*ail, *des* œufs et *des* olives noires. **d.** Pour le chili, il faut *de la* viande, *des* haricots rouges, *des* oignons …

L'EXPRESSION DE LA QUANTITÉ

a. Les articles partitifs : *du, de la, de l', des*
Il faut de l'eau, du lait, de la crème fraîche et des lardons.

b. beaucoup de, peu de, un peu de…
Ils ont beaucoup d'amis mais peu de place et peu d'argent
Tu veux un peu d'argent ? Non merci, ça va.

Exercice 2

Répondez avec le pronom « en ».

a. Tu veux de la crème fraîche ? **b.** Vous avez des oranges d'Espagne ? **c.** Je prends des œufs ? **d.** Ils ont acheté des haricots verts ?

Exercice 3

***En ou le, l', la* ? Reliez une question et une réponse.**

a. Tu prends une glace comme dessert ?

b. Tu veux un café ?

c. Tu peux prendre le journal, s'il te plaît ?

d. Vous avez votre passeport ?

e. Vous avez des papiers d'identité ?

1. D'accord, je le prends.

2. Non, je n'en ai pas sur moi.

3. Non, merci, je n'en bois jamais.

4. Oui, j'en voudrais une au chocolat.

5. Non, je ne l'ai pas sur moi.

LE PRONOM COD *EN*

Il remplace un nom précédé d'un article indéfini (*un, une, des*) ou d'un article partitif (*du, de l', de la, des*)

a. avec un verbe à temps simple
– *Vous avez **des enfants** ?*
– *Oui, j'**en** ai deux.*

b. avec un verbe à temps composé
– *Tu as acheté **du pain** ?*
– *Oui, j'**en** ai acheté.*

c. avec un impératif affirmatif
– *Je prends **des oranges** ? – Oui, prends-**en** !*

d. avec un impératif négatif
– *Et des olives, j'**en** prends ?*
– *Non, n'**en** prends pas. J'**en** ai encore.*

➡ Voir le Précis grammatical p. 130

LEXIQUE : MESURES, POIDS, QUANTITÉS...

Exercice 4

Reliez.

a. Un petit pot de

b. Une boîte de

c. Un litre de

d. Deux kilos de

e. Un bouquet de

f. Une douzaine d'

1. tomates

2. fleurs

3. œufs

4. vin blanc

5. crème fraîche

6. thon

Exercice 5

Complétez.

Stella mesure un *mètre* soixante-douze. Elle pèse soixante *kilos*. Elle a 29 *ans*. Son bébé mesure 74 *mm*. Son appartement mesure 50 *mètres² carrés*.

Attention : *J'ai vu quelque chose de beau et de très intéressant.* **Quelque chose de** + adjectif masculin

Civilisation

Le partage des tâches ménagères : Français, encore un effort !

Qu'est-ce qu'ils font les hommes à la maison ? Pas grand-chose ! Encore aujourd'hui, en France, les femmes font 80 % des tâches ménagères.

Part des hommes dans les tâches ménagères

Faire les courses	42,7 %
Faire la vaisselle	24 %
Faire la cuisine	20 %
S'occuper des enfants	19,4 %
Faire le ménage	17,3 %
Laver et repasser le linge	11,1 %

Source : INSEE.

Les hommes résistent, surtout devant la vaisselle, le ménage, le lavage et le repassage. Pourquoi ? Mais c'est très simple !

Monsieur **ne comprend pas** comment marche la machine à laver et il **ne sait pas** repasser. Pour la cuisine, il montre ses talents une ou deux fois par an quand il y a des invités et tout le monde envie madame d'avoir un mari comme ça ! Mais après, c'est elle qui range tout dans la cuisine, bien sûr.

Patience ! Les jeunes hommes sont moins « machos » que leurs pères : ils trouvent normal d'aider leur femme ou leur compagne. « Aider » ne signifie pas « partager » : même dans la jeune génération, les femmes consacrent encore deux fois plus de temps au travail domestique et aux enfants que leur mari ou compagnon.

À qui la faute ? Aux hommes bien sûr mais aussi à leur mère et à leur femme.

Les femmes pensent souvent que la maison, c'est **leur** domaine et que les hommes peuvent « aider » mais pas plus. La faute aussi à l'éducation qui reste assez sexiste : qu'est-ce qu'on offre aux petites filles pour Noël ? Des mini-aspirateurs, des mini-cuisinières, des dînettes, des poupées qui disent : « Maman ! »...

Expression personnelle orale ou écrite

1. **Dans votre pays, dans le couple, qui s'occupe :**

	F	H
• du ménage ?	☐	☐
• de faire la cuisine ?	☐	☐
• de surveiller les devoirs des enfants après l'école ?	☐	☐
• d'accompagner les enfants au sport, à la danse, au piano... ?	☐	☐
• de faire les courses ?	☐	☐
• du bricolage ?	☐	☐
• des comptes (impôts, assurances...) ?	☐	☐

2. **On dit souvent que les hommes s'occupent peu des tâches ménagères à cause de leur éducation. Les mères demandent plus souvent l'aide de leurs petites filles que de leurs petits garçons. Que pensez-vous de cette explication ? Répondez en 4 ou 5 lignes.**

3. **Avez-vous l'impression que, dans votre pays, les hommes de 25-30 ans sont devenus plus « égalitaires » ?**

Mettez-la au four trente minutes

Écoutez et répondez

ABDEL : Comment tu la fais, ta quiche ? Tu me montres ?

PAOLA : D'accord. C'est toi qui vas la faire. Bon, d'abord, il faut préchauffer le four dix minutes. Allume-le, s'il te plaît. Thermostat 7. Maintenant, la pâte. Mets-la dans un moule et avec ta fourchette, tu fais des petits trous comme ça toc toc toc. Oui, très bien. […]

ABDEL : Et le gruyère râpé, je ne le mets pas ?

PAOLA : Non, après. Il y a une poêle là, en bas. Tu me la donnes ? Merci. Alors, dans la poêle, tu fais revenir les lardons deux ou trois minutes. Voilà ! […]

ABDEL : Tu ne sales pas ta quiche ? Je mets du sel, non ?

PAOLA : Si tu veux. Mets-en un peu mais pas trop. Voilà ! et hop ! dans le four.

ABDEL : On la laisse cuire combien de temps ?

PAOLA : Trente minutes tout juste. Il est huit heures et quart. À neuf heures moins le quart, c'est prêt !

1. Au début de ce dialogue, quelle heure est-il ?
a. sept heures et quart ☐
b. neuf heures moins le quart ☐
c. un peu plus de huit heures ☐

2. Vrai (V) ou faux (F) ?
a. Paola fait la pâte elle-même. V F
b. On met le gruyère avant la crème et les œufs. V F
c. On sale légèrement la quiche. V F
d. Abdel et Paola font la quiche ensemble. V F

Phonétique, rythme et intonation

1 Rythme (1). Écoutez, répétez.
a. – Donne-moi la poêle – Donne-la-moi.
b. – Passe-moi le moule – Passe-le-moi.
c. – Donne-moi les œufs – Donne-les-moi.

2 Rythme et intonation : reprise du complément d'objet direct. Écoutez et répétez.
a. – Comment tu la fais, ta quiche ? – Ta quiche, comment tu la fais ?
b. – Le four, je le préchauffe ? – Je le préchauffe, le four ?
c. – La quiche, je la mets dans le four ? – Je la mets dans le four, la quiche ?

Phonie-graphie

Du français parlé au français écrit (2).

Écoutez et écrivez la phrase correctement.
a. – .... ? – ....
b. – .... ? – ....
c. – .... ? – .... ? – ....

Noms

- un fouet
- un four
- une fourchette
- un mélange
- un moule
- une poêle
- du poivre
- un pot (de crème)
- du sel
- un trou

Adjectifs
- prêt(e)

Verbes
- (pré)chauffer
- cuire qqch
- mettre qqch dans qqch
- saler qqch

Mots invariables
- à la fin
- doucement

Manière de dire
- Tout juste (exactement).
- Voilà !

Lisez et écrivez

Compréhension écrite

Complétez les indications.

Quiche lorraine

◆ 6 œufs ◆ 1/2 litre de lait ◆ un petit pot de crème fraîche
◆ 250 grammes de petits lardons ◆ 250 grammes
de gruyère râpé ◆ sel, poivre

1 D'abord, il faut … le four.

2 Dans le …, mettez …

3 Dans un bol, mélangez …
et … avec un fouet.

4 Dans une poêle,
faites revenir …

5 Mettez les lardons puis …
le mélange.

6 Le gruyère à la fin
et un peu de …

7 Mettez … pendant
30 minutes (thermostat 7).

8 Bon appétit !

Expression écrite

Avec des verbes à l'impératif et en utilisant le vocabulaire de la leçon, donnez vous-même une recette facile.

Grammaire et vocabulaire

Exercice 1

Regardez les exemples et répondez par un impératif.

a. – Je mets du sel ? – Non, ...

b. – Je verse le mélange maintenant ? – Oui, ...

c. – J'achète de la pâte ? – Non, ...

IMPÉRATIF ET PRONOMS

– *Je mets les lardons ? – Oui, mets-les.*
  – Non, ne les mets pas.
– *Je prends du lait ? – Oui, prends-en deux litres.*
  – Non, n'en prends pas.
– *Je fais une quiche ? – Oui, fais-en une.*
  – Non, n'en fais pas.

LES DOUBLES PRONOMS (1)

– *Il y a une poêle, là. Tu me la donnes ?*   *Tes exercices, tu me les montres ?*
– *D'accord, je te la donne tout de suite.*   (les = les exercices ; me = à moi)

➡ Voir le Précis grammatical p. 131

Exercice 2

De quoi on parle ?

les lardons/la quiche/les spaghettis/le four

a. On les fait revenir dans une poêle. b. On les fait cuire dans beaucoup d'eau salée. c. On le fait préchauffer 15 minutes. d. On la laisse cuire 30 minutes.

« FAIRE » ET « LAISSER » + INFINITIF

Avec « laisser » + infinitif, on insiste plus sur la « passivité » de l'objet.
On laisse cuire la quiche trente minutes.
Attention à la place du pronom :
Je la laisse cuire combien de temps ?

Exercice 3

Mettez en relief comme dans les exemples.

a. On invite Tom et Julie ? b. Tu veux des haricots pour ta salade ? c. Il y a assez d'oignons.

LA MISE EN RELIEF (1)

« *Je mets le sel maintenant ?* »
→ « *Et le sel, je le mets maintenant ?* »
« *On a du lait* »
→ « *Du lait, on en a.* »

➡ Voir le Précis grammatical p. 144

Exercice 4

Conjuguez le verbe entre parenthèses.

a. C'est vous qui (*être*) ... venu hier soir ?
b. Ce n'est pas elle, c'est nous qui (*habiter*) ... cette maison. c. Ce n'est pas nous qui (*être*) ... en retard, c'est toi qui (*être*) ... en avance !

ATTENTION À LA STRUCTURE

*C'est **toi** qui **as** raison.*
*C'est **vous** qui **viendrez** ?*
*C'est **moi** qui **suis** en retard.*

VOCABULAIRE : LES USTENSILS DE CUISINE

une fourchette
une tasse
un verre
une petite cuillère
un couteau
une assiette
une cuillère

un bol   une casserole   une poêle
un fouet

Civilisation — Ce que mangent et boivent les Français

Évolution de la consommation des Français
(en kilos ou en litres, par an et par habitant)
entre 1970 et 2001

	1970	2001
pain	80,6	60,1
pommes de terre	95,6	68,2
légumes frais	70,4	90,6
bœuf	15,6	14,3
volailles	14,2	23,7
poissons	9,9	14,1
lait	95,2	66,2
fromage	13,8	19,3
yaourts	8,6	20,8
huile	8,1	14,8
sucre	20,4	6,8
vin ordinaire	95,6	33,7
vin supérieur	8,0	27,1
eau minérale ou eau de source	42,8	149,7

En huit à dix lignes, commentez cette évolution.

En 2005 : les plats préférés des Français

En tête, arrivent les moules marinières (cuites avec du vin blanc, des oignons et du persil). Ensuite viennent la blanquette de veau, le pot-au-feu puis le couscous, la choucroute et le steak-frites.

Il est intéressant de noter que le couscous, qui vient d'Afrique du Nord, s'est fait une belle place au soleil : il arrive en quatrième position.

On peut remarquer que tous ces plats, sauf le steak-frites, sont des plats qui se partagent, des plats qui impliquent une certaine convivialité.

Expression personnelle orale ou écrite

1. **Faites un petit sondage dans votre classe : « Quel est votre plat préféré ? » puis commentez les résultats en six à sept lignes.**

2. **Les Français sont très fiers de leur cuisine. La connaissez-vous ? Avez-vous déjà goûté un plat typiquement français ? Demandez à votre professeur une recette bien française, copiez-la dans votre cahier et faites-la.**

3. **Sur Internet, cherchez la recette exacte des moules marinières puis corrigez la recette qui suit.**
   Attention : il y a une grosse erreur !

Moules marinières

- Lavez les moules. Dans une grande casserole, faites chauffer deux grands verres de vin blanc sec, deux oignons hachés finement, un peu de thym et de laurier. Ajoutez les moules.
- Laissez-les cuire une heure. À la fin, mettez du persil haché sur les moules et servez très chaud.

Quizz
grammatical et lexical

1. Vrai (V) ou faux (F) ?

a. « Vous avez un animal ? » « Non, je n'en ai pas. » C'est correct ?   V   F

b. Le vélo de Tom = son vélo = celui de Tom   V   F

c. qui + voyelle → qu'   V   F

2. Identifiez le temps du verbe : présent, futur ou conditionnel ?

a. Dans six mois, j'aurai vingt ans. ....   d. Je serai chez toi à 8 heures. ....

b. J'ai deux chats. ....   e. Une quiche, ce serait bien ! ....

c. J'aimerais vivre à Paris. ....

3. Choisissez l'article ou le pronom.

a. Et du pain ? Tu ... veux ?   ☐ en   ☐ le   c. Il faut ... lait.   ☐ du   ☐ le

b. Et le pain, ne ... oublie pas !   ☐ en   ☐ l'   d. Il ne ... faut pas beaucoup.   ☐ en   ☐ le

4. Répondez en remplaçant les mots soulignés par des pronoms.

a. S'il te plaît, tu me passes <u>cette assiette</u> ? → ....

b. Tu laisses cuire <u>le rôti</u> <u>30 minutes</u> ? → ....

c. Je mets <u>le sucre</u> à la fin ? → ....

d. Est-ce qu'il faut faire réchauffer <u>les plats</u> ? → ....

5. Complétez par le relatif (*qui* ou *que*) ou un démonstratif (*celui, celle, ceux*) ou par les deux ensemble.

a. – Je suis désolé, je n'ai pas trouvé les fruits ... tu voulais. J'ai pris ... étaient de saison et ... m'ont semblé les meilleurs.

b. – Tu as bien fait. Les fruits ... viennent de loin ne sont pas mûrs. Tu es allé chez le marchand ... est au bas de la rue ?

c. – Oui, c'est toi ... me l'as recommandé et c'est un monsieur ... je trouve charmant, pas comme ... ... est sur la place.

d. – Oh ! ...-là, il est toujours de mauvaise humeur.

e. – Hum ! Elles sont bonnes ces pommes !

f. – Bien sûr, ... de Normandie sont les meilleures.

6. Reliez les deux phrases qui vont ensemble.

a. Pour couper la viande,   1. je prends une cuillère.

b. Pour cuire la viande,   2. je me sers d'une poêle.

c. Pour manger de la soupe,   3. je prends un couteau.

d. Dans la casserole,   4. je mets un bouquet de fleurs.

e. Sur la table,   5. je verse un pot de crème.

🎧 Compréhension orale

1. **Mettez les prénoms sous chacune des personnes (*Mélissa – Gabriel – Jacqueline – Élodie – Thierry*). Vérifiez que les six personnes ont bien leur prénom. Quel est le prénom qui est en double ?**

2. **Où se trouve Laurent ? Pourquoi n'est-il pas sur la photo ?** *Il fait la photo*

3. **On peut dire que cette famille est une famille française « typique ». Pourquoi ?**

4. **À votre avis, cette interview a été réalisée :**

   a. en février ; b. en juin ✓ ; c. en septembre.

   Justifiez votre réponse.

5. **Regardez bien ces deux phrases, elles n'ont pas le même sens. Pourquoi ?**

   « C'est ma petite fille. »

   « C'est ma petite-fille. »

Expression orale

Vous lisez cette annonce. Vous êtes intéressé. Vous aimeriez faire un stage linguistique de trois semaines en juillet. Vous téléphonez pour avoir des informations complémentaires.

COURS PENDANT L'ANNÉE 2 semaines à 2 semestres	**LANGUE ET CIVILISATION FRANÇAISES**
COURS D'ÉTÉ Juin, juillet, août, septembre	**MONTPELLIER**
STAGES PÉDAGOGIQUES Hiver – printemps – été	**ACTIVITÉS CULTURELLES** 7 jours sur 7
FORMATIONS SPÉCIFIQUES Toute l'année	
PROGRAMMES JUNIORS Toute l'année	**HÉBERGEMENT** En résidence ou chez l'habitant

Par exemple :

– sur les dates exactes de début de stage ;

– sur les contenus (test de placement ? combien de niveaux différents ? avec quel manuel ? quelle pédagogie, etc.) ;

– sur les effectifs : combien d'élèves par groupe ?

– sur les horaires ? un « cours » dure 45, 50 minutes, 1 heure ?

– sur les activités culturelles ?

– sur l'accueil : où habiter ? où prendre ses repas ?

– sur les tarifs : qu'est-ce qui est compris dans les tarifs, exactement ?

Compréhension écrite

Dans le citron tout est bon !

La ville de Menton, à la frontière franco-italienne, est connue pour son climat exceptionnellement doux, pour la beauté de ses côtes, pour son festival de musique… mais aussi pour ses citrons. À la mi-février, à la même époque que le carnaval de Nice, sa voisine, Menton organise la Fête des citrons qui attire beaucoup de touristes. Des chars décorés de citrons et d'oranges parcourent les rues en fanfare.

Pourtant, Menton ne produit plus que deux cents tonnes de citrons, ce qui est bien inférieur aux récoltes d'antan. Peu de citrons donc, mais quels citrons ! Les Mentonais prétendent qu'ils sont incomparables, mille fois meilleurs que partout ailleurs, même si les citronniers viennent tous, à l'origine, d'Italie.

Le citronnier, comme tous les agrumes, aime la chaleur et déteste le gel : à – 4°, il meurt. Par chance, à Menton, il est bien rare que le thermomètre descende au-dessous de zéro. Il fleurit et embaume aux quatre saisons et donne des fruits toute l'année. Cependant, pour les amateurs, c'est en hiver que les citrons sont les meilleurs, avec leur peau bien épaisse, bien jaune.

Dans le citron, on vous l'a dit, tout est bon : la peau, la chair, le jus…

Quelques suggestions pour vous faire venir l'eau à la bouche. D'abord, les citrons confits avec lesquels on peut préparer des tajines de poulet ou de mouton, ces délicieux tajines qu'on laissera mijoter bien long-temps. Mais aussi les citrons sous forme de sauce, de crème qui donne du goût aux poissons les plus fades. Ou encore, au moment du dessert, les sorbets au citron. Avec quelques feuilles de basilic, c'est une merveille. Et, par les grandes chaleurs, rien de plus désaltérant qu'un jus de citron avec deux feuilles de menthe, le tout passé au mixeur.

1. Vrai (V), faux (F), on ne sait pas (?) ?

a. Menton est au bord de la mer. (V) F ?

b. Menton produit plus de citrons
que Nice. V (F) ?

c. Le citronnier est un agrume. (V) F ?

d. On peut cueillir des citrons
toute l'année. (V) F ?

e. Le festival de théâtre de Menton
est célèbre V (F) ?

f. À Menton, les températures
sont rarement négatives. (V) F ?

2. Comprenez une expression en vous aidant du contexte. Quel est le sens de :

a. les récoltes **d'antan** : … ?

b. **faire venir l'eau à la bouche** : … ?

c. **laisser mijoter** un plat : … ?

3. Quelle différence entre ces deux phrases ?

a. Menton ne produit plus que deux cents tonnes de citrons.

b. Menton produit plus de deux cents tonnes de citrons

4. « Dans le citron, tout est bon ! » Trouvez dans le texte une idée pour utiliser le citron :

– avec un plat principal ;

– en dessert ;

– en boisson.

Expression écrite

Vous avez fait un dîner exceptionnel, soit comme maître/maîtresse de maison, soit comme invité, soit comme client dans un restaurant. Racontez en précisant :

a. le contexte, les circonstances (quand ? où ? avec qui ? à quelle occasion ?) ;

b. les différents plats que vous avez mangés et leur mode de préparation ;

c. les commentaires des personnes à table.

Apparences et identité

Elle se marie samedi

Écoutez et répondez

1 ANNE : Ma cousine Laure se marie samedi et elle m'invite, bien sûr.

PAULINE : Tu y vas ? Où est-ce ? À Paris ?

ANNE : Non, à Dijon. Oui, je lui ai promis d'y aller. Mais ça ne m'amuse pas. […]
Le problème, c'est que je n'ai rien à me mettre ! Je ne peux pas y aller en jeans !

PAULINE : Ah non ! Il faut une jupe longue ou une robe.

ANNE : Une robe ? Mais je n'ai pas de robe habillée. Et mes jupes… hum…

PAULINE : OK, OK. Une robe, c'est mieux. Si tu veux, j'en ai une en soie rouge. […] Elle t'ira très bien, tu verras. Attends, je te la montre. Tiens ! Regarde ! Tu veux l'essayer ?

ANNE : D'accord.

2 ANNE : Alors, elle me va comment ?

PAULINE (*sifflement*) : Magnifique ! Elle te va très bien.

ANNE : Bon. Alors, tu me la prêtes ?

PAULINE : Bien sûr. Et comme chaussures… ?

ANNE : Non, ça, ça va. Je n'en ai pas besoin. Marion en a vingt ou trente paires. Elle m'en prêtera. On a exactement la même pointure.

---

1. **Pauline et Laure sont**
   ☐ sœurs
   ☐ cousines
   ☐ sans relation

2. ***Elle, je l'aime bien mais lui… Qui est « lui » ?***
   ☐ le père de Laure
   ☐ le frère de Laure
   ☐ le futur mari de Laure

3. **Comment est la robe que Pauline prête à Anne ?**

4. **Pauline connaît Marion ? Justifiez votre réponse.**

Phonétique, rythme et intonation

1. Groupes de souffle et enchaînement (1). Écoutez et répétez en **un souffle**, sans vous arrêter entre les syllabes.
a. Je lui ai promis d'y aller. (6 syllabes) **b.** J'en ai une en soie rouge. (6 syllabes) **c.** Tu veux l'essayer ? (5 syllabes) **d.** Elle te va très bien. (5 syllabes)

2. L'accent d'insistance. Écoutez et répétez.
a. Mais non ! **b.** Mais non, arrête ! **c.** Il faut oser dans la vie !
d. Mais non ! Arrête ! Il faut oser, dans la vie !

Phonie-graphie

Du français parlé au français écrit (3).

Écoutez et écrivez la phrase correctement.
a. ....
b. ....
c. ....
d. ....

Lisez et écrivez

Noms
- un chapeau
- un enterrement
- une jupe
- un maire
- un mari
- un préfet
- un problème
- une robe
- de la soie

Adjectif
- original

Verbes
- amuser qqn
- emprunter qqch à qqn
- promettre qqch à qqn, à qqn de + inf.
- se souvenir de qqn

Mot invariable
- heureusement

Pour communiquer
- À bientôt (à l'oral ou à l'écrit)
- Très amicalement (à l'écrit)

Manière de dire
- Ça ne m'amuse pas.
- BCBG (bon chic bon genre : élégant et classique)
- La bonne société
- Le grand tralala = quelque chose de riche et d'ostentatoire
- Je n'ai rien à me mettre = je n'ai pas de vêtements qui conviennent.
- Une robe habillée = une robe élégante, une robe chic
- Il faut oser dans la vie !

Un mariage très chic

Paris, 20 mai

Ma chère Isabelle,

Tu te souviens de ma cousine Laure ? Elle s'est mariée samedi dernier à Dijon. C'était un très grand mariage. Son mari est d'une famille très riche et il y avait plus de deux cents invités. Toute la bonne société de Dijon était là : le préfet, le maire...

Je n'avais pas très envie d'y aller, je n'avais rien à me mettre et je n'aime pas beaucoup ce genre de choses. Mais Laure a vraiment insisté.

Heureusement, mon amie Pauline m'a prêté une robe un peu habillée qui m'allait très bien, j'ai emprunté à Marion des chaussures de chez Dior et un chapeau. Et voilà !

Regarde la photo : la jolie fille très élégante à gauche, en rouge, c'est moi ! Je suis sûre que tu ne me reconnais pas !

Très amicalement et à bientôt.

Anne

Compréhension écrite

1 **Vrai (V) ou faux (F).**

a. Laure s'est mariée au mois de mai. (V) F

b. Isabelle et Laure sont cousines. V (F)

c. Anne a pris elle-même la photo qu'elle envoie. V (F)

2 **À votre avis, « un grand mariage » signifie plutôt :**

(a.) qu'il y avait beaucoup de monde.

b. que c'était un mariage très chic.

c. que le marié était très grand.

3 **Cherchez dans le texte le contraire de :**

a. hélas = _heureusement_

b. prêter = _emprunter_

Expression écrite

En général, Anne s'habille comment à votre avis ? Imaginez.

Anne s'habiller une robe chic en couleur frais non pas blanc ou noir

Grammaire et vocabulaire

LE PRONOM *EN* COD ET COI

1. Rappel : il remplace un complément d'objet direct précédé de *un, une, des* ou de *du, de la, de l'*.
Tu me prêtes une robe ?
→ *Je t'en prête **une**. Non, je n'en ai pas.*
Tu as de l'argent ?
→ *Oui, j'en ai, j'en ai un peu. Non, je n'en ai pas.*

2. Le pronom *en* complément d'objet indirect
En remplace un nom de chose ou un infinitif précédé de la préposition *de*.
*Tu te souviens **de cette robe** ? Oui, je m'en souviens.*
*Tu as besoin **de chaussures** ? Non, je n'en ai pas besoin.*
*Il a peur **de sortir le soir** ? Oui, il en a peur.*

➡ Voir le Précis grammatical p. 130

Exercice 1

Cochez la réponse correcte.

a. – Tu veux ma robe chinoise ?   1. – Oui, j'en veux une.   (2) – Oui, je la veux bien.

b. – Vous voulez de la bière ?   (1.) – Non, je ne la veux pas.   (2.) – Oui, j'en veux bien.

c. – Qu'est-ce que vous prenez ? des oranges ? (1.) – Oui, j'en voudrais un kilo. 2. – Oui, je les veux.

d. – Tu as des chaussures habillées ?   (1.) – Oui, j'en ai.   2. – Oui, je les ai.

e. – Vous prenez ce pantalon noir à 55 euros ? 1. – Oui, j'en prends un.   (2.) – Oui, je le prends.

Exercice 2

Répondez par l'affirmative.

a. Vous m'apportez de la bière, s'il vous plaît ?

b. Tu me prêtes ta voiture pour ce soir ?

c. Vous m'apporterez votre travail demain.

d. Tu m'offriras un cadeau pour mon anniversaire ?

e. Tu m'offriras des livres ?

f. Il t'envoie une carte postale de Grèce ?

g. On vous donne les résultats de l'examen demain ?

LES DOUBLES PRONOMS (2)

a. Pronoms indirects + pronoms directs *le, la, l', les*
– *J'ai une robe chinoise. **Je te la prête ?***
– *Oh, tu me **la** prêtes ? Merci !* (**la** = la robe, ta robe, cette robe)

b. Pronoms indirects + pronom direct *en*
– *Tu n'as pas une robe à me prêter ?*
– *Si, je **t'en** prête **une**, bien sûr.* (**en** = une robe)
– *Je n'ai pas de chaussures habillées.*
Tu m'en prêtes ? (**en** = des chaussures)
– *J'ai des chaussures de chez Dior. Je **te les** prête si tu veux.* (**les** = ces chaussures-là)

➡ Voir le Précis grammatical p. 131

Exercice 3

Mettez ces adjectifs dans l'ordre.

a. une fille (jeune/polonaise)

b. une robe (courte/jolie)

c. une maison (extraordinaire/vieille)

d. un film (finlandais/beau)

LA PLACE DES ADJECTIFS ÉPITHÈTES (1)

Le plus souvent, l'adjectif se met après le nom (adjectifs de couleur, de forme, de nationalité et, en général, les adjectifs longs).

Avant le nom : les adjectifs courts et courants (grand, gros, petit, jeune, vieux, joli, beau…). *une robe rouge, une petite robe rouge*
une jolie petite robe rouge

➡ Voir le Précis grammatical p. 133

ATTENTION ! OBSERVEZ !

Se rappeler quelque chose **mais** *se souvenir **de** quelque chose*
→ *Cette robe, je me **la** rappelle./Cette robe, je m'**en** souviens.*

Attention à la structure : *avoir qqch à + inf.*
Je n'ai rien à me mettre.

Civilisation   Qu'est-ce que je mets ?

Les cérémonies

Pendant très longtemps, il fallait s'habiller d'une certaine manière à l'occasion d'un mariage ou d'un enterrement. Les jeunes filles se mariaient toujours en blanc et on s'habillait toujours en noir pour les enterrements.

Il s'agit d'une convention. Au Moyen Âge, le jour de leur mariage, les jeunes filles mettaient leur plus jolie robe, qui était presque toujours rouge. Et aujourd'hui, on se marie en blanc, en bleu, en rouge, en vert, en noir…

Avant, quand une personne proche mourait, on portait le deuil, c'est-à-dire qu'on s'habillait en noir un certain temps, ensuite en gris foncé, puis en gris clair et enfin en blanc ou en couleurs.

Aujourd'hui, cette habitude a presque disparu mais quand on va à un enterrement, on porte des vêtements de couleur sombre ou neutre.

Les tenues au travail

Elles sont beaucoup moins strictes qu'avant : les hommes ne portent pas toujours une cravate, les femmes sont très souvent en pantalon.

En vacances…

Quelquefois, les vacanciers exagèrent un peu : ils entrent dans les magasins pour faire leurs courses, vont à la banque ou à la poste, déjeunent au restaurant… en maillot de bain. Certaines villes de vacances l'ont interdit et exigent une « tenue correcte », sauf à la plage ou près de la plage, bien sûr.

1. **Dans votre pays, y a-t-il une couleur associée au deuil ?**

2. **Chez vous, on peut se promener en maillot de bain dans les villes ? Expliquez.**

Expression personnelle orale ou écrite

Comment vous habillez-vous ?

1. **Choisissez parmi ces trois tenues celle qui correspond le mieux à votre personnalité. Expliquez pourquoi.**

2. **Qu'est-ce que vous allez mettre…**
  a. demain pour aller au cours de français ?
  b. pour assister au mariage de votre meilleur(e) ami(e) ?
  c. pour séduire l'homme ou la femme de votre vie ?

Serge Gainsbourg, une vie

a

b

c

d

1. Mettez ces quatre photos dans l'ordre chronologique et justifiez votre choix.

2. Complétez le CV de Serge Gainsbourg

1919 : .... 1958 : .... 1928 : ....
1961 : .... 1954 : .... 1968 : ....

3. Écoutez et cochez le nom des actrices ou des chanteuses qui sont citées.

a. Catherine Deneuve ☑   e. Juliette Gréco ☑
b. Sophie Marceau ☐   f. Dalida ☑
c. Isabelle Adjani ☑   g. Isabelle Huppert ☐
d. Monica Bellucci ☐   h. Vanessa Paradis ☑

🎧 Phonétique, rythme et intonation

La phrase longue (1). Écoutez et répétez.
a. Il change de nom. b. Il change de nom, devient Serge Gainsbourg.
c. Il change de nom, devient Serge Gainsbourg et renonce à la peinture.
a. Elle a vingt-deux ans. b. Elle a vingt-deux ans, elle est ravissante.
c. Elle a vingt-deux ans, elle est ravissante et c'est une inconnue.

🎧 Phonie-graphie

Écoutez et complétez.
a. Il écoute beaucoup de .... b. Son père est .... Il est ....
et .... c. Quand il rencontre Jane Birkin, elle .... ; lui ....

(a) musique classique et de jazz
(b) russe musicien et peintre
(c) est célèbre... connue...

Lisez et écrivez

Serge et Jane

Avec Jane Birkin, Gainsbourg change. Il continue à écrire des textes superbes, mais presque uniquement pour Jane, comme par exemple l'album *Melody Nelson*, qui est un énorme succès. En 1971 naît leur fille Charlotte. Il s'occupe beaucoup d'elle. Charlotte deviendra plus tard une actrice célèbre.

Tout le monde pense qu'il est devenu un autre homme. Mais assez vite, il retrouve son goût de la provocation. Le public est partagé entre l'admiration et l'exaspération.

En musique, Gainsbourg cherche toujours la nouveauté : dans les années 1976-1979, il se passionne pour le reggae et chante même *La Marseillaise* en reggae. Nouveau scandale !

En 1980, Jane Birkin quitte Gainsbourg. En effet, elle n'aime pas le personnage qu'il est devenu. Ils se séparent mais resteront toujours très proches : Serge continue à écrire de très belles chansons pour Jane (*Baby alone in Babylone, Amour des feintes*) et Jane s'inquiète pour Serge qui boit beaucoup et a des problèmes cardiaques.

Les médecins lui conseillent d'arrêter de boire. Mais c'est trop tard. Il meurt en 1991. C'est Jane Birkin qui devient la « gardienne du temple ». Elle continue à chanter les chansons de Gainsbourg dans le monde entier.

Compréhension écrite

Répondez oralement.

a. « Avec Jane Birkin, Gainsbourg change. » En quoi ?

b. À votre avis, que signifie : « le personnage qu'il est devenu » ?

c. Quel est le rôle de Jane Birkin après la mort de Serge Gainsbourg ?

Expression écrite

Sur le même modèle, rédigez une courte biographie d'un(e) chanteur/chanteuse ou d'un(e) acteur/actrice que vous aimez.

Point Orthographe

1. Ne confondez pas « a » (verbe *avoir*) et la préposition « à »

Complétez avec *a* ou *à*.

a. C'est à partir de 1954 que Gainsbourg a commencé à écrire des chansons. b. Peu à peu, il devient célèbre, il rencontre des actrices et des chanteuses et a beaucoup de succès. c. Il a des problèmes cardiaques mais il continue à fumer et à boire.

2. Ne confondez pas « est » (verbe *être*) et « et »

Complétez avec *est* ou *et*.

a. Le père de Gainsbourg est d'origine russe. Il est peintre et aussi musicien : il aime la musique classique et le jazz.

b. Jane Birkin est une actrice et une chanteuse d'origine britannique mais elle est plus célèbre en France qu'en Grande-Bretagne.

Grammaire et vocabulaire

Exercice 1

🎧 **Écoutez à nouveau le document et complétez avec :** *trois ans plus tard – la même année – l'année suivante – en 1928 – à trente ans.*

Serge Gainsbourg qui est né … commence par des études de peinture. C'est seulement … qu'il renonce à la peinture…, en 1958, il change de nom et consacre tout son temps à la chanson. En 1967, il a une aventure avec Brigitte Bardot. C'est … qu'il rencontre la femme de sa vie : Jane Birkin. Leur fille Charlotte naît à Paris….

SE SITUER DANS LE TEMPS

La chronologie

Année de référence : 1954

Cette année-là… (1954)

L'année précédente… (1953)

L'année suivante… (1955)

Dix ans plus tôt, dix ans avant… (1944)

Dix ans plus tard, dix ans après… (1964)

Exercice 2

Avec les éléments suivants, construisez une phrase longue, comme sur le modèle.

15 h : sortie des cours.

15h-18h : bibliothèque

18h : courses

19h : retour à la maison

Tous les vendredis, Adrien sort des cours à 15h,…, …, … et ….

LES PHRASES LONGUES

La suppression du pronom sujet

Ils viennent de Russie et sont réfugiés politiques.

Il s'inscrit aux Beaux-Arts et veut devenir peintre.

Il boit trop, fume beaucoup et multiplie les provocations.

→ À l'écrit, dans une phrase avec deux ou plusieurs propositions, on peut mettre le pronom sujet une seule fois, au début (et supprimer les autres). S'il y a plusieurs propositions, le *et* relie les deux dernières.

Exercice 3

Mettez en relief ce qui est souligné comme dans les exemples. (*attention à la phrase d !*)

a. Ils viennent <u>de Russie</u>. **b.** Ils sont arrivés <u>en 1919</u>. **c.** Il habite <u>chez moi</u>. **d.** <u>Elle</u> a tort et <u>il</u> a raison.

LA MISE EN RELIEF (2)

C'est en 1968 qu'il rencontre Jane.

C'est Jane qui quitte Serge.

C'est à Paris que je suis né.

C'est avec elle qu'il s'installe.

C'est toi qui es venu hier ?

➡ Voir le Précis grammatical p. 144

Exercice 4

Complétez avec *à* **ou** *de*.

a. Je vous conseille … renoncer … la peinture. **b.** Occupez-vous … vos affaires ! **c.** Il s'est toujours intéressé … la musique classique. **d.** – On commence le travail à 10h. Et toi ? – Moi, je commence … travailler plus tôt, à 8h. **e.** Vous pouvez continuer … lire le texte ? **f.** Ils arrêtent … jouer au tennis à quelle heure ?

LA CONSTRUCTION DES VERBES

commencer + nom / *commencer à* + infinitif

continuer + nom / *continuer à/de* + infinitif

arrêter + nom / *(s')arrêter de* + infinitif

s'intéresser à + nom

renoncer à + nom / *renoncer à* + infinitif

s'occuper de + nom / *s'occuper de* + infinitif

conseiller quelque chose à quelqu'un

mais *conseiller à* quelqu'un *de* + infinitif

➡ Voir le Précis grammatical p. 134

AVEC « PREMIER » ET « DERNIER » → ATTENTION ! OBSERVEZ L'ORDRE DES MOTS.

C'est son **premier** grand succès. Il a passé ses **dix** premières années à Londres.

– Tu connais son **dernier** CD ? – Oui, et j'aime beaucoup les **deux** dernières chansons.

Civilisation   La chanson française

Bien sûr, on ne peut pas citer tous les chanteurs français. La chanson française se porte très bien : le premier loisir des Français, jeunes ou pas, c'est la musique. Chaque année, la fête de la Musique, le 21 juin, réunit des dizaines de milliers de personnes dans toute la France.

- **Les fondateurs de la chanson moderne**, les « grands ancêtres » : Georges Brassens, Jacques Brel, Léo Ferré, Charles Aznavour, Barbara... et bien sûr Serge Gainsbourg.
- **Le rock des années 1960/1970 :** Johnny Hallyday, Eddy Mitchell, Michel Polnareff.
- **Le pop rock années 1970/1980 :** Bernard Lavilliers, Jacques Higelin, Jean-Jacques Goldman, Alain Souchon, Michel Berger, Michel Jonasz, Julien Clerc, Bashung, Renaud... et bien sûr Serge Gainsbourg.
- **Retour du rock, les groupes des années 1980 :** la Mano Negra, les Wampas, les Rita Mitsuko.

- **Années 1990-2000 :** les Têtes raides, Noir Désir, Juliette, Vincent Delerm, Benabar, Yann Tiersen, Jean-Louis Murat... Un de leurs inspirateurs ? Serge Gainsbourg, bien sûr !
- **Des chanteurs venus d'ailleurs :** le groupe Zebda, Cheb Mami, Rachid Taha, Khaled... ou prenant leur inspiration et leurs rythmes ailleurs : Manu Chao, Lavilliers...
- **Le rap ?** MC Solaar, IAM...
- **Les plus écoutés par les 15-25 ans en 2005 :** Bénabar – Arthur H – M – Zazie – Jeanne Cherhal – Camille... et toujours Gainsbourg !

Mais... retour à Gainsbourg. En cadeau, une superbe chanson à écouter et à chanter.

La chanson de Prévert

Oh je voudrais tant
    que tu te souviennes
Cette chanson était la tienne
C'était ta préférée
Je crois
Qu'elle est de Prévert et Kosma

Et chaque fois les feuilles mortes
Te rappellent à mon souvenir
Jour après jour
Les amours mortes
N'en finissent pas de mourir [...]
Cette chanson, *Les Feuilles mortes*
S'efface de mon souvenir
Et ce jour-là
Mes amours mortes
En auront fini de mourir.

La Chanson de Prévert
Paroles et musique de Serge Gainsbourg
© 1962 et 1997 Warner Chappell Music France
(Ex. Société Nouvelle des Éditions Musicales Tutti)
& Melody Nelson Publishing

Oh ! je voudrais tant que tu te souviennes/
   Des jours heureux où nous étions amis
En ce temps-là la vie était plus belle,
   Et le soleil plus brûlant qu'aujourd'hui.
Les feuilles mortes se ramassent à la pelle,
   Tu vois, je n'ai pas oublié...
Les feuilles mortes se ramassent à la pelle,
   Les souvenirs et les regrets aussi
Et le vent du nord les emporte
   Dans la nuit froide de l'oubli.
Tu vois je n'ai pas oublié
   La chanson que tu me chantais.
C'est une chanson qui nous ressemble.
   Toi, tu m'aimais et je t'aimais,
Et nous vivions tous les deux ensemble,
   Toi qui m'aimais, moi qui t'aimais.
Mais la vie sépare ceux qui s'aiment,
   Tout doucement, sans faire de bruit
Et la mer efface sur le sable
   Les pas des amants désunis.

Cette chanson évoque *Les Feuilles mortes*. Beaucoup l'ont chantée (Yves Montand et Juliette Gréco...) et tous les Français la connaissent.

Les Feuilles Mortes, (Prévert & Kosma)
© MCMXLVII by Enoch & Cie.

Micro-trottoir :
les villes aux piétons

Écoutez et répondez

SECTEUR PIETONNIER

○ Circulation interdite à tous véhicules
● Stationnement gênant (art. R 37.1)
(f) Riverains et Livraisons
(h) de 5h à 10h 30 et de 19h à 21h

UN JOURNALISTE : Madame, madame, s'il vous plaît.
C'est pour un sondage. On parle d'interdire les voitures
dans le centre ville[2]. Qu'est-ce que vous en pensez ? [...]

UN JOURNALISTE : Et vous, Monsieur ? [...]

UN JOURNALISTE : Et le vélo ? [...]

UN JOURNALISTE : Et vous, les jeunes, quelle est votre opinion ?

1. **Le monsieur et la dame vous semblent-ils d'accord ?**

2. **Comment les imaginez-vous (âge, état civil, niveau social...) ?**

3. **Quel est le pays donné en exemple ?**

Phonétique, rythme et intonation

Écoutez et répétez.

1. La différence entre [p] et [b]
Un pays dont on parle beaucoup. Ils ont plein de bonnes idées. C'est bien pour les balades.

2. Les enchaînements vocaliques (2)
<u>oui et</u> encore ! Les jours <u>où il</u> pleut.

3. Les enchaînements consonantiques (2)
Quan<u>d on</u> est jeune. Les gens e<u>n ont</u> un.

Phonie-graphie

1. Les deux h : le h muet et le h aspiré
Certains mots commencent par un *h* muet
→ on peut faire la liaison : <u>un homme</u>, u<u>n hiver</u>
D'autres commencent par un *h* aspiré
→ la liaison est impossible : un/héros, un/handicap.
Il n'y a pas vraiment de règle pour les distinguer,
il faut bien écouter.

2. Écoutez et dites si le h est muet ou aspiré.
J'ai rendez-vous dans un hôtel près des Halles à une heure du matin. Je dois être très bien habillé, comme un héros de roman. C'est pour jouer dans un film qui raconte une histoire d'amitié entre un vieil homme et des handicapés mentaux.

Noms
- une balade
- un centre ville
- la circulation
- un commerçant
- un embouteillage
- une erreur
- un(e) handicapé(e)
- une indemnisation
- une journée
- une opinion
- une pétition
- une piste cyclable
- la poussière
- une solution
- un sondage
- le stationnement
- un tramway
- des travaux
- un trottoir
- un vélo

Adjectifs
- âgé(e)
- dangereux(se)
- efficace
- inaccessible
- piétonnier(ière)
- polluant(e)
- pratique

Verbes
- coûter
- devoir + inf.
- interdire qqch
- limiter qqch

Mots invariables
- plein de
  (+ un nom, familier)

Pour communiquer
- Ouais (oui, familier)
- Voyons !

Manière de dire
- En avoir marre
  (en avoir assez, être
  fatigué de quelque
  chose, familier)
- Et encore !
- Faire l'unanimité
  (mettre tout le monde
  d'accord)

Lisez et écrivez

Le tramway à Paris

En 1995, la ville de Paris lance un grand projet de construction d'un tramway dans le sud de Paris, sur les boulevards des Maréchaux (voir le plan page 31).

Le 11 juin 2003, la commission d'enquête donne un avis favorable et les travaux commencent le15 juillet 2003 et se terminent fin 2006. Mais le projet ne fait pas l'unanimité

Stop ! ça suffit !

Les commerçants du 14ᵉ et du 15ᵉ en ont marre :
– du bruit
– de la poussière
– des embouteillages
– des trottoirs inaccessibles
– des stationnements impossibles
Ils demandent des indemnisations pendant les travaux.

Signez la pétition du 15/03/05

Gaspillage !

Le tramway est une erreur !
Il va coûter très cher
(plus d'un million d'euros).
Il sera vite insuffisant.
Il faut rouvrir la Petite
Ceinture*, seule solution
pour un transport efficace.
ASPCRF (Association pour
la sauvegarde de la Petite
Ceinture de Paris et de
son réseau ferré)

* la Petite Ceinture : voir le plan page 31.
Elle se confond avec le péripherique.

Compréhension écrite

1 **Pourquoi les commerçants protestent-ils ?**

2 **Quels sont les commerçants directement concernés ?**

3 **Vrai (V), faux (F) ou peut-être (?) ?**

    a. La mairie va indemniser les commerçants.   V   F   (?)

    b. Le tramway est en service depuis 2003.   V   (F)   ?

    c. Le tramway va créer des emplois.   (V)   F   ?

    d. Les piétons ne peuvent plus circuler sur les trottoirs.   V   F   ?

Expression écrite

1 **Vous faites une enquête sur la construction du tramway, vous avez rencontré les commerçants et les membres de l'ASPCRF. Rédigez un court article pour le journal local.**

2 **Reprenez les réponses de la dame, du monsieur et des jeunes page 58 et complétez-les en donnant des explications et des exemples.**

Grammaire et vocabulaire

Exercice 1

Qui, que, dont, où ?

a. Le bruit ... il se plaint vient des travaux sur le boulevard. **b.** Les boulevards des Maréchaux ... passera le tramway se trouvent au sud de Paris. **c.** La journée ... je préfère c'est la journée sans voiture. **d.** C'est le projet ... je m'occupe. **e.** Le vélo est un moyen de transport ... se développe. **f.** Voici le quartier ... je suis née.

DEUX AUTRES PRONOMS RELATIFS

Dont est complément d'objet indirect (COI) d'un verbe qui se construit avec la préposition *de*.
Elle me parle de ses amis. Je ne les connais pas.
→ *Je ne connais pas les amis dont elle me parle.*

Où peut être complément de lieu ou de temps :
Le quartier où j'habite est piétonnier.
Dimanche, c'est le jour où ils sont arrivés chez nous.

Où ne remplace jamais un nom de personne.
La personne où j'habite → *chez qui j'habite.*

➡ Voir le Précis grammatical p. 132

Exercice 2

Complétez avec *par, sans, avec*.

a. Prenez ce médicament trois fois ... jour avec un grand verre d'eau ... sucre ni sirop.

b. Il lui donne 10 euros ... semaine d'argent de poche.

c. Il a acheté son ordinateur ... garantie, ce n'est pas sérieux !

LES PRÉPOSITIONS : *PAR, SANS* ET *AVEC*

– *Par* + un nom sans article exprime une idée de distribution : *On les voit une fois par an, à Noël.*

– *Sans* + un nom sans article exprime l'idée d'absence, de privation.
Les gens apprécient les journées sans voiture.

– *Avec* + un nom sans article (abstrait) exprime la manière : *Il faut boire avec modération.*

Exercice 3

Indiquez s'il s'agit d'une probabilité (P) ou d'une obligation (O).

a. Vous devez signer ici. **b.** Il doit prendre ses médicaments régulièrement. **c.** Il est absent ? Il doit être encore malade. **d.** Il fait beau, elles doivent être dans le jardin.

« DEVOIR » : DEUX SENS

– Obligation :
La mairie doit limiter la circulation des voitures (il faut que la mairie limite la circulation des voitures)
– Probabilité :
Les jours où il pleut, ça ne doit pas être agréable (il est probable que ce n'est pas agréable)

Exercice 4

Complétez la phrase.

a. On a vendu la voiture, on l'utilisait ... souvent. **b.** Elle supporte ... bien le bruit. **c.** Depuis qu'ils sont à Paris, ils sortent ... souvent le soir. **d.** Il est fatigué : il a ... travail. **e.** Il fait du sport, il se porte ...

L'EXPRESSION DE LA PROGRESSION

– *de plus en plus / de moins en moins* + un adjectif + un adverbe
C'est de plus en plus difficile de se loger à Londres.
Il vient de moins en moins souvent à Rome.
Attention : de plus en plus bien → *de mieux en mieux*
– *de plus en plus/de moins en moins de* + un nom
Les femmes ont de moins en moins d'enfants.

Exercice 5

Reliez les deux phrases qui vont ensemble avec *pourtant*.

a. Il n'a pas eu le bac,

b. J'aime Léo,

c. Ils font du bruit comme dix,

d. Elle ne sait pas chanter,

1. je n'aime pas les barbus.

2. il veut aller à la fac.

3. sa mère est cantatrice.

4. ils ne sont que deux.

L'OPPOSITION-CONCESSION : *POURTANT* (1)

Il y a une contradiction entre deux faits.
Pour les relier, on utilise *pourtant* :
Je lui ai expliqué plusieurs fois, pourtant il n'a pas compris.

Il n'a pas compris, pourtant je lui ai expliqué plusieurs fois.

Civilisation — Paris à vélo

« Paris respire »

Les dimanches et les jours fériés, certaines rues sont interdites toute l'année aux voitures : par exemple les berges de la Seine, rive droite et rive gauche, entre 9h et 17h, et aussi dans les bois de Vincennes et de Boulogne de 9h à 18h. Dans le bois de Boulogne, la circulation est aussi interdite le samedi.

a. « Paris Rando vélo »

Les vendredis soirs, à partir du 5 mars, rendez-vous avec votre vélo, place de l'Hôtel-de-Ville, à 21h 30 pour une randonnée cycliste nocturne à travers la capitale. Départ à 22h. Gratuit.

b. « Le bois à vélo »

Le service Paris Jardins propose des visites guidées à vélo dans le bois de Vincennes :

1re partie : (1 heure) : départ de la porte Dorée en direction de l'ancien jardin d'Agronomie tropicale.

2e partie : (1 heure) : visite à pied du jardin tropical.

3e partie : (1 heure) : retour à la porte Dorée en passant par le lac des Minimes et l'esplanade du château de Vincennes.

Plein tarif : 6 euros – demi-tarif : 3 euros.

Location de vélo à l'entrée du bois : 5 euros les 3 heures.

c. « Paris s'éveille »

C'est une balade que vous propose l'association « Paris à vélo » : départ à 6h du matin pour voir le jour se lever sur Paris du haut de Montmartre. À l'aller, vous longerez le canal Saint-Martin et au retour vous découvrirez le quartier intellectuel de la Nouvelle Athènes.

Location vélo ou tandem sur place + guide + assurance : 30 euros.

Paris sans voitures en 2012 ?

C'est le projet des maires de certains arrondissements. Ils souhaitent limiter le nombre des voitures dans le centre de Paris. Ils prévoient de réduire à 30 km/h la circulation dans les quatre arrondissements centraux, de réduire la largeur de plusieurs voies importantes et de réserver une file aux vélos. Les berges seraient entièrement fermées aux voitures.

D'après Le Monde du 15 mars 2005.

Expression personnelle orale ou écrite

1. Si vous deviez passer un grand week-end à Paris au mois de mai, que choisiriez-vous de faire : a., b. ou c. et pourquoi ?

2. Vous êtes antiquaire dans un des quartiers les plus touristiques et les plus commerçants de Paris (le 4e). Vous avez entendu parler du projet « Paris sans voitures en 2012 ». Vous écrivez à des collègues pour leur dire vos inquiétudes.

Elle a changé de look

ÉLODIE : Vous ne devinerez jamais !
Je viens de rencontrer Pénélope.

MARGOT : Pénélope Duplessis ? Notre Pénélope ?
Ça fait une éternité ! Tu lui as parlé ?

ÉLODIE : D'abord je ne l'ai pas reconnue. Elle
donnait le bras à un homme très chic. Mais
quand ils m'ont croisée, pas de doute. C'était
bien elle. Je l'ai regardée, elle m'a regardée, on
s'est reconnues. Elle s'est arrêtée et on a bavardé.
[…]

ANTOINE : Dis-donc, les petits tatouages que tu as
au bas du dos, c'est avec elle que tu les as faits ?

ÉLODIE : Oui. Mes parents étaient furieux. On
était allées dans une petite boutique près des
Halles.
Je n'étais pas très rassurée mais Pénélope
n'avait peur de rien.

ANTOINE : Moi, j'aime bien, je trouve ça original
et… coquin !

1. Reliez les deux parties de la phrase qui vont ensemble.

    a. Pénélope avait un piercing dans le nez ?   1. Non, pas tout de suite.
    b. Élodie a des tatouages au bas du dos ?   2. Oui, deux petits serpents, j'aime bien.
    c. Tu as reconnu Pénélope ?   3. Non, dans la langue.

2. Vrai (V), faux (F), On ne sait pas (?) ?

    a. Élodie a rencontré Pénélope dans la rue.   Ⓥ   F   ⑦
    b. Antoine était à la fac avec Margot et Pénélope. V   F   ⑦
    c. Les parents d'Élodie n'aimaient pas les tatouages. Ⓥ   F   ?
    d. Pénélope est toujours habillée en noir.   V   Ⓕ   ?

3. Quelle est la relation entre Élodie et Antoine ?

🎧 Phonétique, rythme et intonation

Écoutez et répétez.
1. Le son [r] en initial :
on s'est reconnues, elle n'a peur de rien, je n'étais
pas rassurée.

2. L'opposition entre [r] et [l] en initial
Je l'ai reconnue, je l'ai regardée, je l'ai remarqué, je
ne le regrette pas.

3. Enchaînement vocalique (3) : Les petits
tatouages que tu as au bas du dos.

🎧 Phonie-graphie

Écoutez et écrivez la phrase correctement.
a. *D'abord je ne l'ai pas connue*
b. *Mais je l'crois pas*
c. *Je ne le regrette pas*

Noms
- un bijou
- le dos
- un emballage
- l'épaule
- un gant
- la langue
- le look
- le matériel
- un piercing
- une salle d'attente
- la sécurité
- un tatouage

Adjectifs
- coquin(e)
- furieux(se)
- habillé(e)
- rassuré(e)
- stérile
- vérifié(e)

Verbes
- avoir peur de qqn ou de qqch
- bavarder
- croiser qqn
- deviner qqch
- reconnaître qqn
- remarquer qqch

Mots invariables
- au bas de
- sous

Pour communiquer
- Dis donc !

Manière de dire
- Notre Pénélope (celle qu'on connaît).
- Ça fait une éternité (il y a longtemps).
- Donner le bras à qqn.
- Pas de doute (c'est certain).
- Un look à faire peur.

Lisez et écrivez

Pour un piercing ou un tatouage en toute sécurité,
cinq points doivent être vérifiés :

1. Ce studio est interdit aux animaux.

2. Il est interdit de fumer.

3. Le matériel et les bijoux doivent être sous emballage.

4. Le perceur doit porter des gants stériles.

5. La salle de piercing doit être séparée de la salle d'attente.

a

b

c

d

e

f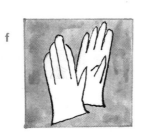

g

h

i

Compréhension écrite

1 Faites correspondre un dessin et une recommandation.

2 Ces vérifications sont-elles obligatoires ou seulement recommandées ? *obligatoires*

Expression écrite

Rédigez le texte que vous allez mettre dans le journal pour annoncer l'ouverture de votre salon de tatouages et piercings. N'oubliez pas de lui donner un nom.

Grammaire et vocabulaire

Exercice 1

Accordez le participe passé.

Le récit d'Élodie

J'ai rencontré Pénélope et son mari rue de Rivoli. Elle ne m'a pas reconnue tout de suite. Je me suis arrêtée. Elle a parlé à son mari et ils sont revenus sur leurs pas. Elle m'a présentée et nous avons bavardé. Nous ne nous étions pas vues depuis la fac, il y a dix ans ! Son mari, je l'ai trouvé sympa, drôle. Elle, finalement, elle n'a pas changé, sauf de look ! Ils m'ont invitée chez eux, ils habitent à Lille.

L'ACCORD DU PARTICIPE PASSÉ AVEC *AVOIR*

Rappel : le participe passé avec *être* s'accorde avec le sujet : *Elle est venue me voir.*

Avec *avoir*, le participe passé s'accorde avec le complément d'objet direct (COD) quand il est placé avant le verbe :
Nous avons croisé <u>Pénélope</u>. → pas d'accord
Pénélope = COD placé après le verbe

Nous <u>l</u>'avons croisée rue de Rivoli. → accord fém. sing.
l' = COD placé avant le verbe

Exercice 2

Mettez les phrases au passé composé.

a. Vous connaissez Pénélope ?

b. Je faisais mes études avec elle. *fait*

c. Margot avait peur des idées de Pénélope. *a eu*

d. Après la fac, je perds le contact avec elle. *ai ...*

e. Ils reviennent en France en 2005. *sont revenus*

LES PARTICIPES PASSÉS IRRÉGULIERS

Les verbes du 1er groupe, en -er, ont un participe régulier en -é

Ceux du 2e groupe, en -ir, type *finir*, ont un participe passé en -i

Les verbes du 3e groupe ont des participes irréguliers.

être → été (invariable)   avoir → eu

→ Voir le Précis grammatical p. 136

Exercice 3

Mettez le verbe au passé composé et faites l'accord si c'est possible.

a. En 2000, mon mari et moi, on (*partir*) … *est parti* en voyage organisé pour la première fois.

b. Le 14 Juillet, on (*sortir*) … *est sorti* tous les deux voir le feu d'artifice. c. – Salut Nina, tu viens d'où ? – Avec ma sœur et une copine, on (*aller*) … *est allées* faire des courses. d. Il neige : on (*arrêter*) … *est venue* la circulation sur l'autoroute. e. Quand elle a crié, on (*s'arrêter*) … tous de parler.

ACCORD DU PARTICIPE PASSÉ AVEC *ON*

Rappel
on = quelqu'un
on = les gens + verbe au singulier
on = tout le monde + verbe au singulier

En France, on déjeune entre midi et une heure.
Après les élections, on a attendu de nouvelles réformes.

on = nous

Dans ce cas, le participe passé des verbes qui se conjuguent avec « être » peut s'accorder avec le sujet du verbe.
Mon frère et moi, on est allés à Barcelone ce week-end.

LE PLUS-QUE-PARFAIT

Auxiliaire *être* ou *avoir* à l'imparfait + participe passé

Il exprime une action ou un état antérieurs à une autre action ou un état déjà au passé (imparfait ou passé composé)

Plus-que-parfait	Passé composé/Imparfait	Présent	Futur

Quand mes parents <u>ont vu</u> ce que j'<u>avais fait</u>, ils étaient furieux, ils se sont mis en colère.

Civilisation   Décorer son corps

Tous les étés, c'est visible : les illustrations corporelles sont à la mode.
Il y a de plus en plus de studios de tatouage en France.
90 % des personnes qui se font tatouer ont entre 18 et 45 ans.
– Pourquoi ? Pour la majorité des gens, c'est une rencontre amoureuse ou amicale qui a provoqué le désir d'être tatoué. D'autres sont influencés par les magazines, les stars, les films.
– Où ? sur le bras, l'épaule, le dos et les jambes pour les hommes ; sur le bas du dos, l'omoplate et la cheville pour les femmes.
– Quoi ? Chacun est libre de choisir son motif. Les tatoueurs proposent des catalogues mais on peut venir avec une idée très personnelle.

Expression personnelle orale ou écrite

1. **Est-ce que le tatouage est une pratique courante dans votre pays ? Si oui, qu'est-ce qu'elle signifie ?**

2. **Par deux, un tatoueur et un(e) client(e) : vous entrez dans un studio de tatouage pour prendre des renseignements.**

3. **Aimeriez-vous être tatoué(e) ? Pourquoi ?**

4. **Recherchez des informations sur une personne célèbre dans votre pays et connue pour ses tatouages. Faites un résumé des divers renseignements trouvés.**

Quizz

grammatical et lexical

1 Peut-on dire :

a. « Du pain ? J'en veux bien. » « Des amis ? J'en ai beaucoup. » ☑ oui ☐ non

b. « J'ai acheté des fleurs blanches. Je les ai mis dans l'eau. » ☑ oui ☑ non

c. Le verbe *devoir* peut avoir plusieurs sens. ☑ oui ☐ non

d. « Mes parents où j'habite sont gentils. » ☐ oui ☑ non

e. Avec *on*, le participe passé reste toujours au singulier. ☐ oui ☑ non

2 Choisissez la bonne construction.

a. À 15 ans, j'ai commencé à ☑ chanter ☐ une carrière de chanteuse

b. À 15 ans, j'ai commencé ☐ chanter ☑ une carrière de chanteuse

c. Ils ont continué ☑ les travaux ☐ interdire les voitures

d. Après son mariage, elle a arrêté de ☑ être excentrique ☐ ses excentricités

3 Peut-on dire :

a. C'est avec elle qu'il se marie ☑ oui ☐ non

b. C'est un grand international succès ☐ oui ☑ non

c. Les dernières deux fois où je l'ai vu ☐ oui ☑ non

d. Voici un beau petit garçon brun ☑ oui ☐ non

4 Accord ou pas accord du participe passé ?

a. J'ai croisé mes copines sur le boulevard. b. Je les ai croisées hier. c. Les copines que j'ai croisées sur le boulevard s'appellent Élodie et Margot.

5 Remettez dans l'ordre et imaginez de quoi on parle.

a. te/l'/ je/peux/emprunter ?/demain/la/je/rends/te

b. me/vous/passez/le/ s'il vous plaît ?

c. apporte/vous/on/ demain/les

d. en/offriras/un/tu/pour Noël ?/m'

6 Associez un élément de chaque colonne pour faire une phrase.

a. Voici le boulevard   qui   elle se souvient.

b. Je te prête ma robe chinoise   que   doit passer le tramway.

c. C'est une chanson   dont   est très habillée.

d. J'aime bien le tatouage   où   tu as sur l'épaule.

7 Reliez une question et une réponse.

a. Ça y est, tu es habillée ?   1. Pas du tout, c'est un mariage très chic.

b. Comment gagne-t-il sa vie ?   2. Hélas, non.

c. Tu as gagné au loto ?   3. Non, pas encore, attends une minute.

d. Cette robe est trop habillée !   4. Il est musicien.

🎧 Compréhension orale

1. **Résumez en une phrase ce que Chloé reproche à sa mère.**

2. **La famille de Chloé se compose de combien de personnes ? Citez-les.**

3. **Qu'est-ce que les copains de Chloé pensent de sa mère ?**

4. **Pourquoi la mère de Chloé s'est fait faire un piercing ?**

Expression orale

Décrivez un acteur (une actrice) ou un chanteur (une chanteuse) que vous détestez particulièrement. Justifiez votre opinion.

Compréhension écrite

Que faire de l'île Seguin ?

L'île Seguin occupe un site idéal sur la Seine, à Boulogne-Billancourt, entre Paris et Sèvres, tout près du parc de Saint-Cloud et du bois de Boulogne.

Au XVIIe siècle, Louis XIV offre cette île à son frère, Monsieur. Ce cadeau vraiment royal va permettre à celui-ci d'agrandir son domaine de Saint-Cloud. Monsieur puis ses descendants organisent des fêtes sur l'île. Quand la Révolution survient, « l'île de Monsieur » revient à la nation et se démocratise : peu à peu, on y construit des entrepôts, des ateliers… À la fin du XIXe siècle, c'est la SNCF qui en devient propriétaire.

En 1925, Louis Renault loue le terrain et édifie une gigantesque usine forteresse qui a la forme d'un bateau. C'est de là que sortiront des centaines de milliers de 4CV puis de 4L. Les usines Renault sont nationalisées après la guerre. Renault devient une entreprise publique et le site de Boulogne-Billancourt (l'île Seguin) est un bastion ouvrier de première importance, toujours à la pointe des luttes syndicales.

Mais, dans les années 1980, Renault doit déménager et abandonner le site car il se prête mal aux innovations technologiques. Les bâtiments se dégradent peu à peu… Divers projets sont avancés, dont celui de l'homme d'affaires François Pinault qui envisage d'y installer sa splendide collection d'art moderne. Finalement, au printemps 2005, l'affaire capote : incriminant les lourdeurs de l'administration française, François Pinault renonce à son projet et décide de créer son musée à Venise, dans le palais Grassi.

Pour l'instant, l'île Seguin ressemble à un gigantesque bateau à la dérive. Mais l'emplacement est unique et devrait bientôt attirer investisseurs et promoteurs.

1. **Comprenez d'après le contexte : qu'est-ce qu'une 4CV ?**

2. **Cherchez dans le texte un synonyme de :**
   a. un site : … b. construire : … c. énorme : …
   d. avoir l'intention de : … e. échouer : …
   f. accuser, mettre en cause : …

3. « Renault doit déménager » ; « L'emplacement devrait bientôt attirer des investisseurs » – Le verbe « devoir » a deux sens différents. Comment pourrait-on « traduire » ces deux phrases ?

4. Pourquoi cette île occupe-t-elle un site unique ? Sur cette île, quel serait votre projet ? Faites des propositions.

Expression écrite

Voici le début de la biographie de Jean-Paul Sartre. À partir de ces quelques notes, continuez-la en utilisant les temps du passé. Vous n'êtes pas obligé(e) d'utiliser toutes les informations. Attention : vous prenez comme point de départ l'année 1943.

1905 : naît à Paris dans une famille catholique et protestante.

1906 : mort de son père.

1916 : remariage de sa mère.

1924 : entre à l'École normale supérieure.

1926 : rencontre Simone de Beauvoir.

1929 : passe son agrégation de philosophie et fait son service militaire.

1929-1930 : professeur au Havre.

1938 : parution de son premier roman, *La Nausée*.

1939 : parution de son premier texte philosophique : *Esquisse d'une théorie des émotions*.

→ 1943 : parution de sa « grande œuvre philosophique », *L'Être et le Néant* et des pièces de théâtre (*Les Mouches*)

1945 : fonde la revue *Les Temps modernes* et abandonne l'enseignement.

1960 : parution de la *Critique de la raison dialectique*.

1964 : refuse le prix Nobel.

1968 : soutient le mouvement étudiant et se radicalise à l'extrême gauche.

1971 : parution de sa biographie de Flaubert en 3 volumes, *L'Idiot de la famille*.

1980 : meurt à Paris.

Jean-Paul Sartre (1905-1980)

C'est en 1943 que paraît *L'Être et le Néant*, la grande œuvre philosophique de Jean-Paul Sartre. Âgé de 38 ans, ce professeur …

Papotages et reportages

Vous savez ce qui s'est passé ?

Écoutez et répondez

Lundi matin. Mme da Silva, la gardienne, et Mme Duval, une locataire de l'immeuble, papotent.

MME DUVAL : Vous en faites une tête, madame da Silva ! Qu'est-ce qui vous arrive ?

LA GARDIENNE : Ben, vous ne savez pas ce qui s'est passé ?

MME DUVAL : J'ai entendu dire que M. Siméon était à l'hôpital. C'est vrai ?

LA GARDIENNE : Et comment ! [...]

MME DUVAL : Mais il habite au deuxième !

LA GARDIENNE : Justement ! Il a perdu l'équilibre et il est tombé. [...]

MME DUVAL : Il vous a dit qu'il y arriverait ! À son âge ! Ce n'est pas banal, c'était une lettre vraiment urgente !

LA GARDIENNE : Oui, il m'a dit que c'était pour sa retraite.

MME DUVAL : Quand même ! Il aurait pu attendre le lendemain matin. J'irai lui rendre visite cet après-midi.

LA GARDIENNE : Vous ne lui direz pas que je vous ai dit tout ça... hein ?

---

1. **Depuis combien de temps, M. Siméon est-il à l'hôpital ?**

2. **L'histoire vous semble-t-elle possible ?**

3. **Quel âge donnez-vous à M. Siméon ?**

4. **Pourquoi il était gêné de demander de l'aide ?**

5. **Pourquoi la gardienne parle-t-elle de « ses » poubelles ?**

Phonétique, rythme et intonation

Écoutez et répétez.

1. La différence entre [t] et [d]
 a. Vous en faites une tête, Madame da Silva.
 b. Il est descendu poster une lettre.
 c. Il aurait pu attendre le lendemain matin

2. La phrase longue (2)
 a. J'ai entendu dire que M. Siméon était à l'hôpital.
 b. Il vous a dit qu'il y arriverait !
 c. Vous ne lui direz pas que je vous ai dit tout ça.

3. L'intonation exclamative
Et comment ! Justement ! Quand même !

Noms

- un accident
- une aide
- une chambre de bonne
- une clé
- un couple
- une fenêtre
- un hall
- un hôpital
- un immeuble
- une piqûre
- une poubelle
- un pyjama
- une récompense
- la retraite
- des soins
- un tableau d'affichage

Adjectifs

- banal
- célibataire
- divorcée
- gêné(e)
- ingénieur(e)
- urgent(e)
- veuf(ve)

Verbes

- décider de + inf.
- entendre dire que + inf.
- escalader qqch
- papoter
- rendre visite à qqn
- supposer que + ind.

Pour communiquer

- Ben. Quand même !
- Quelle histoire ! Hein !
- Et comment !

Manière de dire

- Vous en faites une tête.
- Ne vous en faites pas (ne vous inquiétez pas).
- Perdre l'équilibre (tomber).
- Poster une lettre (mettre une lettre à la poste).
- Figurez-vous (pour introduire une conversation, une information).

Lisez et écrivez

Mon immeuble

Au rez-de-chaussée : Mme Da Silva, la gardienne, qui vit avec son mari.

En face : Mme Mirmont, veuve de 85 ans qui vit avec son chat Cachou.

Au 1er étage : deux familles. À droite, les Duval, Mme Duval ne travaille pas, lui est ingénieur, quatre enfants de 1, 3, 7 et 10 ans : Marie, Agathe, Louis et Justine. À gauche : les Sutter, la dame est professeur au lycée, le monsieur est journaliste à la radio, deux enfants : Romain 14 ans et Tristan 17 ans.

Au 2e : M. Siméon, vieux célibataire. En face, l'appartement est à vendre.

Au 3e : les Dubois, couple de retraités. En face Mme Menou, veuve, qui partage son appartement avec deux jeunes femmes, infirmières à l'hôpital.

Au 4e : des jeunes mariés, Sandra et Frédéric et leur chien. En face, une femme divorcée, Mme Battisti, comptable, et sa fille Annabella, 16 ans.

Au 5e : les chambres de bonnes. L'une est occupée par Valérie Terrier, étudiante en sciences, 24 ans, une autre par Jalil Abid, 25 ans, qui fait un stage de fin d'études à la banque. La troisième est libre.

Annonces sur le tableau d'affichage dans le hall de l'immeuble.

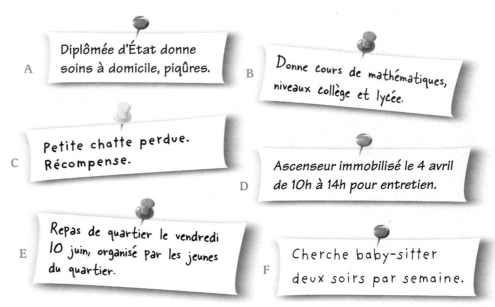

A — Diplômée d'État donne soins à domicile, piqûres.

B — Donne cours de mathématiques, niveaux collège et lycée.

C — Petite chatte perdue. Récompense.

D — Ascenseur immobilisé le 4 avril de 10h à 14h pour entretien.

E — Repas de quartier le vendredi 10 juin, organisé par les jeunes du quartier.

F — Cherche baby-sitter deux soirs par semaine.

Compréhension écrite

1 Retrouvez l'auteur ou les auteurs de chaque annonce affichée dans le hall de l'immeuble (ils habitent tous dans l'immeuble).

2 État civil. Qui est : **a.** célibataire ? **b.** marié ? **c.** divorcé ? **d.** veuf ?

Expression écrite

1 Vous avez emménagé dans la troisième chambre de bonne depuis 1 mois. Écrivez à un(e) ami(e) pour lui présenter certains de vos nouveaux voisins.

2 Imaginez les relations entre les différents habitants de l'immeuble.

Grammaire et vocabulaire

Exercice 1

Cochez la seule réponse possible pour avoir une proposition principale et une proposition complétive.

a. Je sais
- ☐ la nouvelle.
- ☐ qu'il vient ce soir.
- ☐ venir chez toi tout seul.

b. Elle raconte
- ☐ qu'elle voyage beaucoup.
- ☐ ses voyages.
- ☐ comment elle voyage.

LA PROPOSITION COMPLÉTIVE À L'INDICATIF

– Elle est complément d'objet d'un verbe, elle le complète en répondant à la question *Quoi ? Vous savez... quoi ?* → *qu'il est à l'hôpital ?*

– Elle est en général introduite par *que/qu'* (conjonction) et se place après le verbe dont elle dépend.

– Ce verbe détermine son mode (ind. ou subj.).

– Les verbes suivis d'une complétive à l'indicatif expriment une certitude, une réalité objective : *affirmer – croire – déclarer – dire – entendre dire – expliquer – promettre – raconter – savoir...*

➡ Voir le Précis grammatical p. 145

Exercice 2

Transformez le discours direct en discours indirect.

a. Elle explique : « Deux plus deux font quatre. »

b. Il crie : « Les secours arrivent. »

c. Ils ont dit : « Nous faisons le maximum. »

d. Le professeur déclare : « Le cours est fini. »

e. Le professeur a déclaré : « Le cours est fini. »

f. Il racontait : « Le matin, je pars vers 6 heures, je marche jusqu'au sommet et j'attends le lever du soleil. »

DISCOURS DIRECT ET DISCOURS RAPPORTÉ

Observez. *a. Il me dit : « Je vous aime. » b. Il me dit qu'il m'aime.*

a. Discours direct = deux points, guillemets, on fait parler la personne. b. Discours indirect = complétive avec *que*, modification des pronoms, on « entend » une seule personne parler.

Verbe introducteur au présent → pas de changement de temps.

Verbe introducteur au passé → changement.
*Il m'a dit : « Je vous aime, je vous ai toujours aimée. »
Il m'a dit qu'il m'aimait, qu'il m'avait toujours aimée.*

➡ Voir le Précis grammatical p. 146

Exercice 3

Mettez les verbes entre parenthèses au temps qui convient.

a. Hier, tu disais que tu m'(*aimer*) ... toujours et aujourd'hui tu me dis que tu me (*quitter*) ... !

b. Il nous a raconté qu'il (*être*) ... comédien et qu'il (*jouer*) ... cet été au festival d'Avignon.

c. Non, je ne répéterai pas ce que je (*apprendre*) ... ce matin.

d. – Je t'avais dit que je (*rentrer*) ... tard ce soir ; tu sais bien je (*devoir*) ... passer voir M. Siméon à l'hôpital.

LA CONCORDANCE DES TEMPS À L'INDICATIF

– Elle marque la chronologie des différentes actions.

– Elle exprime la relation entre les temps des différentes propositions.

verbe introducteur	verbe subordonné
Je dis (je dirai, dites)	qu'il chante
	qu'il chantera
	qu'il va chanter
	qu'il a chanté
	qu'il vient de chanter

verbe introducteur	verbe subordonné
J'ai dit (je disais, j'avais dit)	qu'il chantait
	qu'il chanterait
	qu'il allait chanter
	qu'il avait chanté
	qu'il venait de chanter

➡ Voir le Précis grammatical p. 139

Civilisation

Les repas de quartier

Depuis quelques années maintenant, des gens ont eu l'idée sympathique d'organiser des repas de quartier, c'est-à-dire de réunir les habitants d'une rue autour d'un verre ou d'un repas. Cette initiative a eu beaucoup de succès et l'opération est maintenant renouvelée tous les ans, en principe le premier vendredi du mois de juin mais les gens choisissent la date qui leur convient le mieux.

L'objectif, c'est que des voisins, des gens qui vivent les uns auprès des autres mais qui ne se connaissent pas vraiment, se rencontrent.

Chacun apporte un plat, une boisson, des tables et des chaises et on mange dehors. Quand c'est possible, on ferme la rue à la circulation ou on occupe le square le plus proche. Vive la convivialité ! Malheureusement, tout n'est pas rose ! Avec le succès, les problèmes arrivent : il faut organiser avant, pendant et après et il y a toujours des profiteurs ! Mais l'idée est belle et les repas de quartier se multiplient. Depuis 2005, on essaie de faire des repas entre différents quartiers !

Expression personnelle orale ou écrite

1. Vous avez réuni les habitants de votre rue pour préparer le repas de quartier annuel. Quelles sont les questions à poser, les démarches à faire. Qui va faire quoi ?

2. La fête est finie. Racontez comment cela s'est passé : les bons moments et les problèmes.

3. Vous êtes chargé(e) de mettre une petite annonce dans les boîtes à lettres de votre rue pour prévenir les habitants qu'il va y avoir un repas de quartier et les inviter à venir nombreux.

4. Comment peut-on analyser ce goût pour les repas de quartier dans les grandes villes ? Est-ce que c'est envisageable dans votre pays ?

Devine qui j'ai vu !

Écoutez et répondez

CHRISTINE : Tu sais qui je viens de voir ? Devine !

JULIEN : Je ne sais pas, moi. Je donne ma langue au chat.

CHRISTINE : Vincent !

JULIEN : Lequel ?

CHRISTINE : Vincent Deslauriers.

JULIEN : Ça alors ! Je pensais à lui il y a cinq minutes ! Quand est-ce que tu l'as vu ?

CHRISTINE : Là, tout de suite, en faisant les courses.

JULIEN : Ah bon ! Qu'est-ce qu'il faisait par ici ?

CHRISTINE : Il travaille à la bibliothèque depuis trois semaines. [...] Je l'ai invité à dîner demain.

JULIEN : Demain, je rentre tard, c'est jeudi. Tu feras la cuisine ?

CHRISTINE : Oui, je m'en occuperai, ne t'inquiète pas. Je sortirai un peu plus tôt du bureau. Tu pourras rapporter de la bière et du vin ? C'est lourd.

JULIEN : D'accord, j'y penserai. Dis donc... Tu crois qu'il est toujours amoureux de toi ?

CHRISTINE : Mais non ! C'est une vieille histoire. Il n'y pense plus et moi non plus. Il était avec la fille tchèque. Elle est très jolie. J'ai l'impression qu'il s'intéresse beaucoup à elle !

JULIEN : Ah bon ! On les invite tous les deux, alors ?

CHRISTINE : Oui, bonne idée. Et même tous les trois. Je l'appelle.

1. **Christine et Julien sont étudiants, à votre avis ? Justifiez votre réponse.**

2. **Christine connaît Vincent Deslauriers depuis longtemps ? Justifiez votre réponse.**

3. **Quelles sont les relations entre Vincent et la jeune fille tchèque ?**

Phonétique, rythme et intonation

Écoutez et répétez.

Comment prononcer « tous » : [tu] ou [tus] ?
a. – Tu connais tous les étudiants ? – Oui, je les connais tous. b. – Vous travaillez tous les jours ? – Non, pas tous. Pas le jeudi, pas le vendredi et pas le samedi. c. – Tu as vu tous les films de Chabrol ? – Oh non, pas tous ! Il y en a trop !

Pour communiquer
• Dis donc.   • Quelle chance !

Phonie-graphie

Orthographier le son [tu] <u>Jamais</u> « touts » !
1. **Tout** + article défini masc. sing. (le) ; adjectif possessif masc. sing. (mon) ; adjectif démonstratif masc. sing. (ce, cet).
2. **Tous** + article défini masc. pl. (le) ; adjectif possessif masc. pl. (mes) ; adjectif démonstratif masc. pl. (ces).

Complétez par *tout* ou *tous*.
a. Ils vont ... les jours ... les deux à la piscine. b. Ils ont ... le temps pour travailler. c. ... ses cousins vivent en Australie. d. Les élèves ont terminé ... leur travail ? e. On ne finira jamais ... le programme ! f. Caroline ne comprend pas ... les exercices.

Noms

- l'autorisation
- les charges
- la colocation
- une corvée
- une dépense
- l'équilibre
- l'espace
- l'horreur
- l'idéal
- l'indépendance
- un loyer
- un réfrigérateur
- la solitude

Adjectifs

- amoureux(euse)
- commun(e)
- (non) fumeur
- lourd(e)
- mixte
- polonais(e)
- tchèque

Verbes

- choisir qqn/qqch
- craindre qqch
- s'intéresser à qqn/
  à qqch
- partager
- penser à qqn/à qqch
- rapporter qqch
- ressembler à qqn

Locution verbale

- avoir l'impression
  que + ind.

Mots invariables

- absolument
- depuis
- ensemble

Manière de dire

- Donner sa langue
  au chat (renoncer
  à trouver la solution
  d'une devinette).
- Par ici
  (dans le quartier).
- Chacun son tour.
- Un type (un homme,
  un garçon, familier).
- Au bout de trois mois
  (après trois mois).

Lisez et écrivez

Forum

 Je vais habiter à Lyon à partir de septembre. C'est une ville que je ne connais pas du tout. Les loyers sont trop chers pour moi et je crains la solitude. J'ai envie d'essayer la colocation mais je me pose des questions ! J'ai 27 ans, je gagne assez bien ma vie, je suis calme, non fumeur et j'aime mon indépendance.

 Mes questions :

Il vaut mieux habiter à deux ou à plusieurs ?
C'est mieux à plusieurs ! À deux, ça ressemble à un couple. C'est une autre histoire. L'idéal, pour moi, c'est quatre. C'est un bon équilibre.

(Vanessa, Grenoble)

 Mixte ou pas mixte ?
Mixte, bien sûr ! Et, si possible, avec des gens qui viennent d'un autre pays. Chez nous, on est six (trois Italiens, un Irlandais, une Australienne et moi) et c'est génial : on parle dans les trois langues. (Béatrice, Alfortville)

 Comment faire pour partager les corvées ?
Ça, c'est un vrai problème. L'an dernier, j'ai habité avec un type qui ne faisait rien. C'était l'horreur ! Je suis parti au bout de trois mois. Il faut absolument partager le travail : ou bien on le fait ensemble, ou bien c'est chacun son tour. (Martin, Bordeaux)

 Comment partager les dépenses, la nourriture, par exemple ?
Dans le réfrigérateur, chacun doit avoir son espace mais il faut aussi un « pot commun », de l'argent pour les dépenses communes. C'est sympa de manger ensemble au moins une fois par semaine. Pour les charges, nous, on partage, c'est le plus facile. (Isa, Paris)

 Comment garder son indépendance ?
En ayant chacun sa chambre, une chambre où personne n'entre sans autorisation. Et en choisissant des gens qui aiment l'indépendance, comme toi.

(Jessie, Nantes)

Compréhension écrite

1 Cette personne cherche une colocation pour quelle(s) raison(s) ?

2 D'après le contexte, qu'est-ce qu'un « pot commun » ?

3 Cherchez le mot « corvée » dans le dictionnaire. Donnez des exemples de corvées.

Expression écrite

À vous de donner des conseils. Trouvez des idées !

a. Moi, je pense que c'est mieux de vivre à deux seulement parce que …

b. À mon avis, une colocation mixte est préférable. En effet …

c. Pour garder son indépendance, une seule solution : …

Grammaire et vocabulaire

Exercice 1

Cochez la bonne réponse.

1. Tu as besoin d'argent ?
   a. Non, je n'en ai pas besoin. ☐
   b. Oui, j'ai besoin de lui. ☐

2. Tu as envie de voir ce film ?
   a. Oui, j'en ai envie. ☐
   b. Oui, j'ai envie de lui. ☐

3. Elle a peur de son père ?
   a. Oui, elle en a peur. ☐
   b. Oui, elle a peur de lui. ☐

EN PRONOM COMPLÉMENT D'OBJET INDIRECT

Rappel : *Tu feras la cuisine → Oui, je m'en occuperai.*
(= je m'occuperai de la cuisine/de faire la cuisine)

Attention ! **Observez la différence :**
Tu t'occuperas du dîner ? → Oui, je m'en occuperai.
Tu t'occuperas des invités ? → Oui, je m'occuperai d'eux.
→ On utilise *en* pour un nom de chose ou pour un infinitif.

Remarque
Les Français ne respectent pas toujours cette règle et utilisent *en* pour les choses et pour les personnes.

➡ Voir le Précis grammatical p. 130

Exercice 2

De quoi on parle ? Cochez la bonne réponse.

1. Je suis sûr qu'il n'y pense plus du tout.
   a. Il ne pense plus à ses affaires. ☐
   b. Il ne pense plus à son ex-femme. ☐

2. Tu crois qu'elle y assistera ?
   a. Je parle de son frère malade. ☐
   b. Je parle du mariage de son frère. ☐

3. Je pense très souvent à eux.
   a. Je parle de mes problèmes ☐
   b. Je parle de mes amis canadiens. ☐

Y PRONOM COMPLÉMENT D'OBJET INDIRECT

Rappel : *y* remplace un nom de lieu
(*Je vais chez lui → j'y vais ; il vit à Montréal → il y vit*).

y peut aussi remplacer un nom de chose ou un infinitif précédés de la préposition *à*.

Attention ! Observez la différence.
Il s'intéresse à la politique ? → Oui, il s'y intéresse.
Il s'intéresse à la fille tchèque ? → Oui, il s'intéresse à elle.

Remarque : Les Français ne respectent pas toujours cette règle et utilisent *y* pour les choses et pour les personnes.

➡ Voir le Précis grammatical p. 130

Exercice 3

Répondez en utilisant un gérondif.

Comment on peut faire des progrès en français ?

Exercice 4

Remplacez ce qui est souligné par un gérondif.

a. Je n'aime pas regarder la télévision <u>et manger en même temps</u>. **b.** N'oublie pas de fermer la porte <u>quand tu sortiras</u>. **c.** Le matin, <u>quand vous vous levez</u>, buvez un grand verre d'eau. **d.** Il s'est fait mal <u>parce qu'il est tombé de vélo</u>. **e.** <u>Si tu travailles</u>, tu réussiras.

LE GÉRONDIF

– Il se compose de *en* + participe présent :
*Elle a rencontré Vincent **en faisant** les courses.*

– Il a toujours le même sujet que le verbe principal : c'est la même personne qui fait les courses et qui rencontre Vincent.

– Le gérondif exprime toujours **la simultanéité** : les deux actions se passent en même temps.

– Le gérondif peut en plus exprimer **le moyen, la manière, la cause, la condition…**
*Il a trouvé son studio **en cherchant** sur Internet.*
Tu trouverais un colocataire en cherchant sur internet.

➡ Voir le Précis grammatical p. 141

L'EXPRESSION DU TEMPS (1) : *DEPUIS/IL Y A...*

Depuis + durée, date, adverbe de temps, événement
Il travaille à la bibliothèque depuis trois semaines (depuis le 1er avril, depuis longtemps).
L'action ou l'état continue dans le présent : il travaille encore à la bibliothèque.

Il y a + durée ou adverbe de temps. *Il a commencé son travail il y a trois semaines (il y a peu de temps).*
On parle d'un moment précis : le jour où il a commencé son travail à la bibliothèque.

Civilisation

Le boom de la colocation en France

Ce mode de vie, qui existe dans les pays anglo-saxons depuis des dizaines d'années, se répand à toute vitesse en France chez les étudiants et les jeunes salariés, surtout dans les grandes villes universitaires, où les loyers sont très chers.

Les avantages ?

Pour le prix d'une chambre sans confort sous les toits, vous pouvez avoir une jolie chambre indépendante dans un appartement ou dans une maison.

Si vous vous retrouvez dans une ville que vous ne connaissez pas, vivre à plusieurs vous permettra d'échapper aux crises d'angoisse et à la solitude.

Et c'est aussi une excellente école de tolérance : vous devrez accepter des caractères et des comportements différents des vôtres.

Mais attention ! Il faut savoir éviter certains pièges !

D'anciens colocataires ont créé, en septembre 2000, Colocation.fr pour vous aider.

Consultez ce site !

En cliquant sur **Le guide de la colocation**, vous saurez si c'est un mode de vie fait pour vous, vous pourrez échanger des idées et des « trucs » avec d'autres colocataires et poser toutes les questions que vous voulez dans ce domaine (**Tout sur la colocation**).

1. De quel type de document s'agit-il ?
  a. une publicité pour un site Internet
  b. un article de journal.
  c. un message personnel pour un étudiant étranger.

2. Parmi les avantages indiqués, quel est l'avantage financier ?

3. En cherchant dans le dictionnaire, dites quelle est la différence entre un caractère et un comportement ? Donnez des exemples.

Expression personnelle orale ou écrite

1. Dans votre pays, ce phénomène de colocation existe-t-il ?

2. Vous, personnellement, est-ce que vous aimeriez vivre en colocation ? Expliquez.

3. Choisissez l'une de ces trois annonces et répondez-y en expliquant qui vous êtes et ce que vous cherchez.

Paris 12e   Annonce n° 198 657
Loyer : 520 € par colocataire.
Pour 4 mois (juin-septembre).
Descriptif : 2 pièces, 50m², soleil, calme.
5e ét. avec asc., près du bois de Vincennes.
Moi : Julie, 32 ans, non fumeuse.
Activité : Chef de rayon.
Enfants/animaux : non.
J'ai déjà vécu dix ans en colocation.
Préférence pour jeunes filles étrangères.

Paris 11e   Annonce n° 168 999
Loyer : 750 € par colocataire
Pour un an
Descriptif : bel appartement
de 70 m² M° Voltaire. Deux chambres,
un grand living, cuisine, SdB.
Moi : Anaïs, 27 ans, fumeuse.
Activité : Comédienne.
Enfants : non.
Animaux : une chienne, deux chats.
Je suis active, j'aime la musique
et la danse (salsa, danse africaine).

Paris 13e   Annonce n° 211 564
Loyer : 450 € par colocataire
Pour 9 mois (octobre-juin).
Descriptif : 38 m² au rez-de-chaussée,
rue assez calme.
Moi : Aurélien, 24 ans, non fumeur.
Activité : étudiant en médecine.
Enfants/animaux : non.
Je préférerais un(e) hispanophone ou un(e)
anglophone. Je suis sérieux et tranquille.

En direct de...

Écoutez et répondez

LE PRÉSENTATEUR : Bonjour à tous. Vous savez que nous avons deux grands week-ends qui arrivent, un la semaine prochaine, avec le lundi de Pâques et l'autre bientôt avec le jeudi de l'Ascension.
Beaucoup de Français vont faire le pont du vendredi. Aussi avons-nous choisi, dans cette émission spéciale « Découvertes », de vous proposer une idée de week-end originale. Pour cela, nous sommes en direct avec Noëlle qui est à Arles. Noëlle, vous m'entendez ? [...]

LE PRÉSENTATEUR : Bien. Bonjour Monsieur Jalabert. Est-ce que tout est en place pour la feria pascale ? [...]

LE PRÉSENTATEUR : Qu'est-ce qui compte le plus pour vous ? [...]

LE PRÉSENTATEUR : Que faites-vous pour cela ? Monsieur Jalabert, qu'est-ce que vous faites pour cela ? [...]

M. JALABERT : Ah ! Nous avons créé un « passeport » à 35 euros avec lequel les jeunes peuvent assister aux différentes courses et corridas de la saison. Nous espérons aussi que la feria sera l'occasion de découvrir des artistes inspirés par la tauromachie. Je vous rappelle aussi que cette tradition permet de sauvegarder des milliers d'hectares en Camargue.

Attention à l'orthographe : un taureau, un toro (de corrida), la tauromachie.
Le mistral est un vent du nord violent, froid et sec qui souffle dans le sud-est de la France.

---

1. **Où se trouvent Noëlle et M. Jalabert ? Situez l'endroit sur la carte de France (2ᵉ page de couverture).**

2. **À quelle saison se passe la feria ?**

3. **Quelle est la différence entre un jour férié et un « pont » ?**

4. **Expliquez la dernière phrase.**

🎧 Phonétique, rythme et intonation

Écoutez et répétez.
1. Le son [sj] : l'Ascension – une émission.
   Le son [sj] = /ti/ + une voyelle (une direction – une tradition), sauf pour les imparfaits (avant nous habitions [tj] à Arles).
2. Le son [zj] : une occasion

🎧 Phonie-graphie

Le tréma
Il sépare deux voyelles et évite qu'on les prononce ensemble.
Écoutez la différence entre « du gui » et « une ambiguïté », entre « mais » et « maïs ».
Répétez : *Anaïs et Loïc sont des amis de Noëlle.*

Noms

- une arène
- un artiste
- du caoutchouc
- une corrida
- un directeur
- une émission
- une épuisette
- une feria
- un hectare
- une marée
- une occasion
- un passeport
- un patrimoine
- un pêcheur
- une région
- un rocher
- du sable
- un spectacle
- un spectateur
- la tauromachie
- un torero
- une tradition

Adjectifs

- accessible
- pascal(e)
- spécial(e)

Verbes

- assister à qqch
- attirer qqn
- permettre de + inf.
- proposer qqch
- sauvegarder qqch
- transmettre qqch à qqn

Mots invariables

- ailleurs
- à destination de
- grâce à
- inspiré(e)

Manière de dire

- Faire le pont.
- En direct (# en différé).
- Être en place.
- Compter (avoir de la valeur pour qqn).

Lisez et écrivez

Des idées de week-end

a

 vous propose en toute sécurité

➠ une expérience unique : découvrir une région à bord d'une montgolfière, survoler les châteaux d'Azay-le-Rideau, d'Amboise, de Villandry.

➠ une aventure originale

➠ un voyage accessible à tous à partir de 7 ans

➠ des souvenirs et des photos inoubliables

Prix par adulte : 199 euros.
Tarif enfant (7 à 12 ans) 109 €

Réservation toute l'année
sauf météo défavorable
(vent fort et orages)

b

Les grandes marées à Quiberon

Deux fois par an, en **mars** et en **septembre**, la mer se retire très loin et découvre de **grandes étendues de sable et de rochers**. C'est le **bonheur des pêcheurs à pied**. Certaines associations écologistes vous proposent une **initiation à la découverte de la faune marine**. Apportez un seau, des gants en caoutchouc et une vieille fourchette ou une épuisette et partez à la recherche des crabes, des coquillages ou des crevettes. Chacun a sa technique et ses coins secrets. Respectez la nature et surtout n'oubliez pas de revenir avant la marée montante !

Compréhension écrite

Vrai (V) ou faux (F) ?

1. a. Tous les enfants sont admis à bord de la montgolfière.   V   F

   b. On peut apporter un appareil photo ou une caméra.   V   F

   c. Il n'est pas possible de réserver en été.   V   F

2. a. Il faut un matériel sophistiqué pour pêcher.   V   F

   b. Il y a une très grande marée par mois.   V   F

   c. Il faut obligatoirement être accompagné par un écologiste pour aller à la pêche.   V   F

Expression écrite

1 **Décrivez une activité originale à faire le week-end.**

2 **Un(e) ami(e) vous a raconté qu'il(elle) avait passé un week-end très intéressant. Vous le racontez à un(e) ami(e) commun(e).**

Grammaire et vocabulaire

Exercice 1

Complétez la phrase.

a. « Est-ce que tu as bien pêché ? »
→ Nous demandons au petit garçon …

b. « Qu'est-ce que tu as attrapé ? »
→ Nous voulons savoir …

c. « Combien coûte le passeport pour les corridas ? »
→ Les jeunes demandent …

d. « Est-il valable toute la saison ? »
→ Ils voulaient savoir …

e. « Qu'est-ce que vous ferez cet été ? »
→ Elle a demandé à ses amis …

f. « Qu'est-ce que tu en penses ? »
→ Dis-moi …

L'INTERROGATION INDIRECTE

– Observez : l'interrogation directe
Est-ce que tu pars en week-end ?
→ *Je te demande si tu pars en week-end.* = interrogation indirecte
Qu'est-ce que tu fais ce week-end ?
→ *Je te demande ce que tu fais ce week-end.*
Qu'est-ce qui s'est passé ce week-end ?
→ *Je te demande ce qui s'est passé ce week-end.*

Mais : Pas de changement avec les autres mots interrogatifs.
Quelles personnes tu as vues ?
→ *Je te demande quelles personnes tu as vues.*

– **Verbe introducteur au passé → changement de temps :**
Je te demande ce que tu fais.
→ *Je t'ai demandé ce que tu faisais.*
Je te demande ce que tu feras.
→ *Je t'ai demandé ce que tu ferais.*

➡ Voir le Précis grammatical p. 146

Exercice 2

Faites une seule phrase en utilisant le pronom relatif.

a. C'est un patrimoine. Nous sommes très attachés à ce patrimoine.

b. Voici les arènes d'Arles. La corrida a lieu dans ces arènes.

c. Marc et Théo sont de bons copains. Je pars souvent avec eux en week-end.

UN PRONOM RELATIF : LEQUEL

– Il a le genre et le nombre du mot qu'il remplace.
– Il s'emploie généralement avec une préposition.
– Il se contracte avec « à » → *auquel, auxquels, auxquelles*
– avec « de » → *duquel, desquels, desquelles*
– Il remplace des noms de personnes ou de choses.
C'est une revue dans laquelle il y a de belles photos.

Exercice 3

Complétez.

Si vous n'aimez pas les corridas, vous pouvez aller …, en Bretagne par exemple. … ce sont les grandes marées en ce moment.
Profitez-en pour découvrir les joies de la pêche. … la SNCF propose des allers-retours à 50 € ce mois-ci.

AILLEURS / D'AILLEURS / PAR AILLEURS

Ailleurs = dans un autre lieu
Il n'est plus ici, il habite ailleurs.

D'ailleurs = de plus, pour une autre raison
Ne sortez pas maintenant, d'ailleurs il pleut.

Par ailleurs = d'autre part
Il y a la feria à Arles, par ailleurs ce sont les grandes marées en Bretagne. Que choisissez-vous ?

LES DEUX « AUSSI »

a. *Aussi* = également, en plus (addition) → il se place après le verbe. *J'aime la Camargue et j'aime aussi la Bretagne.*

b. *Aussi* = donc (conséquence) à il se place en tête de la proposition :
Nous aimons les corridas, aussi sommes-nous venus à Arles ce week-end.

Le sujet et le verbe sont inversés dans la langue formelle.

Civilisation
Les régions françaises

Il y a 22 régions métropolitaines en France (regardez la carte de la couverteure). Si l'Île-de-France est considérée comme la région parisienne, toutes les autres régions forment la province.

Aujourd'hui, les contrastes entre les régions sont moins grands mais la France a gardé une grande diversité de cultures et de traditions en raison de sa géographie et de son histoire. Après la centralisation et l'uniformisation voulues par la Révolution, le temps est venu de la décentralisation, surtout depuis 1982. Certaines régions cependant ont des particularités fondamentales comme la langue. Il y a officiellement sept langues régionales reconnues en France : l'alsacien, le basque, le breton, le catalan, le corse, le flamand et l'occitan.

En vous aidant de la carte et en cherchant sur Internet, remplissez ce tableau :

régions par ordre alphabétique	langue(s)	spécialités culinaires	événements culturels	sports
Alsace	l'alsacien	choucroute *la pierre*		
Aquitaine	le basque	le jambon	pilott	peloti
Auvergne	le corse	le trope		
Bourgogne		l'escargot		
Bretagne	le breton	les huîtres		
Centre	le flamand			
PACA	l'occitan	les saucisson		les petanque
Rhône-Alpes	le catalan	la fondues	la voile	

Expression personnelle orale ou écrite

Beaucoup de Parisiens aimeraient vivre dans une ville de province et beaucoup de provinciaux rêvent de Paris. En groupe, essayez de trouver les arguments des uns et des autres.

La Palme d'or est attribuée à...

Écoutez et répondez

Ici, Bernard Vinet, qui vous parle de Cannes. Je suis actuellement devant les marches du Palais des Festivals. Nous attendons les résultats et, comme vous l'entendez, l'excitation est à son comble. [...]

Mais voici qu'enfin, les portes du Palais s'ouvrent. Ça y est ! Les résultats vont être annoncés d'une minute à l'autre. La foule retient son souffle. Alors, cette année, et c'est une surprise, la Palme d'or est attribuée à...

---

1. **Qui préside cette année le Festival de Cannes ?**
   a. Pedro Almodovar ☐
   b. André Téchiné ☐
   c. Emir Kusturica ☑

2. **La Caméra d'or récompense...**
   a. le meilleur film français ☐
   b. le meilleur premier film ☑
   c. le meilleur film comique ☐

3. **Entourez la bonne réponse.**
   a. Un réalisateur ne peut pas obtenir deux fois la Palme d'or.
       V F
   b. Les membres du jury n'ont pas le temps d'aller à la plage.
       V F
   c. La seconde sélection officielle s'appelle « Un certain regard ».
       Ⓥ F

🎧 Phonétique, rythme et intonation

Cochez ce que vous avez entendu.
1. a. On l'a récompensé deux fois. ☐
   b. Il a été récompensé deux fois. ☐
2. a. Il a fait un temps superbe toute la semaine. ☐
   b. Il fait un temps superbe cette semaine. ☐
3. a. Elle a été présidée par Kiarostami. ☐
   b. Elle a été présentée à Kiarostami. ☐
4. a. Elle a pensé à son premier film. ☐
   b. On a récompensé son premier film. ☐

🎧 Phonie-graphie

Les nombres et les dates
Écoutez deux fois et écrivez la date.
a. ... b. ... c. ... d. ... e. ...

Manière de dire

- À son comble (à son maximum).
- Retenir son souffle.
- Une figure légendaire (une personne très estimée et très célèbre).
- D'une minute à l'autre (très bientôt).
- Je cite : se dit à l'oral, pour introduire une citation ; cela correspond aux guillemets (« ... ») à l'écrit.
- Un tel, une telle : s'utilise à la place d'un nom propre (Tu connais un tel ?).
- Le train-train quotidien (la routine, la vie de tous les jours).
- Trois noms à peu près synonymes : un cinéaste, un metteur en scène, un réalisateur (mais non un directeur).

Lisez et écrivez

Noms
- un album
- le bonheur
- un(e) cinéaste
- l'excitation
- un fan (fanatique)
- un festival
- la fièvre
- la foule
- un(e) habitué(e)
- une idole
- la joie
- un jury
- une marche
- les membres du jury
- une nuance
- un président
- une projection
- un réalisateur
- un résultat
- une sélection
- une star

Adjectifs
- apprécié(e)
- exceptionnel
- mélancolique
- quotidien(ne)
- second(e)

Verbes
- accepter qqch
- acclamer qqn
- accueillir qqn
- annoncer qqch
- développer qqch
- guetter qqn
- présider qqch
- profiter de qqch
- ranger qqch
- récompenser qqn
- solliciter qqn

Mot invariable
- actuellement

Un fan du Festival de Cannes

Depuis sa jeunesse, Bernard est un fan du Festival de Cannes. Chaque année, en mai, il prend quinze jours de vacances, il saute dans sa voiture et il descend sur la Croisette. Il est invité chez des amis qu'il a rencontrés quelques années plus tôt et qui sont aussi passionnés que lui. Ensemble, ils assistent à toutes les projections qui sont ouvertes au public, ils vont acclamer les stars qui montent les marches du Palais des Festivals, ils cherchent à reconnaître un tel, une telle… Ils passent leurs journées et leurs nuits, l'appareil photo à la main, à guetter leurs idoles. Ils essaient d'obtenir des autographes mais les acteurs célèbres, qui sont très sollicités, ne répondent pas toujours.

Pour Bernard, ces deux semaines sont deux semaines de fièvre et de bonheur. Quand il rentre chez lui, il retrouve son train-train quotidien, il se sent mélancolique et seul ; toute son excitation retombe. Alors, il fait développer ses photos et les range dans un nouvel album. Il en est à son 22e album.

Compréhension écrite

1 **Depuis combien de temps Bernard va au Festival de Cannes ?**

2 **À votre avis, Bernard vit seul ou en famille ?**

3 **Pourquoi Bernard se sent mélancolique quand il rentre chez lui ?**

4 **Dans ce texte, trouvez un mot de même sens que :**

être fan : être …

une star : …

Expression écrite

Vous êtes Bernard. Vous écrivez aux amis de Cannes chez lesquels vous avez habité pour les remercier. Vous racontez votre train-train quotidien et vous décrivez les plus belles photos (ou les plus amusantes ou les plus sensationnelles) que vous avez prises cette année.

Grammaire et vocabulaire

Exercice 1

Voici des phrases à la forme active. Mettez-les à la forme passive.

Attention ! À quel temps est le verbe ? Est-ce qu'il y a un complément d'agent ?

a. Une foule très excitée attend les résultats devant le Palais des Festivals.

b. Ça y est ! On ouvre les portes du Palais.

c. On va annoncer les résultats d'une minute à l'autre.

d. Le Festival a déjà récompensé deux fois Emir Kusturica.

e. Quel réalisateur gagnera la Caméra d'or cette année ?

f. Le public a accueilli les acteurs avec beaucoup de chaleur.

LA FORME PASSIVE (1)

On peut dire que la forme passive est comme la forme active « inversée »

Le public a acclamé ces deux très beaux films.
  sujet   verbe actif   objet

→ *Ces films ont été acclamés par le public.*
  sujet   verbe passif   complément
                         d'agent

L'objet devient le sujet grammatical du verbe.

Le sujet devient « complément d'agent » (*par...*).

Le verbe se conjugue avec l'auxiliaire *être* et on accorde le participe passé avec le sujet.

Le verbe reste au même temps et au même mode que dans la forme active (dans notre exemple, le passé composé).

Attention : il n'y a pas toujours de complément d'agent. *On décerne le Grand Prix → Le Grand Prix est décerné.* Par qui ? On ne sait pas !

Exercice 2

Vrai (V) ou faux (F) ?

a. *Ils n'ont pas pu aller sur les plages de cette station balnéaire, qui sont privées.*
→ Toutes les plages de cette station sont privées.   V F

b. *Les touristes qui ont oublié leur ticket ne pourront pas entrer.*
→ Aucun touriste ne pourra entrer. V F

LES DEUX TYPES DE RELATIVES

Observez ces deux phrases.

a. *Il a assisté à toutes les projections qui étaient ouvertes au public.*

b. *Il a assisté à toutes les projections, qui étaient ouvertes au public.*

En apparence, pas de différence... sauf la virgule. Mais cette virgule change tout ! Dans la première phrase, il a assisté seulement aux projections ouvertes au public ; dans la seconde phrase, toutes les projections étaient ouvertes au public.

Exercice 3

Que représente « le » dans ces phrases ?

a. La Palme d'or, vous **le** savez, est le plus grand prix. **b.** Il est triste mais, à Cannes, il ne **l'**était pas du tout. **c.** Il n'est pas membre du jury mais il **l'**a été en 2003.

LE PRONOM NEUTRE : *LE*

Il représente l'idée exprimée par un adjectif, par un nom ou par toute une proposition.

– *Il était malade mais il ne l'est plus.*

– *Il a longtemps été libraire mais il ne l'est pas.*

– *Il vit en province. Vous ne le savez pas ?*

LA NÉGATION « NE... GUÈRE » = PAS BEAUCOUP

Il n'a guère travaillé = il n'a pas beaucoup travaillé.
Je n'y crois guère = je n'y crois pas beaucoup.
Rappel

La place de l'adverbe
*Ils ne profitent **guère** de la plage./Ils n'ont **guère** profité de la plage.*
*J'aime **beaucoup** ce Festival./J'ai **beaucoup** aimé ce Festival.*

→ En général, aux temps composés, l'adverbe se place entre l'auxiliaire et le participe passé.

Tout commence en 1939. Le ministre des Beaux-Arts propose de créer un grand festival international du film. Où ? La ville de Cannes est choisie pour son climat et la beauté de son cadre. Hélas, la guerre éclate et le projet est ajourné. Le premier Festival de Cannes n'aura lieu qu'en septembre 1946. Depuis cette date, il se déroule chaque année (sauf 1948 et 1950, faute d'argent) en mai et dure deux semaines.

Dans les années 1950, c'est surtout un rendez-vous mondain : les stars viennent se montrer et les starlettes essaient de se faire remarquer par les producteurs. Mais très vite, l'aspect commercial domine : tous les professionnels du cinéma se retrouvent à Cannes, de même que des milliers de journalistes.

Alors, le Festival de Cannes est-il devenu un énorme supermarché

du cinéma où l'on vient pour vendre et acheter des « produits » ? Non, pas seulement.

Tout d'abord, à côté des projections, il y a de très nombreuses manifestations culturelles et artistiques de grande qualité (colloques, expositions, concerts...). Ensuite, ce Festival a toujours voulu s'ouvrir à tous les genres, à tous les styles, à toutes les tendances, à toutes les cultures.

Enfin, place aux jeunes ! La direction du Festival multiplie les initiatives pour aider les jeunes réalisateurs du monde entier à se faire connaître. Par exemple avec la « Caméra d'or » qui, depuis 1978, récompense le meilleur premier film. Ou encore grâce à la « Cinéfondation », créée en 1998, qui sélectionne des courts ou des moyens métrages en provenance des écoles de cinéma du monde entier.

La volonté du Festival de Cannes a toujours été de maintenir un équilibre entre la valeur artistique des films et leur dimension « grand public ».

Expression personnelle orale ou écrite

1. Qu'est-ce qui vous donne envie d'aller voir un film ? les critiques dans les journaux ? les conseils de vos amis ? les prix obtenus dans les festivals ? les affiches ? Précisez les raisons de vos choix.

2. Quel est le dernier film que vous avez vu ? Résumez-le en cinq lignes maximum et donnez votre avis.

3. Quel est le réalisateur français que vous préférez ? Expliquez pourquoi.

grammatical et lexical

1. Reliez les deux phrases.

a. Le festival a été créé en 1939,

b. Il y a un vent violent,

c. Oh ! Tu es tatouée sur le cou,

d. Racontez-moi

1. ce que je ne savais pas.

2. ce qui vous est arrivé cette nuit.

3. ce qui gêne la conversation.

4. ce qui est original.

2. Forme active (A) ou forme passive (P) ?

a. On l'a conduit à l'hôpital.

b. On a choisi des taureaux de Camargue pour la corrida.

c. Le premier prix a récompensé un film belge.

d. Ces taureaux ont été choisis pour les fêtes d'Arles.

e. Il a été hospitalisé d'urgence.

3. À quoi correspond le pronom « le » dans ces phrases ?

a. Le parc est fermé ! Je ne **le** savais pas. → le : ...

b. Il est bavard ! Ce matin, il ne **l'**était pas ! → l': ...

c. Elle n'est plus célèbre, mais elle **l'a** été dans sa jeunesse. → l': ...

d. Tu es mon ami et tu **le** resteras toujours. → le : ...

4. Vrai (V) ou faux (F) ?

a. Les enfants qui ont fini l'exercice peuvent sortir.
   = Tous les enfants peuvent sortir.   V   F

b. Les passants, qui s'étaient approchés, ont vu la scène.
   = Tous les passants ont vu la scène.   V   F

5. Choisissez « ailleurs », « d'ailleurs » ou « par ailleurs ».

a. C'est un cinéaste connu, il a ... obtenu la Palme d'or à Cannes deux fois.

b. Un jour, je partirai, je ne sais pas où, mais ..., loin de cette ville.

c. Elle a bien changé de style mais ... elle est toujours aussi gentille.

🎧 Compréhension orale

1. Vrai (V), faux (F) ou on ne sait pas (?)

a. Le monsieur a oublié de régler
son réveil.   Ⓥ F ?

b. Il a oublié de mettre une cravate.   V Ⓕ ?

c. L'ascenseur ne marche pas.   Ⓥ F ?

d. Il décide d'arrêter de fumer.   V F ?

e. Il est allé au bureau en taxi.   V Ⓕ ?

f. Le client ne l'a pas attendu,
il est parti.   V Ⓕ ?

2. Mettez ces actions dans l'ordre chronologique.

a. Il composte son ticket de bus.

b. Il se lave à l'eau froide.

c. Il remonte à pied les six étages.

d. Il arrive au bureau.

e. Il saute du lit.

f. Il descend du taxi.

g. Il boit un café.

h. Le bus repart.

i. Il descend de chez lui.

j. Il se réveille.

3. Imaginez comment cette mauvaise journée a continué pour lui.

Expression orale

Expression des sentiments

1. Vous montez dans un taxi. Le chauffeur est en pleine conversation téléphonique très personnelle. Il tient son téléphone portable d'une main et son volant de l'autre. C'est interdit et dangereux. Vous avez bien envie de lui faire une remarque. Réagissez !

2. Dans le métro, une vieille dame encombrée de paquets vous demande de l'aider à porter ses sacs jusqu'à chez elle. Elle précise que c'est à dix minutes à pied. Vous êtes vraiment pressé. Comment refuser poliment ?

3. Dans un magasin. Vous arrivez à la caisse avec beaucoup d'achats (pour 43 euros). Vous voulez payer avec un billet de 100 euros. La caissière refuse votre billet. Elle est désagréable. Réagissez !

4. Vous êtes à Paris, au jardin du Luxembourg. Vous vous installez sur une chaise. Juste à côté, une jeune fille lit un livre. C'est justement un livre de votre auteur préféré. Vous engagez la conversation.

Compréhension écrite

Jeunesse de Napoléon Bonaparte

Le 6 août 1768, la Corse devient française et c'est donc en France, à Ajaccio, que naît le 15 août 1769 un enfant qui va changer la face du monde et dont la gloire est telle que, encore aujourd'hui, des centaines de livres lui sont consacrés. Cet homme, c'est, bien sûr, Napoleone Buonaparte. C'est le deuxième enfant de Charles et de Laetizia Buonaparte (ils auront en tout sept enfants). C'est une famille de petite noblesse, d'origine génoise, qui a pris parti pour les indépendantistes. En mai 1769, une grande bataille a lieu entre les forces indépendantistes, conduites par leur chef Pasquale Paoli et les forces françaises. Les indépendantistes sont défaits et Paoli doit fuir vers l'Italie. Ainsi s'achève, dans le sang et les larmes, une guerre de près de quarante ans contre l'envahisseur, génois puis français. Charles et Laetizia, toujours fidèles, accompagnent le proscrit jusqu'au rivage puis se cachent dans le maquis. L'année même de sa naissance, Napoléon aura donc connu l'aventure, la bataille, la fidélité à une cause sacrée.

La France envoie le comte Marbeuf comme gouverneur de la Corse. Il est séduit par la famille Buonaparte. C'est grâce à lui que plus tard, Napoleone et son frère aîné auront une bourse pour aller étudier l'art militaire en France.

En 1778, les deux frères s'embarquent pour la France. Ce sera le collège d'Autun puis celui de Brienne. Pour le petit garçon, loin d'une famille aimante, loin de son île chérie, loin de sa langue, l'épreuve est rude : il parle mal le français, il est petit, maigrelet, et surtout, il est orgueilleux. Il ne supporte pas la moindre remarque. Or, il est la risée de ses camarades de collège qui ne voient pas la singularité de ce garçon hors norme et lui mènent la vie dure, ce qui contribua sans doute à forger son caractère. Ses professeurs s'étonnent de ses dons en mathématiques, de son goût pour l'histoire et, déjà, de ses talents stratégiques.

À seize ans, il est nommé lieutenant. L'adolescent s'ennuie dans les petites villes de garnison où on l'envoie. Il lit, il rêve…

1. Comprendre un mot ou une expression d'après le contexte. Expliquez :

a. prendre parti pour quelqu'un : …

b. être la risée de quelqu'un : …

c. mener la vie dure à quelqu'un : …

d. cela va forger son caractère : …

2. Le passif. Quel est l'infinitif de ces quatre verbes ?

a. des centaines de livres **sont publiés**.

b. les indépendantistes **sont défaits**.

c. le comte Marbeuf **est séduit** par la famille Buonaparte.

d. il **est nommé** lieutenant.

À votre avis, pourquoi a-t-on choisi cette forme passive?

3. Vous avez remarqué que ce texte n'est pas objectif. Donnez un ou deux exemples de ce manque d'objectivité.

4. Résumez ce texte en ne conservant que les faits et en supprimant tous les commentaires.

Expression écrite

Racontez la jeunesse de l'un des personnages historiques de votre pays en associant les faits et vos commentaires personnels (positifs ou négatifs) sur ces faits.
Vous pouvez utiliser le passé composé ou le présent narratif, comme dans le texte sur Napoléon.

Travail et projets

Une nouvelle baby-sitter

Écoutez et répondez

Marina est canadienne. Elle a répondu à une petite annonce pour être baby-sitter. Elle rencontre Mme Gaillard pour discuter des horaires… et du salaire.

MARINA : S'il vous plaît, vous pouvez me dire quels sont les jours et les heures de travail ?
Il faut que je le sache à cause de mes cours. Je vais m'inscrire jeudi.

MME GAILLARD : C'est simple.
Les jours d'école, lundi, mardi, jeudi et vendredi, il faut que vous alliez chercher Eva à quatre heures et demie. Ensuite, vous la ferez goûter…

MARINA : À la maison ?

MME GAILLARD : À la maison ou au square s'il fait beau. […]

MARINA : Et le mercredi ?

MME GAILLARD : Non, le mercredi, je ne travaille pas, je m'occupe d'elle. Elle a école un samedi sur deux mais le samedi, ça va, je suis là. Mais, si ça ne vous ennuie pas… euh…

MARINA : Oui ?

MME GAILLARD : Un soir par semaine, ce serait possible que vous restiez avec elle ?
Le mercredi ou le jeudi, par exemple ? J'aimerais sortir, dîner dehors, aller au théâtre…

MARINA : Oui, bien sûr. Pas de problème.

MME GAILLARD : Parfait ! Alors, pour le prix… 8 euros de l'heure, ça vous va ?

MARINA : Oh oui, c'est très bien. Merci.

---

1. Vrai (V), faux (F) ou on ne sait pas (?)
(Attention à la question e).

	V	F	?
a. Marina est étudiante.	V	F	?
b. Eva a des frères et des sœurs.	V	F	?
c. Mme Gaillard élève sa fille seule.	V	F	?
d. Mme Gaillard travaille cinq jours par semaine.	V	F	?
e. Le samedi, Eva ne va pas à l'école.	V	F	?

2. Écoutez encore une fois le dialogue et entourez la bonne réponse.
Marina va travailler
a. moins de 15 h par semaine
b. 15 h par semaine
c plus de 15 h par semaine

Phonétique, rythme et intonation

Écoutez et répétez.

1. Phonétique : le son [ɥi]
a. Je suis là. b. Ça m'ennuie.
c. Et lui, ça l'ennuie ? d. Elle a huit ans. e. Lui, il a dix-huit ans.

2. Intonation : les phrases « en suspens »
a. Écoutez. Si ça ne vous ennuie pas … b. J'aimerais sortir, dîner dehors, aller au théâtre …

Lisez et écrivez

Noms

- un bain
  (prendre un bain)
- les dents
  (se laver les dents)
- les devoirs
  (faire ses devoirs)
- l'expérience
- un permis
  de conduire
- un salaire

Adjectifs

- doux, douce
- dynamique
- gai(e)
- sage
- simple

Verbes

- déterminer qqch
- discuter de qqch
- faire goûter/dîner qqn
- goûter
- répondre qqch/à qqn

Manière de dire

- À la maison (chez soi)
- Ce n'est pas
  grand-chose
  (c'est peu de chose).
- Elle a école
  tous les jours
  (elle va à l'école).
- Ça vous va ?
  (ça vous convient ?)
- Ça ne vous ennuie
  pas ? (ça ne vous
  gêne pas ?)
- Donner un coup
  de main (aider).
- Conditions à débattre
  (on peut discuter
  des conditions :
  horaires, salaire…).
- Au lit ! (Il faut aller
  se coucher).
- Les dents ! (dans ce
  contexte : il faut se
  brosser les dents).
- Une personne
  non voyante
  (une personne
  aveugle).

1
Victor, 2 1/2 ans, attend sa nounou, calme et douce. Quartier Étoile.
Tous les soirs 17h-20h
7,50 €/heure
fbrunel@noos.fr

2
Pour Brian (3 ans) et Élise (2 ans) recherchons baby-sitter gaie et dynamique pour les mercredis toute la journée. Salaire intéressant.
Clichy-sous-Bois : 01 44 35 76 81

3
Je m'appelle Annouchka, j'ai 6 ans.
Tu veux bien venir me chercher à l'école tous les jours et jouer avec moi le mercredi ?
Je suis sage et sympa, j'habite à Versailles.
Contacter : gmpierron@yahoo.com

4
JH sérieux, BAFA, cherche à garder enfants soir ou week-end.
Paris, banlieue.
Tél. 06 45 65 75 66

5
Cherchons G ou F pour s'occuper enfant 10 ans (école + devoirs)
Énergique et sérieux.
8 €/h – Paris 11e
Tél. : 06 56 09 90 00

6
Personne non voyante cherche JH ou JF pour lecture quatre heures par semaine (jours à déterminer).
17e arrondissement – 8 €/h
valerefranchini@free.com

7
Recherche pour septembre baby-sitter > 20 ans
16h 15-19h 30 LMJV et 8h-19h 30 le mercredi
S'occuper de deux enfants de 7 et 9 1/2 ans
contre chambre indépendante au 6e étage.
S'adresser à : fdidot@free.com

8
Pour promener 1/2h deux fois/jour Stella, très gentil berger allemand femelle quartier Halles
Salaire : 10€/jour.
S'adresser au magasin.

Compréhension écrite

1 Dans ces annonces, combien ne concernent pas les enfants ?

2 Vous êtes un jeune homme de 22 ans, vous préférez vous occuper d'enfants pas trop petits. Quelle annonce vous convient le mieux ?

3 Combien d'annonces concernent uniquement les filles ?

4 Quel est le travail le mieux payé (le plus rentable) ?

Expression écrite

Vous répondez par e-mail à une annonce. Vous faites votre portrait et vous demandez des précisions supplémentaires sur le travail, le salaire, etc.

Grammaire et vocabulaire

Exercice 1

Répondez comme dans l'exemple.

Je viens à 6 h ?

→ *Oui, je voudrais que vous veniez à 6 h.*

a. Je la fais dîner tôt ? → ...

b. Je lui donne un bain ? → ...

c. Je l'aide pour ses devoirs ? → ...

d. Je vais la chercher à l'école ? → ...

Exercice 2

Quel est l'infinitif des verbes soulignés ?

a. Je suis content <u>que tu puisses</u> venir avec nous !

b. Il faut <u>que vous ayez</u> une clé de la maison.

c. Pour aller à l'école, il faut <u>que vous preniez</u> la rue du Jardin Public, à gauche.

d. Je voudrais <u>que vous soyez</u> là à 4h 20.

e. Je ne veux pas <u>qu'elle aille</u> à l'école toute seule.

Exercice 3

Reliez.

a. Je voudrais que tu   1. veniez

b. Il faut que nous   2. viennent

c. Vous voulez que je   3. sortes

d. J'aimerais que vous   4. partions

e. Je suis heureux qu'ils   5. vienne

Exercice 4

Complétez avec un « infinitif nom ».

a. Eva a des ... à faire à la maison.

b. Je n'ai aucun ... de cette période. J'ai tout oublié.

c. Qu'est-ce que tu veux pour ton ... ? du pain et du chocolat ?

d. Elle a de beaux yeux et un très joli ....

LE SUBJONCTIF (1)

Dans le dialogue, un certain nombre de verbes sont au mode subjonctif :
*Il faut que je le **sache** / Il faut que **vous alliez** chercher Eva / J'aimerais que **vous** lui **donniez** un coup de main /*
*Vous voulez que **je la fasse** dîner ? / Ce serait possible que **vous restiez** avec elle ? / C'est normal qu'**elle ait** des devoirs ?*

On l'utilise quand ?

– après un verbe exprimant un ordre ou un conseil :
*Il **faut** que vous alliez...*
*Vous **voulez** que je la fasse dîner ?*

– après un verbe de désir, de souhait :
*J'**aimerais** que vous lui donniez...*

– mais aussi après l'expression d'un sentiment :
*Je **suis contente** que vous soyez là.*
*C'est **triste** qu'il soit malade.*
*C'est **normal** qu'elle ait des devoirs ?*

On le forme comment ?

1. Pour les verbes réguliers

– Partir de la 3e personne du pluriel du présent de l'indicatif : elle donne phonétiquement le subjonctif.

Exemples : *mettre* → *ils mettent* [m ɛt] → *il faut que je mette*
venir → *ils viennent* [vj ɛn] → *il faut que je vienne*

Attention aux deux 1res personnes du pluriel, elles sont identiques à l'imparfait.

→ *il faut que nous venions, il faut que vous veniez.*

2. Il y a neuf verbes irréguliers : être, avoir – savoir, vouloir, pouvoir – faire – aller – valoir, falloir.

Pour ces verbes, vérifiez leur forme dans le Précis Grammatical, p. 147-155.

Attention ! observez la différence :
*Je suis contente **de vivre** à Montréal./Je suis contente **qu'il vive** à Montréal.*
Dans la 1re phrase, c'est la même personne qui est contente et qui vit à Montréal.
Dans la 2e phrase, il s'agit de deux personnes différentes.

VOCABULAIRE
LES INFINITIFS NOMS

Le déjeuner, le goûter, le dîner
Certains infinitifs sont devenus des noms.
Autres exemples : *le rire, le sourire, un souvenir, le pouvoir, le savoir, le devoir.*

Civilisation   Les petits boulots pour étudiants

Étudiants, vous cherchez un petit boulot pour arrondir vos fins de mois ou même pour financer vos études ? Vous avez le choix.

Bien sûr, et c'est le plus courant, vous pouvez faire du baby-sitting. C'est assez facile à trouver et pas trop difficile si le petit ange n'est pas un démon. Si vous n'aimez pas trop les enfants, avez-vous pensé aux animaux ? Le métier de « dog-sitter » se développe et est souvent mieux payé que celui de baby-sitter.

Vous pouvez aussi distribuer des prospectus dans les boîtes aux lettres, à la sortie des métros ou des théâtres mais c'est assez fatigant et pas très bien payé ! Vous pouvez également devenir « testeurs de jeux vidéo ou de logiciels » ; si vous êtes un mordu de l'informatique, ça peut être amusant. Et c'est souvent bien payé.

Certains étudiants sont « testeurs » pour de nouveaux médicaments. C'est rentable et vous aiderez ainsi la recherche pharmaceutique.

Vous êtes à la fois costaud et soigneux ? On cherche toujours des déménageurs.

Vous êtes un oiseau de nuit ? Devenez veilleur de nuit dans un hôtel ou gardien de nuit sur un chantier, dans une usine...

Si vous n'êtes pas frileux, vous pouvez poser nu comme modèle aux Beaux-Arts ou dans d'autres écoles de dessin. Ne croyez pas que ce travail soit réservé aux Apollons : pour un artiste, tous les corps sont intéressants !

Et, naturellement, tous les « fast food », à commencer par les MacDo, embauchent à longueur d'année. Comment trouver ? Le bouche-à-oreille reste le plus sûr mais pensez aussi aux commerçants de votre quartier. Mettez une petite annonce chez eux, vous aurez plus de chance de trouver un job près de chez vous. Envoyez un bref CV ou allez vous renseigner sur place pour les « fast food ».

Et bien sûr, Internet est une mine d'or. Il existe de très nombreux sites consacrés aux jobs d'étudiants. Par exemple, pour le baby-sitting, *kidservice. com, babychou. com, yoopala. com* qui mettent en relation parents et étudiants et qui donnent aussi beaucoup de conseils utiles.

Expression personnelle orale ou écrite

1. **Pour chacun de ces « jobs », expliquez quels sont à votre avis les principaux avantages et inconvénients ?**
   a. dog-sitter : ...
   b. serveur dans un « fast food » : ...
   c. modèle aux Beaux-Arts : ...
   d. testeur de nouveaux médicaments : ...

2. **Dans votre pays, les étudiants font quel type de « petits boulots » ?**

3. **Vous personnellement, avez-vous déjà exercé l'un de ces « jobs » ? Racontez.**

Cherchons jeune fille rousse…

Écoutez et répondez

1 CYRIELLE : Dis donc, tu as vu cette affiche. Regarde !

BENOÎT : Oh oh ! Tu es rousse, tu es grande, tu n'es pas mal…
Tu as fait de la danse, tu chantes bien. Pour l'âge, ça va aussi.
Il faut que tu y ailles.

CYRIELLE : Tu penses que j'ai une chance ? […] Tu crois
vraiment qu'il faut que j'écrive ?

BENOÎT : Oui, envoie vite un mot avant qu'une autre rouquine
réponde. Des rouquines, il y en a beaucoup, tu sais ! C'est
à la mode ! […]

2 *Deux semaines plus tard*

BENOÎT : Alors, ça
a marché ?

CYRIELLE : Je suis
convoquée le 18.
Dans trois semaines pile.
Je me fais du souci
pour la danse…

BENOÎT : En trois
semaines, tu peux
t'entraîner. Il faudrait
que tu fasses trois ou
quatre heures de danse
par jour. J'ai une idée.
On va demander à Mario.
[…] Dis donc, ils n'ont
pas besoin d'un type pas
grand, pas beau, un peu
chauve, qui ne sait pas
danser et qui chante
comme une casserole
mais qui adore les
comédies musicales ?

CYRIELLE : Tu es bête !
J'aimerais que tu viennes
avec moi le 18. Tu es
libre ?

1. **À votre avis, quel est le caractère
de Cyrielle ? et celui de Benoît ?
Utilisez votre dictionnaire
pour trouver les adjectifs
qui conviennent.**

2. **« Tu es bête ! » signifie ici :**
   a. Tu m'énerves,
   je te trouve stupide. ☐
   b. Tu as raison même
   si tu exagères un peu. ☐
   c. Tu m'amuses,
   tu dis n'importe quoi. ☐

Phonétique, rythme et intonation

Les voyelles « géminées »
Quelquefois, il y a une suite de voyelles identiques.
C'est un peu difficile à prononcer.

Écoutez et répétez.
a. Ça a marché. b. Ça va aller ? c. Il y a aussi Yves ?
d. Il a rencontré Hélène. e. Elsa a appelé Marion.
f. Léa a attendu Léo. g. Voilà André et Évelyne.

Phonie-graphie

À l'oral familier, vous entendrez souvent **t'es** à la place
de **tu es** (Benoît, où t'es ? : [ut ɛ] » ; **t'as** à la place de **tu
as** (« Qu'est-ce que t'as ? [kɛskəta] »)
Attention ! À l'écrit, « tu » reste « tu » !

Noms

- une affiche
- l'âge
- une annonce
- une comédie musicale
- un contrat
- un fichier
- un magazine
- la méfiance
- un piège
- la prudence
- une question
- un rôle

Adjectifs

- accompagné(e)
- bête
- chauve
- clair(e)
- compétent(e)
- indispensable
- roux, rousse (rouquin)

Verbes

- chanter
- convoquer qqn
- correspondre à qqch
- envoyer qqch à qqn
- obtenir qqch
- penser que + ind
- s'entraîner
- se méfier de qqn, de qqch
- se présenter

Mots invariables

- attentivement
- justement

Manière de dire

- Il/elle n'est pas mal (plutôt beau/belle).
- C'est marrant (c'est amusant, drôle, familier).
- Ça a marché ? (Ça s'est bien passé ?).
- Décrocher un rôle (obtenir un rôle).
- Ça ne sert à rien (c'est inutile).
- Un attrape-nigaud (un piège pour... les personnes naïves)

Lisez et écrivez

Les pièges du casting : stop à l'arnaque

Beaucoup d'entre vous rêvent de décrocher un petit rôle au cinéma ou de voir leur photo dans un magazine. Très bien. Mais attention à l'arnaque !

Voici quelques conseils qui vous éviteront bien des déconvenues.

D'abord, il faut que vous lisiez attentivement l'annonce : est-ce que vous correspondez **vraiment** à ce qui est demandé ? Si ce n'est pas le cas, n'écrivez pas, cela ne sert à rien ! Et méfiez-vous des annonces qui vous promettent la lune : la star de demain, ce sera peut-être vous mais pas grâce à eux !

Deuxième conseil : si vous obtenez un rendez-vous, il est préférable que vous y alliez avec quelqu'un. Annoncez que vous viendrez accompagnée. Si on vous demande de venir seule, il est évident que vous ne devez pas y aller.

Avant de vous présenter, quelque questions sont indispensables : est-ce que la société existe ? quelles sont ses coordonnées ? son numéro de licence professionnelle ? Méfiance, méfiance !

Attention, on va peut-être vous demander de l'argent pour que votre nom soit dans un fichier... qui, souvent, n'existe pas ! Ne payez rien. Bien des « agences de casting » sont des attrape-nigauds. Alors, ne soyez pas nigaude !

On vous propose de faire des « super photos » ? Refusez de payer des sommes folles pour un « book ». Il vaut mieux que vous vous adressiez à un vrai photographe.

Ce n'est pas tout ! On vous offre un contrat. Très bien. Mais, ici encore, prudence ! Lisez-le très attentivement et faites-le lire aussi par quelqu'un de compétent. Ne signez rien avant qu'il vous donne son feu vert.

Compréhension écrite

1 Sans chercher dans votre dictionnaire, essayez de définir avec vos propres mots :

– une « arnaque » ?   – promettre la lune   – se faire du souci

– une déconvenue ?   – donner son feu vert   – chanter comme une casserole

2 À qui s'adresse ce texte ? Attention ! Répondez avec précision.

Expression écrite

1 Parmi tous les conseils qui sont donnés dans ce texte, lequel vous paraît le plus important. Pourquoi ?

2 Vous venez d'avoir une expérience désagréable avec une agence de casting : vous avez été « arnaqué(e) ». Vous écrivez au site *casting-conseils.com* pour leur raconter ce qui vous est arrivé.

Grammaire et vocabulaire

Exercice 1

Mettez au subjonctif le verbe entre parenthèses.

a. Il ne faut pas que tu (*aller*) toute seule à ce rendez-vous. b. J'aimerais bien que vous (*venir*) avec nous. c. Il vaut mieux que tu (*prendre*) des informations sur cette agence avant d'y aller. d. Il me semble préférable que tu (*faire*) faire tes photos ailleurs.

Exercice 2

Indicatif ou subjonctif ?
Entourez la forme correcte.

a. Il est sûr et certain qu'il viendra/vienne.

b. Il me semble évident qu'il est/soit malade.

c. Je préférerais que tu viens/viennes avec moi.

d. Il n'est pas certain que je peux/puisse venir.

LE SUBJONCTIF (2)

1. On le trouve : dans les subordonnées complétives :

a) Après des verbes de volonté, de désir, d'ordre : *je voudrais que..., j'aimerais que..., je désire que...*

b) Après des verbes impersonnels comme *il faut que..., il est préférable que..., il est souhaitable que..., il n'est pas sûr que..., il vaut mieux que...*

Attention : les verbes impersonnels ne sont pas toujours suivis du subjonctif : *il est évident (sûr, certain...) que vous ne **devez** pas y aller.*
En ce cas, il n'y a aucun doute, c'est une certitude. L'indicatif s'impose donc.

2. avec des superlatifs : *c'est le meilleur prof que je connaisse.*

Attention, le subjonctif n'est pas automatique dans ce cas. Comparez :
a. *C'est la plus belle ville **que je connais** (c'est une certitude : je n'en connais aucune d'aussi belle) ;*
b. *C'est la plus belle ville **que je connaisse** (je le pense mais j'en oublie peut-être...)*

Exercice 3

Transformez.

a. Je resterai ici jusqu'à ce que tu t'en ailles.
   → Je resterai ici tant que tu ...

b. Tant qu'il est petit, il voyage avec moi.
   → Il voyage avec moi jusqu'à ce qu'il ...

L'EXPRESSION DU TEMPS (2) :

Tant que (+ ind.) = aussi longtemps que (+ind.)
Jusqu'à ce que (+ subj.) = jusqu'au moment où (+ ind.)

*Nous sommes le 23 avril. Mario part le 15 mai. Tant qu'il est là (c'est-à-dire **jusqu'à ce qu'il** parte ; jusqu'à son départ), il peut aider Cyrielle.*

Exercice 4

En ? Dans ? Pendant ?

a. Le train part ... dix minutes. Dépêche-toi ! b. Il est très rapide. Il a fait son travail ... une heure. c. Ils sont restés amis ... longtemps. d. ... des années, ils ont vécu à Sofia. Ils connaissent bien cette ville. ... quinze jours, ils y retournent pour voir leurs amis.

L'EXPRESSION DU TEMPS (3) :

Expression de la durée : observez.

Il est 21h 58. Dans deux minutes exactement, vous pourrez entendre notre bulletin d'information de 22h.

→ *dans* exprime une idée de futur, le temps qui manque avant quelque chose.
Il a couru le Marathon de Paris en 2 h 54'.

→ *en* exprime la durée écoulée entre deux points.

LES ADJECTIFS DE COULEUR

Elle a des yeux marron clair
Les adjectifs qui viennent d'un nom ou qui sont composés (adj. + adj.) sont invariables, en général : *des yeux noisette – des yeux vert clair*

Mais attention, il y a des exceptions : *des joues roses*, par exemple.

Cyrielle et Benoît
Cyrielle est très jolie : elle a des cheveux roux et de beaux yeux noisette. Elle s'habille à la mode. Aujourd'hui, elle porte une veste gris souris, des jeans bleu marine et des chaussures vert pomme. Benoît a un pantalon jaune citron et une veste orange : c'est monsieur Vitamine !

→ Voir le Précis grammatical p. 133

Civilisation   Les roux et les rousses, la beauté du diable

Pendant des siècles, dans l'esprit populaire, les roux sont associés au diable. On croit qu'ils ont des relations cachées avec lui. La preuve est évidente : ils portent sur eux la couleur des flammes de l'enfer. C'est surtout vrai pour les rousses.

À l'époque de l'Inquisition, bien des femmes ont été considérées comme des sorcières et ont fini sur un bûcher seulement parce qu'elles étaient rousses.

Cette malédiction a continué au cours du temps : au XIXe siècle, par exemple, beaucoup d'écrivains et de peintres représentent les femmes de mauvaise vie comme des rousses. Souvenez-vous de Toulouse-Lautrec !

Les femmes rousses évoquent souvent, encore aujourd'hui, l'érotisme. Dans les années 1950, de nombreuses stars américaines avaient une chevelure flamboyante. Quand vous voyez une belle rousse vanter les mérites d'une voiture, vous pouvez être sûr que le message s'adresse aux hommes ! Il faut cependant noter un phénomène curieux. Depuis quelques années, l'image des rousses change. Actuellement, elles incarnent de plus en plus souvent la jeunesse, l'innocence, le naturel, la pureté. La mode est aux vraies rousses, pâles, un peu fragiles, menues. Bref, une adolescente de type irlandais mystérieuse et lumineuse.

Vive les rousses donc ! Les vraies et les fausses, les voluptueuses et les ingénues.

Les hommes roux, hélas pour eux, n'ont pas cette chance. Leur crinière de feu ne les sert pas vraiment, sauf quand ils sont enfants. Et en général, ils n'aiment pas beaucoup leur chevelure : ils préféreraient être blonds ou bruns. On a longtemps considéré leur « rousseur » comme l'attribut des violents, des fourbes, des traîtres. Mais la mode va probablement s'intéresser bientôt aux hommes roux ! Patience !

Expression personnelle orale ou écrite

Les canons de la beauté

1. **Dans votre pays, est-ce qu'il y a des roux ? Si oui, comment sont-ils considérés ? Les femmes ? les hommes ? Si les roux n'existent pas dans votre pays, est-ce que, généralement, les acteurs et les actrices ou les mannequins roux sont appréciés ?**

2. **Pour vous, quelle actrice représente le mieux la « femme française » telle que** vous l'imaginez ? Expliquez les raisons de votre choix.

3. **Dans tous les pays du monde, les « canons » de la beauté féminine (« l'idéal de beauté féminine ») ont beaucoup changé au cours des siècles. Pouvez-vous expliquer en une dizaine de lignes comment, dans votre pays, s'est faite cette évolution (depuis deux siècles, par exemple) ?**

Je suis vraiment ravie que tu viennes

Écoutez et répondez

XAVIER : Tiens, tu as du courrier, ça vient de Suisse.

EVA : C'est sûrement la réponse d'Alix.

XAVIER : Qu'est-ce qu'elle te dit ? Tu me la lis ?

EVA : OK.

[…]

EVA : Ah ! Il y a un post-scriptum.

[…]

XAVIER : Elle est sympa. Tu vas passer un bon moment.

EVA : Grâce à toi. T'es un amour. J'ai hâte.

1. Eva et Alix se connaissent depuis longtemps ? Justifiez votre réponse.

2. Qui est Xavier pour Eva ? Justifiez votre réponse. Que pensez-vous de son attitude ?

3. C'est la première fois qu'Alix invite Eva ? Justifiez votre réponse.

4. Pourquoi Eva n'a-t-elle pas accepté plus tôt ? Imaginez une raison.

5. Quelle preuve a-t-on de l'amitié qui existe entre les deux amies ?

6. Pourquoi Eva a-t-elle besoin d'une pièce d'identité ?

7. Quel est le nom du journal genevois ?

Phonétique, rythme et intonation

La différence entre [ks] et [gz]

1. **Écoutez et répétez.**
   C'est un excellent vin. Un exercice sportif.
   Xavier et Alix se connaissent.
   Tu exagères ! Donne-moi un exemple

2. **Attention !** [ks] peut s'écrire :
   – *cc* → un accent,
   – *x* entre deux voyelles → un taxi,
   – *ex* + consonne en début de mot → une exception.

3. [gz] s'écrit le plus souvent *ex* → un examen

Phonie-graphie

Le verbe « acheter »
Lorsque le verbe se termine par un -*e* muet, on met un accent grave sur le -*e* précédent. Quand la syllabe finale est déjà sonorisée, on ne met pas d'accent :
J'achète, tu achètes, il achète, nous achetons, vous achetez, ils achètent.
D'autres verbes comme « jeter » ou « appeler » ne prennent pas d'accent mais redoublent la consonne finale : *je jette, tu jettes, il jette, nous jetons, vous jetez, ils jettent.*
J'appelle, tu appelles, il appelle, nous appelons, vous appelez, ils appellent.

Lisez et écrivez

La Suisse est une fédération de 23 cantons qui affirme sa neutralité dès le xve siècle. Genève est à la fois une ville et un canton qui se trouve au bord du lac Léman et est célèbre pour son jet d'eau le plus haut du monde (145 m).

Bien que ce ne soit pas la plus grande ville de Suisse (Zurich et Bâle sont plus peuplées), Genève est la plus connue et la plus cosmopolite grâce aux très nombreuses organisations internationales qui y sont installées (le CICR, le HCR, l'OMS et l'OMC, l'OIT). Beaucoup d'étrangers y travaillent, de 180 nationalités différentes. Deux tiers des activités de l'ONU se déroulent à Genève.

C'est aussi une ville d'art et d'histoire, aux nombreux musées, en particulier le musée d'Histoire des sciences, le musée de l'Horlogerie et le musée d'Instruments anciens de musique qui se visite… en musique.

Pour les sportifs, il est possible de faire de la voile et du ski nautique sur le lac et, pour les moins sportifs, la Compagnie générale de navigation propose des excursions l'après-midi.

À moins d'une heure en voiture de Genève, en direction de Lausanne, le canton de Vaud offre des balades dans les vignobles avec des vues exceptionnelles sur le lac et le mont Blanc quand le temps est clair. La ville de Montreux, qui donne sur le lac, est célèbre pour son climat méridional, son festival de jazz en juillet et, bien sûr, le souvenir de Jean-Jacques Rousseau.

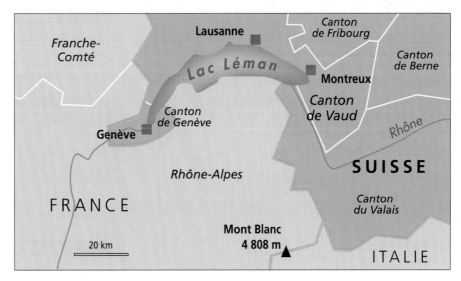

Compréhension écrite

1 **À quoi correspondent les sigles du texte, sachant que :**

O : organisation ; C : comité ; HC : haut commissariat ; CR : Croix-Rouge ; R : réfugiés ; S : santé ; T : travail et C : commerce.

2 **Qu'est-ce que veut dire « être neutre » pour un pays ?**

Expression écrite

1 **Proposez un programme pour un week-end à Genève en juillet.**

2 **Recherchez sur internet quel est le lien exact entre Jean-Jacques Rousseau et Montreux (plus exactement Clarens, un faubourg) et faites une petite note pour le guide touristique.**

Grammaire et vocabulaire

Exercice 1

Finissez la phrase.

a. Je suis heureuse que … b. Il a peur que …
c. Nous ne sommes pas sûrs que … d. Elle est
fière que …

LE SUBJONCTIF (3)

Dans les subordonnées complétives, après des
verbes comme *craindre, avoir peur, douter, être
content, ravi, fier, heureux…* (quand les deux
sujets sont différents) :
*Je crains que **nous** n'ayons pas le temps de tout voir.*
*Je doute que **tu** puisses rester plus longtemps.*
*Je suis heureuse que **tu** viennes à Genève.*

Exercice 2

**Complétez cette lettre par « bien que »,
« parce que » ou « puisque ».**

Cher Arthur,

Je suis très contente … j'ai pu
avoir une semaine de vacances et …
je peux venir faire du ski avec vous.
J'adore la montagne … je la connaisse
mal. Dis-moi ce que je dois apporter
comme vêtements. Je n'achète pas de
chaussures de ski … tu m'as gentiment
proposé celles de ta sœur. J'espère que
vous avez un meilleur temps que nous
… skier sans soleil, ce n'est pas agréable.

Je rentre d'une mission en
Argentine. C'était génial ! Nous en
reparlerons … c'est un pays que tu
connais bien.

À très bientôt.

Bises à vous tous.   Myriam

L'EXPRESSION DE L'OPPOSITION

Bien que + subjonctif

On utilise *bien que* pour relier deux faits contradic-
toires :
*Il fait très chaud dans la pièce. Elle a gardé son
manteau.*
→ *Bien qu'il fasse très chaud dans la pièce, elle a
gardé son manteau.*

L'EXPRESSION DE LA CAUSE

La différence entre *puisque* **et** *parce que*

• **Parce que** est le mot le plus utilisé pour expliquer un fait, pour donner la raison de quelque
chose, il répond à la question « Pourquoi ? » :
La route est fermée parce qu'il y a eu un accident.

• **Puisque** est utilisé lorsqu'un fait est déjà connu
et qu'il sert de preuve :
*Tu peux garder le chien puisque tu ne pars pas en
week-end avec nous.*

Exercice 3

Transformez comme dans l'exemple.

a. Des oiseaux arrivent de tous les côtés.
→ …

b. Des phénomènes bizarres se passent ici.
→ …

LES VERBES IMPERSONNELS

Certains verbes sont toujours impersonnels : *falloir,
pleuvoir, il y a, il s'agit de…*
D'autres verbes peuvent devenir impersonnels :
Des gens viennent encore ici en novembre.
→ *Il vient des gens encore ici en novembre.*
Dans tous les cas, le verbe est toujours au singulier.

VOCABULAIRE

Se décider à, décider de, décider quelqu'un à faire quelque chose.
*Après des hésitations, il s'est décidé à venir à la montagne. Il a décidé de prendre des cours de ski. C'est son
frère qui l'a décidé à le faire.*

Plusieurs : un certain nombre. Le mot est toujours au pluriel et il ne s'utilise jamais avec un article.

Quelques : un nombre restreint. Le mot peut s'utiliser avec un article
Nous avons passé plusieurs semaines en Suisse mais les quelques jours passés à Genève étaient les plus agréables.

Civilisation   Parlez français en Europe

Avec des accents différents, on parle français dans ces régions et ces pays d'Europe : la Principauté d'Andorre, la Belgique, la France, le Grand Duché de Luxembourg, la Principauté de Monaco, la Suisse et le Val d'Aoste. Et aussi en Bulgarie et en Roumanie.
Mais on n'utilise pas l'euro partout et Monaco et la Suisse ne font pas partie de l'Union européenne.

1. Situez-les sur la carte de la couverture.

a
Située dans les Pyrénées, à la frontière de la France et de l'Espagne, je suis la …

b
On m'appelle le Rocher. À Monte-Carlo est mon casino au bord de la mer. Je suis …

c
Au nord de la France, je suis une royauté très européenne. Je m'appelle …

d
Entourée de montagnes, petite et pourtant cosmopolite on me nomme …

e
Entre la France et l'Italie, au creux des Alpes, se trouve le …

f
J'ai appartenu à un duc. Je suis aussi européen que ma voisine, mon nom est …

g
À l'extrême ouest de l'Europe, entourée de mers et de montagnes, je suis …

Héliair Monaco
Pour tous vos déplacements, aller et retour, de Monaco à Nice ou Saint-Tropez ou San Remo : réservez un hélicoptère, le moyen le plus sûr et le plus rapide.

Genève vue d'en haut !
Le mont Salève offre un panorama exceptionnel sur le massif du Mont-Blanc, le lac et le fameux jet d'eau.
Accès par le téléphérique, tous les jours, de 10h à 17h.

Expression personnelle orale ou écrite

Votre patron revient d'un voyage en Europe. Il vous donne différentes factures pour faire sa note de frais : des factures de taxi, un ticket de téléphérique, un billet TGV Genève-Paris-Bruxelles, un aller-retour en train Genève-Aoste, un billet d'avion Bruxelles-Nice-Bruxelles et une réservation d'hélicoptère.
Pouvez-vous retrouver son itinéraire et ses différentes activités sachant qu'il a atterri à Genève le samedi, qu'il avait un rendez-vous a l'OIT le lundi, qu'il devait être à un colloque à Bruxelles le mercredi et le jeudi et qu'il reprenait l'avion le dimanche à Bruxelles.

Le tiercé gagnant : le 14, le 7 et le 3

Écoutez et répondez

UN JOURNALISTE SPORTIF, À LA RADIO :

Au départ, stalle numéro 4, jockey casaque bleu ciel sur le dos, nous avons *Bull 1er*. […]

Et voici les résultats : *Bull 1er* est le vainqueur. Il a magnifiquement couru. Je souhaite vraiment qu'il fasse une belle carrière, il a toutes les qualités d'un champion.

Le tiercé d'aujourd'hui est donc : 14, 7 et 3.

Ici, l'hippodrome de Longchamp, je vous rends l'antenne, à vous le studio.

1. **Quel est le numéro porté par chacun des chevaux cités ?**

2. **Le journaliste a-t-il une préférence pour un cheval ?**

3. **Pourquoi faut-il attendre le résultat de la course ?**

4. **Que savons-nous sur le cheval qui est tombé ?**

🎧 Phonétique, rythme et intonation

Le [y] et le [i] Écoutez et répétez.
[y] : La jument galope à toute allure. *Bull 1er* a bien couru.
À vous le studio.
[i] : La course est rapide. *Princesse Lydie* a ralenti.
Voici la ligne droite, puis le dernier virage. Attendons le verdict.

🎧 Phonie-graphie

Le son [o] et ses différentes orthographes
– **o** : en fin de mot : *elle porte le numéro zéro*. Suivi d'une consonne non prononcée : *une casaque bleu ciel sur le dos*.
– **au(x)** : *plusieurs chevaux ralentissent. D'autres continuent*.
– **eau(x)** : *c'est un beau cheval*.

Lisez et écrivez

Noms
- une caméra
- une carrière
- une casaque
- un champion
- un cheval
- le départ
- un hippodrome
- un jockey
- une position
- une qualité
- un saut
- un vainqueur
- un verdict
- un virage

Adjectifs
- détruit(e)
- inauguré(e)
- prometteur(euse)

Verbes
- se calmer
- dépasser qqn
- galoper
- obliger qqn à + inf.
- organiser qqch
- souhaiter que + subj.

Locution verbale
- il semble que + subj.

Mots invariables
- à l'opposé
- c'est-à-dire
- en tête

Pour communiquer
- Aïe, aïe, aïe !

Manière de dire
- N'en faire qu'à sa tête (ne faire que ce que l'on veut, ne pas obéir)
- À toute allure (très rapidement).
- Avoir du mal à + infinitif (avoir des difficultés à faire quelque chose).

DIMANCHE 30 JANVIER ✦ HIPPODROME DE VINCENNES

LE CHOC DES TITANS
PRIX D'AMERIQUE MARIONNAUD

à 15 h en clair sur **CANAL+** **EQUIDIA** LA CHAÎNE DU CHEVAL · Billetterie : Fnac, Carrefour · Entrée : 5€ · 0821 224 224 (0,12 euros/mn) Appel Français · www.cheval-francais.com

---

Longchamp est le plus ancien des hippodromes parisiens. Il est inauguré en 1857 par Napoléon III qui avait donné le bois de Boulogne à la Ville de Paris trois ans avant. Il est construit à l'emplacement d'une ancienne abbaye détruite pendant la Révolution dont il ne reste aujourd'hui que le moulin. La course la plus célèbre, c'est-à-dire le Grand Prix de l'Arc de Triomphe, est créée en 1920, en souvenir de la victoire de 1918. Il a lieu le premier week-end d'octobre et marque la rentrée mondaine du Tout-Paris.

À côté, l'hippodrome d'Auteuil est créé en 1873. Il est spécialisé dans les courses d'obstacles. Sa rivière est célèbre : elle oblige les chevaux à faire un saut de 8 mètres. Le Grand Steeple-Chase a lieu le troisième dimanche de juin. On y court aussi le Grand Prix d'Amérique en souvenir de l'aide américaine pendant la Seconde Guerre mondiale.

Enfin, à l'opposé, au sud-est de Paris, l'hippodrome de Vincennes a été ouvert en 1879. Depuis 1952, on y organise des nocturnes.

Compréhension écrite

1 **Longchamp se situe dans le bois de Vincennes. V F**

2 **On peut courir n'importe quelle course sur n'importe quel hippodrome. V F**

3 **Comment pourrait-on définir le Tout-Paris ?**

Expression écrite

Aimez-vous les courses d'animaux ? Pourquoi ?

Grammaire et vocabulaire

Exercice 1

Reliez les deux phrases par « dont ».

a. C'est un jeune cheval. C'est sa première course.

b. Le prince Abdullah n'a pas de chance. Sa jument est tombée

---

DONT (2) : PRONOM RELATIF COMPLÉMENT DE NOM

Il exprime la possession. Attention à la construction de la phrase :

Il aime ce cheval. Il apprécie <u>ses</u> qualités.
→ Il aime ce cheval dont il apprécie <u>les</u> qualités.

➡ Voir le Précis grammatical p. 132

Exercice 2

Conjuguez le verbe entre parenthèses au mode et au temps qui conviennent. (Plusieurs temps possibles)

a. Elle est certaine qu'il (*aller*) aux courses.

b. Il souhaite qu'elle y (*venir*) aussi.

c. Il me semble qu'un cheval (*tomber*).

d. J'espère qu'il (*faire*) beau.

e. Il semble que le jockey (*ne pas savoir*) quoi faire.

INDICATIF OU SUBJONCTIF ?

Certains verbes, de sens très proche, n'entraînent pas le même mode dans la proposition subordonnée :

Espérer que … → indicatif
Souhaiter que … → subjonctif
J'espère qu'il va gagner.
Je souhaite qu'il fasse une belle carrière.

Il me semble que … → indicatif
Sembler que … → subjonctif
Il me semble qu'elle s'est cassé la jambe.
Il semble qu'elle se soit cassé la jambe.

➡ Voir le Précis grammatical p. 139

Exercice 3

Accordez le participe passé si c'est possible.

a. Elle s'est achet… une voiture.

b. La voiture qu'elle s'est achet… est décapotable.

c. Sa voiture, elle se l'est achet… à crédit.

d. Ils se sont serr… très fort dans les bras.

e. Ils se sont serr… la main.

f. Elle s'est regard… dans la glace.

g. Elles se sont regard… en souriant.

h. Elle s'est coup… en faisant la cuisine.

i. Elle s'est coup… le doigt.

LES VERBES PRONOMINAUX AU PASSÉ COMPOSÉ (2)

Rappel
Les pronominaux utilisent l'auxiliaire *être* → le participe passé s'accorde avec le sujet :
Ils se sont revus à Genève. (se = COD)

Certains pronominaux n'obéissent pas à cette règle :
Elle s'est lavé les cheveux.
(*s'*: COI ; *cheveux* = COD)

Quand le verbe pronominal est suivi d'un COD, le participe passé s'accorde avec ce COD, mais seulement s'il est placé avant :
La jument s'est cassé la jambe.

*La jambe **qu'**elle s'est cassée est restée fragile.*
(*qu'* = COD)

Cette jambe, elle se l'est cassée pendant le Grand Prix (*l'* = COD)

Exercice 4

Répondez aux questions en utilisant « pas toujours » ou « toujours pas ».

a. – C'est tous les jours le tiercé ? – Non, …

b. – Tu joues seulement ta date de naissance ? – Non, … **c.** – Alors, ça y est, les résultats sont connus ? – Non, … **d.** – Tu perds souvent ? – Non, … **e.** – La course a déjà commencé ? – Non, …

L'EXPRESSION DU TEMPS (4) : PAS TOUJOURS/TOUJOURS PAS

Pas toujours = parfois oui, pas tout le temps
Toujours pas = pas encore

Tu n'aimes pas le piercing ! Tu n'as pas toujours dit ça !

Tu ne m'as toujours pas dit « oui » ! J'attends.

Civilisation — Les jeux de hasard et d'argent

C'est en 1930 que le tiercé a été inventé. Il s'agit de deviner l'arrivée de trois chevaux dans l'ordre parmi 15 à 20 chevaux au départ. Depuis, on a créé le quarté et le quinté. Mais les courses ne sont pas les seuls jeux d'argent et de hasard Depuis quelques années c'est la folie du grattage. Vous achetez pour un ou deux euros une carte chez un marchand de journaux, vous grattez à un emplacement précis et vous gagnez immédiatement quelques euros et parfois des milliers (en 2005, un chômeur, père de sept enfants, gagne 74 millions d'euros) mais le plus souvent… rien ! Les jeux s'appellent « Le millionnaire », « Rapido », « Bingo », « Keno »…

Trois Français sur cinq en âge de jouer jouent, surtout les hommes et les jeunes. Mais avec 135 euros environ par mois, la mise moyenne des Français aux jeux de hasard est inférieure de près de 20 % à la mise moyenne européenne.

De nombreux événements sont l'occasion de créer de nouveaux jeux ou des tirages spéciaux : les fêtes, les saisons, l'Histoire, le cinéma. Cependant, début 2005, des journaux titrent : « Attention, le grattage peut rendre accro ». L'État, qui est le plus grand bénéficiaire de tous ces jeux de hasard et d'argent, a décidé de réagir en diminuant la mise maximale, en limitant le nombre de tirages et en étudiant le comportement des joueurs.

SUPER CAGNOTTE du VENDREDI 13

17 MILLIONS D'EUROS
Le super gagnant du grand prix n'a toujours pas été identifié

Un jeune chômeur gagne le tiercé dans l'ordre

Expression personnelle orale ou écrite

1. Retrouvez dans le texte un synonyme de « accro ».

2. Est-ce qu'il y a dans votre pays des jeux d'argent populaires ? Lesquels ?

3. Expliquez un de ces jeux.

4. Vous avez gagné une très grosse somme (par exemple 100 000 euros). Qu'allez-vous faire ? Imaginez une liste de possibilités. Chaque phrase commençant par *j'aimerais que, je souhaiterais que, je voudrais que …*

Quizz

grammatical et lexical

1. Mode indicatif ou subjonctif ?

a. Je suis contente que tu □ viennes avec nous □ viens avec nous

b. Il souhaite qu'elle □ sait conduire □ sache conduire

c. Nous promettons que nous □ reviendrons □ reviendrions

d. Tu veux qu'il □ apprenne à lire □ apprend à lire

2. Lisez ce dialogue entre Marina et Eva puis complétez les réponses d'Eva à son mari Xavier en utilisant différents verbes introducteurs.

Dans l'après-midi :

Eva : Bonjour. Vous cherchez une place de baby-sitter ?

Marina : Oui. Quelles sont les conditions de travail ? Quel âge a le bébé ?

Eva : Il a six mois, il s'appelle Lirio. Nous avons besoin de quelqu'un trois jours par semaine.

Marina : Quel est le tarif horaire ?

Eva : Huit euros.

Marina : C'est bien. Est-ce que je pourrai être libre le mardi soir ?

Eva : Pas de problème. Je suis à la maison ce jour-là.

Le soir à la maison :

Eva : Bonsoir mon chéri. J'ai rencontré la jeune fille qui cherche une place de baby-sitter cet après-midi.

Xavier : Alors ? Qu'est-ce qu'elle t'a dit ?

Eva : Elle m'a demandé …

3. Choisissez entre « parce que » et « puisque ».

a. Tu es au courant de l'histoire, alors, … tu la connais, pourquoi tu me poses toutes ces questions ?

b. … nous sommes d'accord sur les conditions, je propose que vous commenciez tout de suite.

c. Je n'ai pas pu vous prévenir … j'ai perdu votre numéro de téléphone.

d. – Pourquoi n'as-tu pas répondu à l'annonce ? –… je n'étais pas libre à cette période.

4. Accord ou pas accord ?

a. Il s'est achet… une voiture neuve. Il a achet… une voiture neuve. La voiture qu'il s'est achet… est toute neuve.

b. Ils se sont regard… une première fois, puis ils ont regard… chacun de son côté, enfin elle l'a regard… franchement et lui, l'a regard… aussi dans les yeux.

c. En jardinant, elle s'est coup…. Elle s'est coup… la main avec le sécateur.

5. Choisissez la (ou les) bonne(s) réponse(s).

a. Dans une semaine, ce sont les vacances !
□ Les vacances commencent cette semaine.
□ Les vacances durent une semaine.
□ Encore une semaine et ce sont les vacances.

b. Il part de Paris à 9 heures et il est à Lyon à midi.
□ Il met trois heures pour faire Paris-Lyon.
□ Il arrive à Lyon en trois heures.

🎧 Compréhension orale

Vous avez l'intention de passer deux semaines en France, au bord de la mer (entre le 1er et le 25 août). Vous êtes six personnes (deux couples + un adolescent + une vieille dame). Vous recherchez une maison assez confortable, pas trop loin de la mer, avec une jolie vue, un jardin et pas de bruit. Vous ne voudriez pas dépasser 2 500 euros. On vous a donné le nom de quelques propriétaires à contacter. Trois propriétaires vous laissent un message sur votre répondeur.

1. Vrai (V), faux (F) ou on ne sait pas (?) ?

   a. Les trois locations sont juste à côté de la mer.
      V   F   ?

   b. Les trois locations ont un jardin.
      V   F   ?

   c. La location n° 2 (B) est la plus chère.
      V   F   ?

   d. Les locations commencent toutes le samedi.
      V   F   ?

   e. La dame de Palavas (A) dit qu'il y a une jolie vue sur la mer.
      V   F   ?

2. Vous recevez ce message téléphonique un jeudi. Vous devez donner votre réponse quand ?

   a. proposition A : …   **b.** proposition B : …
   c. proposition C : …

3. Lequel ou laquelle propose quelque chose correspondant à ce que vous cherchez. Précisez pourquoi ?

4. Pour les deux autres locations, expliquez pourquoi ça ne convient pas.

Expression orale

Avec ces quelques éléments écrits, racontez les différentes étapes de cette randonnée à bicyclette. Le jour où vous racontez ce voyage est le 1er septembre suivant cette excursion. Vous utiliserez des passés composés (pour les faits, les événements) et des imparfaits (pour les descriptions et les commentaires).

11 juillet 8 h : départ d'Hendaye – Hendaye-Urrugne – pique-nique à Notre-Dame de Socorri.

Saint-Jean-de-Luz (visite église Saint-Jean-Baptiste). Phare : vue superbe sur toute la côte basque.
Hendaye-Saint-Jean-de-Luz : 14 km. Dormi chez un copain, René.

12 juillet 9 h : Saint-Jean-de-Luz-Ascain. Ascain : superbe place typiquement basque – déjeuner au bord de la Nivelle – mon appareil photo tombe à l'eau ! Saint-Pée-Espelette – On achète du piment rouge, la spécialité.

Espelette-Cambo. Le vélo de Miguel crève. Arrivée à Cambo à 22 h !! Dormi sous la tente.

13 juillet : Cambo-Hasparren puis Hasparren-Bayonne. Fatigués – Arrivée à Bayonne en fin d'après-midi. Le soir, grand bal public. Super ! – Dormi auberge de jeunesse.

14 juillet : Bayonne – superbe vieille ville – gâteaux extra à Juan malade ! – Musée fermé, hélas !

15 juillet : Bayonne-Biarriz. déjeuner plage des Basques : super surfers ! Le soir, casino. Luisa perd 250 euros, j'en gagne 400 ! Dormi auberge de jeunesse.

16 juillet : Biarritz-Hendaye. Ouf ! Les vélos dans le train. En route pour Madrid !

Compréhension écrite

Une ville propre, l'affaire de tous

« Paris doit devenir une ville propre », la municipalité s'y engage. En effet, bien souvent et à juste titre, la saleté de certains quartiers est dénoncée, aussi bien par les habitants que par les touristes, français ou étrangers.

Et pourtant !

Chaque matin, des centaines d'agents de la propreté livrent combat contre la malpropreté. Au palmarès des nuisances, les crottes de chiens arrivent en tête. En effet, bien que les amendes soient sévères, trop peu de propriétaires de chiens ont le réflexe de ramasser les déjections de leur animal favori.

Face à ces comportements inciviques, la Mairie a lancé plusieurs campagnes pour sensibiliser les gens. La plupart rappellent les « bons gestes » (ne rien jeter par terre, utiliser les poubelles, ramasser les crottes de chiens, ne pas abandonner d'objets encombrants dans la rue, ne pas faire de graffiti, ne pas nourrir les pigeons…).

Dans le souci d'informer la population, la Mairie de Paris a édité à un million d'exemplaires le *Guide pratique de la propreté*. Et plus spécialement à destination des propriétaires de chiens, un *Petit guide du maître*, édité à 200 000 exemplaires.

Être persuasif, c'est très bien, certes, mais il faut aussi agiter le bâton : chaque infraction peut coûter presque 200 euros, comme le précisent les affiches.

Persuasion, dissuasion… Est-ce efficace ? Oui et non. Bien sûr, on peut se féliciter : presque un propriétaire de chien sur deux affirme ramasser les crottes de son chien aujourd'hui, alors qu'ils n'étaient que 1 % à le faire en 2000. Mais le nombre des procès-verbaux dressés ou d'amendes distribuées (quelques milliers) reste très insuffisant.

Il faut que les Parisiens comprennent que la propreté de leur ville, de leur quartier, dépend d'eux, qu'il s'agit de leur lieu de vie, de leur confort, de leur bien-être. L'une des dernières affiches ne dit pas autre chose : « *J'aime mon quartier, je ramasse* » ! Le problème, c'est que justement, comme les Parisiens aiment leur quartier, ils emmènent leur chien faire leurs besoins dans le quartier d'à côté.

1. Combien de « nuisances » sont mentionnées ?

2. À votre avis, qu'est-ce qu'un « maître responsable » ?

3. Comment comprenez-vous l'expression « agiter le bâton » ?

4. Vrai (V) ou faux (F) ?

   a. Un propriétaire de chien sur deux ramasse les crottes de son chien.
   V   F

   b. Le nombre de procès-verbaux est très faible.
   V   F

   c. La Mairie s'efforce d'améliorer la propreté à Paris.
   V   F

   d. Les rues sont nettoyées chaque jour.
   V   F

Expression écrite

1. Proposez deux mesures pour lutter contre l'incivisme des Parisiens. Vous pouvez choisir l'une des nuisances mentionnées dans le texte.

2. Dans votre pays, quelle politique emploie-t-on pour garantir la propreté dans les villes ?

Rêves et regrets

Les trois souhaits

Écoutez et répondez

Il existe de nombreuses versions de ce conte. Celle qui est racontée ici est la version de Mme Leprince de Beaumont.

L'histoire se passe il y a longtemps, longtemps… C'est l'histoire d'un homme et d'une femme qui vivent pauvrement dans leur petite maison. Ils rêvent d'être heureux, aussi heureux que leurs voisins, qui sont un peu plus riches qu'eux… Ils se plaignent de leur pauvreté et parlent toujours de ce qu'ils feraient s'ils avaient de l'argent.

[…] La femme essuie ses yeux et se pend au cou de son mari qui lui rend ses baisers. Heureusement, ils n'ont pas tout perdu, il leur reste le boudin. Et très gaiement, ils le partagent en deux.

1. **Qu'est-ce qui n'existe pas dans cette histoire ?**
   a. un château
   b. une femme coquette
   c. une bonne fée
   d. un méchant voisin
   e. un roi très puissant
   f. un cheval blanc
   g. un mignon petit nez
   h. une clé magique
   i. un boudin
   j. un brave homme
   k. un oiseau bleu
   l. une princesse

2. **Qu'est-ce que la fée propose à l'homme ?**

3. **Quel est le caractère de la femme ? Et celui du mari ?**

Phonétique, rythme et intonation

Les onomatopées
Ces petits mots imitent un bruit : *pfuitt* (disparaître rapidement) – *hum* (exprimer l'envie, le désir, de nourriture, le plus souvent) – *floc* (tomber) – *toc* (faire un mouvement rapide et brusque) – *bouh bouh bouh* (pleurer, se lamenter).

Voici douze autres onomatopées.
Replacez-les dans cette petite histoire.
(1) glou glou (2) clap clap clap (3) ding deng dong (4) teuf teuf teuf teuf teuf (5) plouf (6) dring dring (7) pouf ! (8) flic flac (9) cocorico (10) toc toc (11) brrrr (12) atchoum
C'était un matin de juillet, très tôt. Le coq chantait : … et les cloches sonnaient : … C'était Pierre, le voisin qui venait nous chercher. Nous avons pris le bateau pour faire un petit tour sur le lac. C'était le bateau de grand-père, un bateau à moteur presque aussi vieux que lui. Nous voilà partis : … Soudain, il y a eu une grosse vague, le bateau a chaviré et …, nous voilà tous à l'eau. Heureusement que nous savons nager et que nous étions tout près de la rive. Grand-père est arrivé le premier et nous l'avons applaudi … !
Bon. Nous sommes rentrés tout mouillés, ça faisait … quand nous marchions. …, nous n'avions pas chaud dans nos vêtements trempés. Grand-père a éternué : … Il avait pris froid. Mamie lui a fait un grog brûlant qu'il a bu avec plaisir : … Après, …, il s'est jeté sur son lit ! Quand Mamie a frappé à sa porte dix minutes plus tard, …, il dormait déjà.
Dans votre langue, comment traduit-on ces onomatopées ?

Noms

- un baiser
- un ballet
- un boudin
- une charcuterie
- la colère
- un étui
- une gardienne
- une fée
- un morceau
- le nez
- une pierre précieuse
- une réservation
- des rillettes
- un souhait
- un vœu

Adjectifs

- coquet(te)
- fermé (≠ ouvert)

Verbes

- apparaître
- cacher
- disparaître
- se disputer avec qqn
- épouser qqn
- essuyer qqch
- pendre
- perdre qqch
- se plaindre de qqch
  à qqn / que + ind ou
  subj.
- regretter
- soupirer

Mots invariables

- davantage (plus)
- en revanche
- gaiement
- immédiatement
- pauvrement
- sagement

Manière de dire

- La nuit tombe
  (et le jour se lève).
- Je meurs de faim
  (j'ai très faim).
- Se pendre au cou
  de quelqu'un (le serrer
  dans ses bras).
- Sauter de joie, sauter
  de colère.
- J'en doute
  (ça m'étonnerait).
- Qu'est-ce qui t'arrange
  le mieux ? (quelle
  solution tu préfères).
- Tu connais la chanson
  (tu as souvent entendu
  ça).

Lisez et écrivez

Paris, mercredi 18 mai

Mon cher Hugo,

D'accord pour dimanche. Si par hasard je ne suis pas rentrée, la clé est chez la concierge. Et si la gardienne n'est pas là comme ça lui arrive souvent, attends-moi au café d'en face.

Alors, d'abord pour « Dom Juan ». J'ai bien peur que ce soit impossible sans réservation. Peut-être que si on y va dix minutes avant, on trouvera des places mais j'en doute ! Enfin, on peut toujours essayer ! En revanche, pour le ballet mardi soir, ça marche. J'ai les billets.

Après, pour ton rendez-vous chez Accor, je m'en suis occupée. Ils te proposent le 26 à 15 h ou le 27 à 10 h 30. Envoie-moi un mail pour me dire ce qui t'arrange le mieux et je les rappelle.

Dis donc, sans moi, qu'est-ce que tu ferais ? ?

Enfin, pour Mathilde, je regrette mais aucune nouvelle ! Il paraît qu'elle est en Indonésie.

Bon, pour changer de sujet, comment vont les parents ? Dans leur dernière lettre, ils se plaignent que je n'écris jamais, qu'ils ne m'ont pas vue depuis un siècle… Si je pouvais, je viendrais ! Mais avec le boulot, c'est impossible avant Noël ! D'ailleurs, ils se plaignent aussi de toi en disant que tu sors trop, que tu vas rater tes examens, etc. Tu connais la chanson !

Allez, ciao ! Je t'embrasse. On va passer une semaine super, tu verras !

Sandrine

PS : Si tu as le temps, passe à la charcuterie Le Bihan me prendre deux pots de <u>vraies</u> rillettes. Ici, elles ne sont pas aussi bonnes. Merci.

Compréhension écrite

1 **À votre avis, quelles sont les relations entre Hugo et Sandrine ? Justifiez votre réponse.**

- a. Un grand frère et sa sœur ?
- b. Une grande sœur et son frère ?
- c. Un mari et son ex-femme ?
- d. Un voisin et une voisine ?

2 **Cochez la bonne réponse.**
La société Accor propose un rendez-vous :

- a. le lundi 26 ou mardi 27 mai ? ☐
- b. le mardi 26 ou mercredi 27 mai ? ☐
- c. le mercredi 26 ou jeudi 27 mai ? ☐
- d. le jeudi 26 ou vendredi 27 mai ? ☐

Expression écrite

Cette lettre de Sandrine est une réponse. Vous êtes Hugo. Après avoir relu attentivement la lettre de Sandrine, rédigez la lettre qu'il lui a envoyée le samedi 14 mai.

Grammaire et vocabulaire

Exercice 1

Imaginez ce qu'ils souhaitent.

L'homme et sa femme, dans le conte, parlent toujours de ce qu'ils feraient s'ils avaient de l'argent : « Ah, moi, j'aimerais… »
Et vous, si une bonne fée vous proposait de réaliser trois vœux, qu'est-ce que vous demanderiez ?

Exercice 2

Répondez en utilisant « même si ».

a. La femme supplie son mari de souhaiter que le boudin quitte son nez. Imaginons qu'il refuse. Il dirait : « *Même si … »*

b. Alors, la femme le menace. Elle ne lui pardonnera jamais malgré tous les étuis en or du monde ! Elle dit : « *Même si … »*

Exercice 3

Complétez avec les adverbes suivants. Cherchez ceux que vous ne connaissez pas dans votre dictionnaire. Attention : vous devez utiliser tous les adverbes une seule fois chacun.
heureusement – poliment – affreusement – profondément – lentement – rapidement – gentiment – doucement – gaiement – finalement – justement – absolument.

a. Cette nuit, il a fait … froid. Moins trente degrés ! Hervé s'est levé, il s'est habillé très …, en deux minutes, sans même se laver. D'ailleurs, l'eau était … glacée.

b. Il avait faim. Il est allé à pied jusqu'à la boulangerie, très … parce qu'il avait peur de tomber. Il est entré, a salué … tout le monde et a demandé trois pains au chocolat. Ouf ! Il en restait … trois ! … !

c. Il a pensé que, …, la vie était belle même s'il faisait froid et il est rentré … à la maison, en chantonnant. Jenny dormait …. Il ne l'a pas réveillée. …, sans faire de bruit, il a préparé le thé et le lui a … apporté au lit.

EXPRESSION DU SOUHAIT ET DE LA CONDITION (SI…)

• Le souhait
Le conditionnel présent peut exprimer le souhait.
Attention aux différentes constructions :
a. *J'aimerais une belle robe.* → aimer/vouloir + nom
b. *J'aimerais être riche et beau.* → aimer/vouloir + infinitif
c. *J'aimerais que tu sois là.* → aimer/vouloir + que + subj.
• La condition (hypothèse réalisable)
Si tu es sage, tu auras une glace.
Si demain il faisait beau, on irait à la plage.

L'EXPRESSION DE LA CONCESSION : MÊME SI …

« Même si » est souvent suivi de l'imparfait (mais pas toujours !).
Même si tu me le demandais cent fois, je refuserais.
Même si je voulais t'aider, je ne peux pas, tu le sais bien ! (ou : *je ne pourrais pas*)
Je ne peux rien faire pour toi, même si tu insistes (ou : *même si tu insistais*)

LES ADVERBES

a. En général, on part de l'adjectif féminin :
naturelle → *naturellement ;*
heureuse → *heureusement…*

Mais attention, il y a des exceptions : *profondément, énormément, intensément…* Attention aussi à : *gentiment*

b. Si l'adjectif masculin se termine par *-i, -é, -u,* on ajoute *-ment* directement : *poliment, joliment, vraiment, absolument*

Exception : *gaiement.*

c. Si l'adjectif masculin se termine par *-u,* l'adverbe prend parfois un accent circonflexe : *assidu* → *assidûment*

Place de l'adverbe

• Si l'adverbe modifie toute une phrase, il se met en général en premier ou en dernier :
Demain, on part tôt/On part tôt, demain.

• S'il modifie seulement le verbe, il se met après pour les temps simples : *Elle pleure souvent. Ils vivaient pauvrement.*

Pour les temps composés, c'est un peu plus compliqué :

a. S'il s'agit d'adverbes de temps ou de lieu, on les place souvent après le verbe : *Je l'ai vu hier*

b. S'il s'agit d'adverbes de manière ou de quantité, on les trouve souvent entre l'auxiliaire et le participe passé : *J'ai bien connu votre père.*

Civilisation — Les contes de fées

Comme tous les enfants du monde, les petits Français adorent les contes. Les plus célèbres sont ceux de Charles Perrault. Vous les connaissez certainement. Mais savez-vous qui était Perrault ? Il est né en 1628, avant le Roi-Soleil. Tout en écrivant des poèmes, il a fait une belle carrière politique, dans les Finances, mais il est tombé en disgrâce, a été chassé et s'est retiré des affaires pour s'occuper de ses enfants.

Il a commencé à écrire des contes ; les plus célèbres sont les huit *Contes de ma mère l'Oye*, parus en 1697. Il est mort en 1703.

Mme Leprince de Beaumont, née en 1711, est moins célèbre. C'est normal : ses contes sont moins intéressants, plus moralistes. Chargée de l'éducation des petites filles de l'aristocratie, elle cherche à les éduquer en les amusant. Les contes sont prétexte à des leçons de morale. Le plus célèbre est *La Belle et la Bête* (1756), que Jean Cocteau a magnifiquement porté au cinéma en 1946.

Devinettes : Qui suis-je ?

a. Le Chat botté

b. Peau d'Âne

c. Le Petit Poucet

d. Cendrillon

e. Riquet à la Houppe

f. Barbe-Bleue

g. Le Petit Chaperon rouge

h. La Belle au bois dormant

> **1.** Je suis une petite fille toujours habillée en rouge, j'habite près de la forêt.

> **2.** J'ai déjà épousé plusieurs femmes et je déteste les curieuses.

> **3.** Je vis seule dans ce grand château. Enfin, je vis... je dors, surtout. Depuis cent ans, j'attends mon prince charmant.

> **4.** Pas question de me marier avec papa. L'inceste, c'est interdit ! Alors, je m'en vais.

> **5.** D'accord, je suis le plus jeune de toute la famille. Mais je suis aussi le plus intelligent.

> **6.** Mon maître a de la chance. Grâce à moi, il va devenir riche.

> **7.** Je suis laid, laid, laid. Et ma princesse est belle, belle, belle ! Heureusement, l'amour est aveugle !

> **8.** Mes sœurs sont méchantes, elles vont au bal pendant que je reste ici. Mais patience ! Ma bonne marraine fée va changer tout ça !

Expression personnelle orale ou écrite

1. Lisez (en traduction) ces contes. Dans votre pays, est-ce qu'il en existe d'autres versions ? Comment s'appellent-ils ? Sont-ils différents de ceux-ci ?

2. La petite machine à faire des contes. Avec les éléments suivants, fabriquez un conte qui, bien entendu, commencera par les mots magiques : *Il était une fois...*

un roi très puissant	une princesse malheureuse	un cheval noir	un prince amoureux
un oiseau sachant parler	un poisson d'or	une bonne fée	une méchante reine
un beau château	une servante fidèle		

Ah ! Si j'étais elle…

Écoutez et répondez

Si j'étais elle
Je saurais dire… tant de ces choses,
Tant de ces mots, qu'elle ne dit pas…
De sa voix douce, à en frémir […]

Si j'étais elle
Auteur : Carla Bruni – Compositeur : Julien Clerc
©1999, Éditions Si on Chantait et Free Demo
Avec l'aimable autorisation
des Éditions Si on Chantait et Free Demo

1. **Qui parle ? Un homme, une femme ?**

2. **Que raconte la chanson ?**

3. **« Elle » vous semble heureuse ou malheureuse ? Retrouvez les mots qui lui sont associés.**

4. **Citez les vers qui contiennent l'espoir du chanteur.**

Phonétique, rythme et intonation

Le son [s] et le son [z]
Écoutez et répétez.
a. sa voix douce ; tous ces mensonges ; elle sait se taire ; elle se cache dans ses silences
b. elle dit des choses ; je chercherais des excuses ; le mal qu'elle pose là.

Phonie-graphie

Le son [s] peut s'écrire : -*s* : je saurais ; -*ss* : je laisserais que tout se glisse, tout se passe ; (**c** + *e* ou *i*) -*ce* : en douce ; (**ç** + *a, o* ou *u*) -*ça*
Le son [z] peut s'écrire : -*s* entre deux voyelles : une excuse, elle pose ; -*z* : Zazie, zéro ; -*x* : le dixième

Noms

- une absence
- une arme
- un concours
- une excuse
- un mensonge
- une parole
- un prix (une récompense)
- un refuge
- un silence
- une vision

Adjectifs

- novateur(trice)
- vain(e)

Verbes

- bâtir qqch
- contribuer à + inf.
- frémir
- inventer qqch ou qqch
- maudire qqn ou qqch
- poser qqch
- s'allonger
- s'enfuir
- se glisser
- se fuir
- maudire qqn ou qqch
- souffrir

Mots invariables

- contre
- juste

Manière de dire

- Souffrir à en crever (familier : à en mourir).
- Se passer en douce (discrètement).

Si j'étais Premier ministre…

Instauré par Magna International Inc. en 1995, le fonds de bourses d'études Magna pour le Canada permet aux étudiants de montrer comment on pourrait bâtir un meilleur Canada à l'occasion d'un concours qui s'appelle « Si j'étais Premier ministre… ».

Des prix sont offerts tous les ans aux lauréats, dont des prix en argent et des stages rémunérés auprès de Magna International Inc.

En mars prochain sera lancé le nouveau programme « Si j'étais Premier ministre… ». Des solutions novatrices, des idées originales seront proposées pour améliorer les conditions de vie. Pourquoi pas les vôtres ? À la mi-août, 50 demi-finalistes seront invités à défendre leurs idées devant un jury national. Chaque demi-finaliste reçevra la somme de 500 dollars ainsi qu'un certificat. Ensuite, 10 finalistes seront sélectionnés. À la mi-novembre, ils se rendront à Ottawa pour présenter leur dissertation au gouvernement et au Premier ministre. Ils recevront un chèque de 10 000 dollars et une proposition de stage de quatre mois auprès de Magna International Inc. Parmi eux, se trouve le (ou la) futur(e) lauréat(e) national(e). Peut-être vous !

Dépêchez-vous !

Il y aurait déjà des centaines d'inscrits !

Compréhension écrite

1 À qui s'adresse ce concours ?

2 Est-ce que tous les participants gagnent un prix ?

3 Que peut-on gagner ?

Expression écrite

- Imaginez un concours identique pour améliorer les conditions de vie dans votre pays. Quelle serait votre proposition ?

Grammaire et vocabulaire

Exercice 1

Dans ces phrases, dites si le conditionnel exprime l'irréel (IR), une incertitude (IN) ou une condition (C).

a. Naissance exceptionnelle : le bébé pèserait 5 kg et mesurerait 60 cm ! **b.** Si j'étais toi, je ne ferais pas ça. **c.** Si tu m'expliquais, je comprendrais. **d.** Le Président s'adresserait au pays après les élections... **e.** Si la pluie cessait, vous pourriez jouer dehors.

Exercice 2

Complétez avec « tout », « tous », « toute » ou « toutes ».

Il est arrivé tard, il faisait déjà ... noir. Il était ... surpris parce qu'il croyait que Léa et Julien seraient arrivés avant lui ; et Mateo et Sacha aussi. Il a appelé. ... était silencieux. Il a fait ... le tour de la maison : rien ! Personne ! La maison semblait abandonnée. Il s'est mis à pleuvoir, ses vêtements étaient ... mouillés. Alors, il a poussé la porte de la maison et il est entré. Elle était ... silencieuse. Fatigué, déçu, il s'est allongé ... habillé sur le canapé et il s'est endormi. Des cris et du bruit l'ont réveillé : « Coucou », « Bon anniversaire », Ils étaient ... là !

Exercice 3

Reliez les deux phrases.

a. Je donne
ces vêtements.

b. Je ne connais pas
tous ses amis.

c. Je l'admire.

d. On se perd dans
cette maison.

1. Elle a tellement de courage !

2. Il y a tant de pièces !

3. J'en ai tellement !

4. Il en a tant !

LE CONDITIONNEL (2)

• Il peut exprimer un fait ni réel, ni réalisable :
Si j'étais elle, je saurais dire ces choses.
(Mais je ne suis pas « elle ».)
Si j'étais Premier ministre, je changerais la politique.
(Je ne suis pas Premier ministre)
Il est parfois difficile de distinguer l'irréel du présent et la condition. C'est le contexte qui permet de les distinguer.

• Il peut exprimer l'incertitude, un fait non vérifié :
Il y aurait déjà des centaines d'inscrits.

➡ Voir le Précis grammatical p. 140

TOUT

Il peut être :

– **un adjectif** + un déterminant + un nom
(= la totalité)
masc. sing. : *J'ai terminé tout mon travail.*
masc. pl. : *Tous ces mensonges sont ridicules.*
fém. sing. : *Toute cette histoire est vraie.*
fém. pl. : *Je les connais toutes les deux.*

– **un pronom**
au singulier, il est invariable
J'ai tout entendu. Tout va bien ?

au pluriel : *tous* ou *toutes*
Ils étaient tous venus. On entend le *s* final
Elles étaient toutes là.

– **un adverbe**
Tout = entièrement, tout à fait
Il est tout content de son cadeau.
Elle est toute contente de son cadeau.

L'EXPRESSION D'UNE QUANTITÉ INDÉTERMINÉE

– Tellement, tant (plus formel) avec un verbe :
Elles sont fatiguées : elles travaillent tellement !

Attention à la place de l'adverbe au passé composé :
Elles sont fatiguées : elles ont tellement travaillé !

– Tellement de, tant de + un nom sans article :
Elle m'a raconté tellement de mensonges !

DONT : PARMI LESQUELS

Dont s'utilise après un nom pluriel, comptable :
Il a écrit des poèmes, dont un en alexandrins.
Elle parle cinq langues, dont trois couramment.

Attention à la différence de construction et à la différence de sens :
un drôle de mensonge (un mensonge bizarre) ≠ un mensonge drôle (comique, rigolo).

Civilisation

Un concours de poésie : « des rimes et des rames »

Depuis 1997, la RATP lance régulièrement un concours de poésie. Cette initiative a rencontré, dès ses débuts, un énorme succès. Les poètes amateurs sont de plus en plus nombreux à concourir.

Il y a deux catégories : celle des poèmes de 10/12 vers destinés à l'affichage sur les quais du métro et celle des poèmes très courts destinés à l'affichage dans les voitures.
Le thème change à chaque fois. Par exemple, en 2005, c'était « le voyage ».
Les lauréats sélectionnés disposent de 800 emplacements sur les quais et de 2 500 dans les voitures pendant deux mois. Quand on sait que des millions de personnes empruntent le métro chaque jour, on comprend que cela représente un nombre de lecteurs impressionnant.

Le jury varie et peut comprendre des écrivains, des poètes-chanteurs, des hommes de théâtre…
D'année en année, le concours a diversifié ses prix : il y a le prix concours général, le prix enfant, le prix Télérama (hebdomadaire culturel).
Un recueil des 100 premiers poèmes est édité et la RATP a créé, spécialement pour l'occasion, un trophée de bronze remis aux trois lauréats.

> *Un cœur ouvert*
> *Chapitre du bonheur*
> *Page avec toi*
> *On lit « je t'aime » tout bas.*
>
> Macha

Expression personnelle orale ou écrite

1. **Que veut dire ce proverbe ?**

Si jeunesse savait…, si vieillesse pouvait…

2. **Si j'étais… Complétez les phrases très spontanément :**

Si j'étais une fleur, je serais …

Si j'étais un animal, je serais …

Si j'étais une couleur, je serais …

Si j'étais une forme géométrique, je serais …

Si j'étais un mot, je serais …

Si j'étais un fruit, je serais …

Si j'étais un tissu, je serais …

Si j'étais une saison, je serais …

Faites votre portrait poétique (en vers ou en prose) en utilisant toutes vos réponses.

3. **Par groupe de trois. Remplacez « je » par Paris. Choisissez une seule réponse et écrivez un poème sur Paris.**

Avec des si...

À quels dialogues correspondent ces deux dessins ?

Dialogue 1

1. « des goûts simples » # « des goûts de luxe » ? Si Frank avait des goûts de luxe, qu'est-ce qu'il dirait ? Imaginez.

2. Pourquoi la réponse d'Irina est-elle amusante ?

Dialogue 2

1. *En venant dix minutes avant...* quoi ? Complétez.

2. À votre avis, qu'est-ce qu'il faut faire pour avoir des places à l'Opéra ?

3. La dame au téléphone pense qu'il pourra avoir des places ?

Dialogue 3

1. Élisa passe une audition de quoi ? Quels sont les mots qui vous ont aidé(e) à le deviner ?

2. À votre avis, quel est le caractère d'Élisa ? Utilisez votre dictionnaire.

Dialogue 4

1. D'après la mère, pourquoi Denis n'a pas de bonnes notes ?

2. Quel est le sens de cette expression ? Avec des « si », on mettrait Paris en bouteille.

Phonétique, rythme et intonation

1. Le son [jø]
   Écoutez et répétez.
   les yeux – mieux – vieux – au lieu de – ambitieux.
   Elle a de beaux yeux bleus. Je ne suis pas ambitieux. J'aime mieux la mer.

2. Les consonnes « géminées » : prononcer une suite de deux consonnes identiques.
   Écoutez et répétez.
   Alors, tu t(e) sens prête ? 2/3
   Si j(e) joue le rôle de Martine, ça va. 7/2

Lisez et écrivez

Noms
- une audition
- la cervelle
- le gros lot
- un microbe
- une note
- un paquet
- une pension
- un petit-fils
- une scène
- un sourire
- le style

Adjectifs
- adorable
- ambitieux(se)
- comique
- pâle, pâlot
- rare
- tragique

Verbes
- commander qqch à qqn
- convenir à qqn
- se sentir + adj ou adverbe

Mots invariables
- sérieusement

Manière de dire
- Tu sais : cette expression n'a pas de sens précis. Cela équivaut à « hein », « n'est-ce pas »…
- Un petit bout de (un morceau de).
- Ce n'est pas ton style, ce n'est pas ton genre (ça ne correspond pas à ta personnalité).
- Tu as eu combien ? (tu as eu quelle note ? rappel : en France, on note sur 20).
- Prendre des kilos (grossir).
- Tomber sur qqch (trouver)
- Tomber sur qqn (rencontrer)

Saint-Florentin, mardi 12 octobre

Ma chère Marta,

Merci beaucoup pour les photos que vous m'avez envoyées. Le petit est adorable ! Mon premier petit-fils ! Je trouve qu'il a les yeux de son oncle Julien et le sourire de Stéphanie. Vous ne trouvez pas ? Mais il me semble un peu pâlot. Vous êtes sûre que dans la crèche où il va on s'occupe bien de lui ? Ces crèches, c'est souvent plein de microbes !

Romain a pris quelques kilos, non ? Il faudra les lui faire perdre. Vous devriez lui faire la guerre ! Il a toujours été trop gourmand. Sérieusement, avec cinq ou six kilos en moins, il se sentirait mieux. Je suis sûre qu'il mange trop et trop gras !

Impossible de trouver les deux livres qu'il m'a demandés. Ils sont rares. Je suis allée partout, FNAC, Virgin... Rien ! Je les ai donc commandés et je les lui enverrai bientôt, dès que je les aurai.

À propos de mon voyage à Séville, on pourrait dire vers la mi-décembre, à condition que ça vous convienne, bien sûr. Je ne veux surtout pas vous déranger.

Julien et Stéphanie vous envoient toutes leurs amitiés. Ils vont bien et même un peu trop bien ! Ils sortent beaucoup au lieu de penser à leurs examens.

Bien affectueusement
Mamie Françoise

PS : Le paquet bleu, c'est un petit cadeau pour Paco.

Compréhension écrite

1 Devinez d'après le contexte : quelles sont les relations entre :
– Françoise et Marta ? – Romain et Marta ?
– Stéphanie, Julien et Romain ?

2 Comment comprenez-vous la phrase : « Vous devriez lui faire la guerre » ?

3 Où habitent Marta et Romain ?

4 À votre avis, quel est le caractère de Françoise ? Justifiez votre réponse.

Expression écrite

Vous êtes Marta. Vous écrivez à votre meilleure amie, Laurence, qui est française. Vous lui parlez de la lettre de Françoise et de son séjour chez vous en décembre prochain.

Grammaire et vocabulaire

Exercice 1

Cochez la phrase équivalente.

a. Si j'avais un million, je te les donnerais.
  ☐ **1.** Quand j'aurai un million, il sera à toi, je te le promets.
  ☐ **2.** Je voudrais partager ma fortune avec toi. Malheureusement, je ne suis pas riche.

b. Si tu étais moins gourmand, tu ne grossirais pas tant.
  ☐ **1.** Tu grossis parce que tu manges trop.
  ☐ **2.** En mangeant plus, tu grossiras un peu.

c. Si tu veux, on part vivre au Québec.
  ☐ **1.** Dis-moi oui et on part !
  ☐ **2.** Ce n'est pas impossible qu'on parte un jour vivre au Québec.

Exercice 2

Remplacez ce qui est souligné par une proposition avec « si ».

Exemple : _Avec les cheveux courts_, tu serais mieux.
→ _Si tu avais les cheveux courts,…_

a. En faisant une heure de français tous les jours, tu ferais des progrès. **b.** Avec une voiture rapide, on serait déjà à Lyon. **c.** J'arrêterai de fumer à condition que tu arrêtes. **d.** Sans elle, il ne viendra pas. **e.** Sans elle, il serait complètement perdu ! **f.** Grise ou noire, cette voiture serait bien. Mais ce jaune ! Non !

Exercice 3

Répondez en utilisant un double pronom. Attention à l'accord du participe avec le COD.

a. – Est-ce que vous voulez bien me donner vos coordonnées ? – Oui, … **b.** – Tu me présentes ta copine chinoise ? – Oui, bien sûr, …
c. – Tu as envoyé les livres à Romain ?
– Oui, … **d.** – Tu as montré les photos à Julien et à Stéphanie ? Évidemment, …
e. – Vous pouvez me faire visiter la maison ? Oui, si vous voulez, …

L'EXPRESSION DE LA CONDITION, DE L'HYPOTHÈSE ET DE L'IRRÉEL DU PRÉSENT

On récapitule !

A _Si tu es gentil, je t'achèterai une glace au chocolat._
→ c'est une certitude. La seule condition : ton attitude.

B _Si demain il faisait beau, on ferait du bateau sur le lac._
→ c'est possible : il fera peut-être beau demain. Mais la promenade sur le lac est moins probable.

C _Si je gagnais au tiercé, j'achèterais une maison en Irlande_
→ c'est possible mais il y a vraiment peu de chance que cela arrive.

D _Si j'étais toi, je refuserais cette proposition._
→ c'est un irréel : je ne suis pas toi.

Les phrases B, C et D ont la même forme mais pas le même sens.

Il y a d'autres manières d'exprimer la condition et l'hypothèse. Par exemple :

a. avec un gérondif : _En travaillant plus, tu réussirais mieux._

b. avec un adjectif ou un participe passé : _Moins coléreuse, elle serait adorable !_

c. avec _à condition de_ + inf. ou _à condition que_ + subj.
Je viendrai à condition d'être libre ce jour-là.
Je viendrai à condition que mon directeur soit d'accord.

d. avec une préposition : _avec, sans, en cas de…_
Sans moi, qu'est-ce que tu ferais ?

LES DOUBLES PRONOMS (3)

Je les lui enverrai. (les = les livres ; lui = à Romain)
Attention à la place des pronoms à la 3e personne !

Avec un temps simple :
Il te les enverra bientôt.   Il vous les enverra bientôt.
Il les lui enverra bientôt.   Il les leur enverra bientôt.

Avec un temps composé :
Il t'a donné ses livres ?   Il me les a donnés.
Il lui a donné ses livres ?   Il les lui a donnés.

Avec deux verbes :
Tu me prêtes tes livres ?   Oui, je vais te les prêter.
Tu lui prêtes tes livres ?   Oui, je vais les lui prêter.

L'EXPRESSION DU TEMPS (5)

dès que (aussitôt que, tout de suite après que) + indicatif

Civilisation **Belles-mères et belles-filles**

Les relations avec les belles-mères font depuis la nuit des temps l'objet d'une infinité d'histoires drôles, de blagues. Détail intéressant, ces blagues sont presque toujours racontées par les hommes.

Quand les belles-filles parlent de leur belle-mère, le ton est très différent, souvent plus critique. Qu'est-ce qu'elles leur reprochent ? D'être envahissantes, de traiter leur fils comme un enfant, de leur faire, à elles, des remarques désagréables sur tout, sur leur manière de faire la cuisine, d'élever les enfants, de s'occuper de la maison... Elles les accusent parfois d'être jalouses, de ne pas accepter de voir leur fils heureux avec une autre femme que sa maman.

Les belles-mères se révoltent contre cette image : « Nous ne sommes pas des monstres. Nous avons des devoirs... mais aussi des droits. » Christine Collange, dans son livre *Nous, les belles-mères*, paru en 2001, parle avec humour et en connaissance de cause[1] (elle a quatre belles-filles) de son expérience de belle-mère. Pour elle, les torts[2] ne sont pas d'un seul côté : beaucoup de belles-filles se comportent mal avec leur belle-mère. Elles ne comprennent pas que ces dernières ont aussi leur vie. Beaucoup travaillent encore ; elles veulent voyager, sortir, s'amuser, se cultiver. La grand-mère toujours disponible, qui arrive dès qu'on l'appelle, c'est terminé !

À Reggio Emilia, en Italie, s'est ouverte il y a quelques années une « école pour belles-mères et belles-filles ». Avec l'aide de psychologues, de sociologues et d'avocats, on y apprend à mieux communiquer. Le cours dure un mois et remporte un franc succès[3].

1. En connaissance de cause : elle connaît bien le sujet.
2. Avoir tort ≠ avoir raison.
3. Un franc succès : un grand succès.

Attention ! le terme belle-mère a deux sens :
a. Si mon mari s'appelle Paul, ma belle-mère, c'est la mère de Paul.
b. Si mon père s'est remarié avec une autre femme que ma mère, cette femme est ma belle-mère.

1. Imaginez ce qu'une belle-mère pourrait reprocher à sa belle-fille ?

2. La position de l'homme (fils et mari) vous semble facile ou difficile ? Justifiez votre réponse.

3. À votre avis, comment se déroulent les cours dans cette école de Reggio Emilia ? Qu'est-ce qu'on y fait ?

Expression personnelle orale ou écrite

Comment sont en général, dans votre pays, les relations belles-mères/belles-filles ? Développez en huit à dix lignes.

Reproches

1 *Dans le métro*

[…]

TESS : Ce n'est pas vrai ! On va être en retard ! Ce n'est même plus la peine d'y aller ! Avec des places sans réservation, les premiers arrivés seront les mieux placés. On ne va rien voir !
[…]

2 *À la sortie du métro*

TESS : Oh ! Zut ! Il pleut ! Et on n'a pas de parapluie. Tu aurais pu y penser ! J'ai mis mes mocassins blancs, ils vont être dans un état ! Si j'avais su, je ne t'aurais pas écouté et en ce moment je serais sous la couette avec un bouquin.
[…]

TESS : C'est ça, pour être encore plus en retard ! Sous une échelle, en plus, mais tu es fou !
[…]

3 *Devant le théâtre*

TESS : Oh non ! après la grève, la pluie ; après la pluie, la queue, et la queue sous la pluie ! C'est le bouquet ! Tu vois, je te l'avais bien dit, on aurait dû partir une heure plus tôt. On ne pourra jamais rentrer !

[…]

TESS : OK, OK. ça ira mieux après le 21, je l'ai lu dans mon horoscope.

1. **En vous aidant des lettres, page 123, retrouvez la date de ce dialogue.**

2. **À quel spectacle vont-ils ?**

3. **Pourquoi Tess craint-elle d'être en retard ?**

4. **À un moment, Tess et Léo disent : « si j'avais su… ». S'ils avaient su quoi ? Répondez.**

5. **Qu'est-ce qui peut expliquer le comportement de Tess.**

Phonétique, rythme et intonation

Le son [k] et le son [g]

Écoutez et répétez.
a. la circulation, nos excuses, mes mocassins, sous la couette, avec mon bouquin, c'est le bouquet, la queue
b. la grève, le pied gauche, un guitariste, quelle galère !

Lisez et écrivez

Lisez la lettre du propriétaire et imaginez la lettre que Léo et Tess auraient dû écrire à M. Goude pour lui demander l'autorisation de faire des travaux.

Noms

- une averse
- un bouquin
- une couette
- une échelle
- une facture
- la grève
- un guitariste
- un horoscope
- des mocassins
- une obligation
- le propriétaire
- une rame (de métro)

Adjectifs

- partiel(le)
- perturbé(e)

Verbes

- s'abriter
- s'arranger
- emménager
- ignorer que + ind.
- prévenir qqn
- prier qqn de + inf.
- répéter
- tenir compte
- tenir compte de qqch
- transformer qqch

Mots invariables

- en raison de
- forcément

Manière de dire

- C'est pas vrai ! (colère, déception).
- Ce n'est plus la peine.
- Ça m'étonnerait.
- Se lever du pied gauche (de mauvaise humeur).
- C'est le bouquet ! (c'est un comble !)
- Faire la queue. (attendre)
- Quelle galère ! (c'est dur)
- Être sous la couette (au lit).
- Ils vont être dans un état (en mauvais état).

> Lyon, le 11 avril 2006
>
> Monsieur Jean Goude
> 42, av. de la République
> 69 004 Lyon
>
> Monsieur et Madame Varlin
> 30, rue de Vaugirard
> 75015 Paris
>
> objet : facture des travaux
>
> Madame, Monsieur,
>
> Je suis au regret de vous informer que je ne prendrai pas à ma charge les frais occasionnés par les travaux. Vous les avez faits sans mon autorisation. Si vous m'aviez prévenu quand vous avez emménagé, j'aurais accepté à ce moment-là mais maintenant, c'est trop tard.
> Vous le comprenez bien.
>
> Veuillez agréer, Madame, Monsieur, l'expression de mes salutations distinguées.

Voici la réponse de Tess et Léo à la lettre de M. Goude du 10 avril.

> Paris, le 22 avril 2006
>
> Léo et Tess Varlin
> 30, rue de Vaugirard
> 75 015 Paris
>
> Monsieur Goude
> 42, av. de la République
> 69004 Lyon
>
> Monsieur,
>
> Quand nous avons emménagé, nous n'étions que deux mais dans quelques mois, nous serons trois. Nous aurions pu vous prévenir pour les travaux mais nous ignorions que c'était une obligation. En transformant le couloir et une partie du salon en petite chambre nous donnons plus de valeur à l'appartement. Nous aimerions que vous en teniez compte et que vous reveniez sur votre décision.
> Avec nos remerciements, veuillez agréer, Monsieur, l'expression de nos sentiments les meilleurs.

Écrivez la réponse de M. Goude à cette lettre.

Grammaire et vocabulaire

Exercice 1

Mettez les verbes au conditionnel passé.

a. J'aimerais faire le tour du monde. b. Tu devrais te soigner. c. Tu saurais faire ça, toi ! d. Vous pourriez garder ma place ! e. Elle viendrait avec nous, à Noël !

Exercice 2

Dites si le verbe exprime un souhait (S), un regret (RG) ou un reproche (RP).

a. Il aurait voulu vivre ailleurs. b. Elle voudrait vivre au bord de la mer. c. Vous auriez pu me le dire ce matin ! d. J'aimerais qu'il fasse beau demain. e. J'aurais aimé qu'il me parle franchement. f. Tu aurais dû t'excuser tout de suite.

Exercice 3

Mettez le verbe au futur proche ou au futur simple.

a. Attendez, le Président (*parler*) …

b. Le Président (*parler*) … demain, au journal de 20 heures.

c. Dépêche-toi, ils (*arriver*) …

d. Ne te dépêche pas, ils (*ne pas arriver*) … avant 21 heures.

e. Voici les billets : votre avion (*partir*) … après-demain de Roissy-Charles-de-Gaulle.

f. Regarde : l'avion (*décoller*) …

g. Excusez-moi, je (*téléphoner*) …

h. Dites-lui que je lui (*téléphoner*) … plus tard.

Exercice 4

Choisissez la bonne expression de temps.

a. J'ai beaucoup de travail ….

b. …, elle est à Tokyo.

c. …, elle était à Berlin.

d. Ils n'étaient pas mariés, …

LE CONDITIONNEL PASSÉ

Il est formé par l'auxiliaire (être ou avoir) au conditionnel présent + participe passé et il exprime :

– le regret
J'aurais aimé être une artiste.

– le reproche :
Tu aurais pu prendre un parapluie !

– ou l'incertitude :
L'accident n'aurait fait que des blessés légers.

On l'utilise aussi après une condition au plus-que-parfait :
Si vous m'aviez prévenu assez tôt, j'aurais pu vous aider.

LE FUTUR PROCHE ET LE FUTUR SIMPLE

Rappel
– Le futur proche : *aller* au présent + infinitif
La vaisselle ? D'accord, je vais la faire.
Il exprime une action réalisable presque immédiatement et certaine. Il est très fréquent à l'oral.

Le futur simple exprime une action moins immédiate et surtout moins certaine.
La vaisselle ? Je la ferai demain, d'accord ?

Le futur simple garde une distance entre le moment où l'on parle et le moment de la réalisation de l'action.

– Le futur proche et le futur simple ne sont pas toujours interchangeables.

Observez :
Attention ! Tu vas glisser !/Si tu marches en chaussettes, tu glisseras à un moment ou à un autre.

Le train va entrer en gare./Le train entrera en gare dans 15 minutes.

Le futur proche n'a pas toujours besoin de complément de temps, le futur simple, si, le plus souvent.
On va avoir un bébé./On aura un bébé cet été.

L'EXPRESSION DU TEMPS (4)

en ce moment : maintenant # à ce moment-là : dans le passé

Elle a vécu au Maroc. À ce moment-là, elle était attachée à l'ambassade. Elle est revenue à Madrid et en ce moment, elle travaille au ministère de l'Agriculture.

Civilisation   Les superstitions françaises

Les superstitions accompagnent notre vie quotidienne. Même quand on n'y croit pas on se surprend à dire des paroles ou à faire des gestes qui doivent porter chance, empêcher le malheur ou qui soulignent les coïncidences, les bizarreries de la vie.

a. Dans le célèbre hôtel Lutétia à Paris, vous ne pourrez louer que la chambre 12 ou la chambre 14, la chambre 112 ou 114, 212 ou 214. Pourquoi ?

b. À Noël, autour de la table, il y avait mon père et ma mère, mes deux sœurs, mon frère et sa femme, mes deux neveux, ma grand-mère, mon grand-père, mon cousin et ma tante et moi. Ma grand-mère a supplié qu'on invite la voisine ! Pourquoi ?

c. Je me promenais avec Victoria quand tout à coup elle a poussé un cri et m'a montré un chat qui traversait la rue. De quelle couleur était le chat ?

d. Il y a des peintres qui repeignent la façade de mon immeuble. Tous les gens qui passent dans la rue descendent du trottoir pour ne pas passer sous leur échelle. Pourquoi ?

e. Mon frère passe le bac dans quelques jours. Chaque fois qu'on lui en parle, il fait un geste. Lequel ?

f. Au mariage de mon amie, quelqu'un a cassé involontairement une carafe d'eau en verre mais cela a mis tout le monde de bonne humeur. Curieux, non ?

g. Hier soir, avant de me coucher, j'ai vu une araignée dans un coin de la chambre. J'étais contente mais j'espère qu'elle ne sera plus là demain matin. Pourquoi ?

h. On ne peut pas offrir des ciseaux ou un couteau à des amis. Pourquoi ?

i. Dès qu'il parle d'accident, de maladie ou de mort, mon père cherche à toucher... quoi ?

Expression personnelle orale ou écrite

1. Essayez de répondre aux questions.

2. Quelles sont les croyances les plus répandues dans votre pays ?

3. Quels sont les gestes qui conjurent le sort ?

Quizz
grammatical et lexical

1. Choisissez le relatif qui convient dans chaque phrase : *qui, que, où, dont* (3 fois), *auquel.*

a. Elle a fait trois souhaits, ... un très bizarre.

b. C'est le musicien ... tu préfères.

c. Il était une fois un petit garçon ... ne voulait pas grandir.

d. Ma belle-fille, ... je t'ai parlé, ne cuisine pas comme nous !

e. Vendredi 13 ! C'est le jour ... il faut acheter un billet de loterie !

f. Le concours ... vous êtes inscrit a beaucoup de succès.

i. Le propriétaire ... l'appartement est en travaux n'est pas content.

2. Trois manières d'exprimer la concession : *pourtant, bien que, même si.*
Reliez les deux parties de phrases qui vont ensemble.

a. Elles font des efforts d'amabilité,

b. Ils se sont inscrits au Marathon de Paris

c. Il faut aller dormir

1. bien qu'ils ne soient pas très sportifs.

2. même si tu n'en as pas très envie.

3. pourtant, elles ne s'apprécient pas beaucoup.

3. Quel est le sens de ces conditionnels : condition (C), imagination (Im), incertitude (In), irréel (Ir), regret (R), souhait (S) ?

a. On dirait qu'on serait des chevaliers et toi, tu serais un dragon ...

b. J'aimerais tellement gagner le concours de poésie ! ...

c. Si tu as fini tes devoirs, tu peux aller jouer dehors ...

d. Brr, j'aurais dû prendre un pull ...

e. Selon le ministre, des négociations seraient en cours actuellement ...

f. Si vous étiez à sa place, vous comprendriez son attitude ...

4. Futur proche ou futur simple ? Quel temps choisissez-vous ?

a. Attendez-moi une minute, je (*revenir*) ... b. Si ce n'est pas possible aujourd'hui, cela le (*être*) ... dans quelques années. c. Attendez, je (*vous aider*) ... d. Fais-moi confiance, un jour, tu (*savoir tout*) ...

5. Faites correspondre les deux phrases qui ont le même sens.

a. Léo envoie la lettre au propriétaire.

b. La belle-fille envoie les photos à sa belle-mère.

c. L'éditeur envoie des revues aux élèves pour leur travail.

d. Les amis nous envoient leurs vœux tous les ans.

1. Il les leur envoie.

2. Ils nous les envoient.

3. Il la lui envoie.

4. Elle les lui envoie.

6. Placez ces adverbes dans les phrases suivantes : *bien, demain, vraiment* (plusieurs solutions sont possibles).

a. Est-ce que tu as entendu ce qu'elle a dit ? b. C'est une fille sympathique. c. Je regrette, mais cela ne sera pas possible.

⌒⌒ Compréhension orale

1. Écoutez le dialogue.

a. Qu'a fait Eugénie pour mettre son amie en colère ?

b. Comment comprenez-vous « sainte-nitouche » et « allumeuse ».

2. Dans le dialogue 2, quels sont les trois mots utilisés pour qualifier le tableau ?

3. Imaginez la suite des deux dialogues.

Expression orale

1. Regardez la photo de la jeune fille. Vous êtes la personne avec qui elle parle. Utilisez les expressions suivantes dans votre dialogue :
   – avoir le droit de faire qqch,
   – j'en doute,
   – depuis un siècle,
   – tu connais la chanson,
   – faire qqch en douce,
   – ce n'est pas son style,
   – tomber sur qqn,
   – ça m'étonnerait,
   – se lever du pied gauche,
   – c'est le bouquet !

2. À votre tour : un jour, vous aussi, vous avez dit ou fait quelque chose que vous avez immédiatement regretté. Racontez les circonstances de cet événement.

Compréhension écrite

Les familles recomposées

Depuis hier, Élodie, 7 ans, est aux anges : les « grands » sont là. Les « grands », ce sont Grégoire et Guillaume, 12 ans et 10 ans. Chaque été, ils s'installent pour un mois dans la grande maison que leur père, Éric, partage avec Isabelle, la maman d'Élodie. Ensemble, ils ont eu Chloé. « C'est notre toute petite petite sœur, dit Élodie. Mais moi, ajoute-t-elle, j'ai encore un autre frère, c'est Louis, on a le même papa. »

En France, en 2006, un million d'enfants vivent dans une famille recomposée. En effet, il arrive qu'après une séparation, on rencontre un nouvel amour qui, lui aussi, est accompagné d'un ou de plusieurs enfants. C'est ainsi qu'on peut se retrouver père ou mère de cinq, six enfants, ou plus.

Au cinéma, la famille recomposée c'est une joyeuse bande d'enfants et d'adultes, dans une grande maison où tout le monde se croise dans les fous rires et la bonne humeur. Dans la réalité, la grande tribu unie, sans jalousies et sans conflits, ça n'existe pas. Une cohabitation réussie demande du temps.

La recomposition familiale bouscule les liens établis : un aîné se retrouve second, un enfant unique est perdu au milieu d'une fratrie et il faut bien souvent que les enfants accueillent un nouveau bébé : celui que fait le couple recomposé. Les premiers mois, voire les premières années sont souvent l'épreuve du feu. Chacun se confronte à l'autre, chacun défend sa place. ça passe ou ça casse ! Il est impossible de faire des généralités.

Les enfants entre eux se désignent presque toujours comme « frères » et « sœurs ». Rares sont ceux qui utilisent les mots « demi-frère » ou « demi-sœur » (quand ils ont un parent en commun) ou « frère ou sœur rapporté(e) » (enfant de leur beau-parent). Ce n'est donc pas le lien biologique qui fait la fratrie.

Il a pourtant son importance. Les enfants qui ont un parent en commun se sentent liés par une fraternité plus intense, et paradoxalement (puisque c'est encore le nom du père qui prime en France) surtout quand ce parent est la mère. Si rien ne remplace la fraternité de sang, les relations qui se développent tout au long d'une enfance partagée peuvent parfois se révéler très intenses et créer un véritable sentiment de fraternité. La condition est de ne rien imposer ni d'aller trop vite.

1. **Combien d'enfants sont apparentés à Éric et Isabelle ?**

2. **À quoi correspond « l'épreuve du feu » pour les familles recomposées ?**

3. **Comment comprenez-vous : « ça passe ou ça casse » ?**

4. **Qu'est-ce qui remplace le lien biologique pour créer la fratrie ?**

5. **Résumez le texte (sauf l'histoire d'Élodie) en 90 mots (10 % en + ou en –).**

Expression écrite

Avec les éléments suivants, rédigez la lettre type que la mairie adresse à tous les habitants de la rue pour les informer et les prier d'excuser les dérangements à venir.

Expéditeur : Mairie d'Issy-Les-Moulineaux (92)

Destinataires : les habitants de la place Corentin-Celton

Sujet : les travaux de rénovation autour de la station de métro Corentin-Celton

Informations : durée des travaux du 12 février au 31 juin 2006
Interdiction de stationner sur la place pendant cette période, y compris la nuit.
La station sera fermée à 21 heures les samedis et dimanches pendant cette période.
Possibilité de consulter le plan des travaux à la mairie.

Le précis
GRAMMATICAL

Ce précis grammatical développe les points de grammaire relevés dans la troisième page de chaque leçon et complète, sans toujours le reprendre, le précis grammatical de *Festival 1*

I. LA SPHÈRE DU NOM

1. Les mots qui remplacent le nom
a. Rappel : les pronoms COD et COI
b. En/y
c. Le pronom neutre *le* ou *l'*
d. Les pronoms doubles
e. La place des pronoms personnels
f. Les pronoms possessifs
g. Les pronoms relatifs
h. Les pronoms démonstratifs

2. La qualification
• Les adjectifs épithètes

II. LA SPHÈRE DU VERBE

1. Les trois types de verbes

2. La construction des verbes
a. Les verbes sans complément d'objet
b. Les verbes avec complément direct d'objet
c. Les verbes avec complément indirect d'objet
d. Les verbes à double construction

3. Forme active/passive. Forme pronominale. Forme impersonnelle
a. Les auxiliaires *être* et *avoir*
b. La forme passive
c. La forme pronominale
d. La forme impersonnelle
e. Les accords du participe passé

4. Les temps du mode indicatif
a. L'expression du présent
b. L'expression du futur
c. L'expression du passé : l'imparfait
d. L'expression du passé : le passé composé
e. L'expression du passé : le plus-que-parfait
f. Les relations entre les temps du passé
g. La concordance des temps

5. Les semi-auxiliaires

6. Les autres modes personnels
a. Le mode subjonctif
b. Le mode conditionnel
c. Le mode impératif

7. Les modes impersonnels
• Le gérondif

III. LES MOTS INVARIABLES

1. Les prépositions

2. Les adverbes

IV. SE SITUER DANS LE TEMPS

1. L'expression d'une durée limitée : *pendant, pour, en, dans*

2. L'expression d'une durée non limitée : *depuis*

3. *Il y a +* durée chiffrée ou adverbe de temps

V. DE LA PHRASE SIMPLE À LA PHRASE COMPLEXE

1. Généralités et définitions

2. La mise en relief

3. Les subordonnées relatives

4. Les subordonnées complétives

5. Quelques subordonnées circonstancielles

6. Le discours direct, le discours rapporté et la concordance des temps

7. L'interrogation indirecte

VI. TABLEAU DE CONJUGAISON

La sphère du nom

1. Les mots qui remplacent le nom

a. Rappel. Un mot peut être :

– complément d'objet *direct* d'un verbe. Il peut être remplacé par un pronom :

    Je lis le journal. → *Je le lis.*

    Je regarde la télévision. → *Je la regarde.*

    J'écoute les nouvelles à la radio.

    → *Je les écoute à la radio.*

Les pronoms des autres personnes sont : *me, te, nous et vous.*

– complément d'objet *indirect* d'un verbe :

    Je téléphone à mon frère (ou à ma sœur).

    → *Je lui téléphone.*

    Je téléphone à nos amis. → *Je leur téléphone.*

Les pronoms des autres personnes sont : *me, te, nous* et *vous.*

b. En/y

– « En », pronom COD

Le pronom *en*, complément d'objet direct d'un verbe, remplace un nom précédé d'un article indéfini (*un, une, des*) ou d'un article partitif (*du, de l', de la, des*) ou d'un terme de quantité :

    – *Vous connaissez des écrivains russes ?*

    – *Oui, j'en connais.*

    – *Voulez-vous du thé ?*

    – *Oui, merci, j'en veux bien.*

    – *Vous avez plusieurs valises ?*

    – *Oui, j'en ai plusieurs.*

    – *Tu as eu assez de temps ?*

    – *Oui, j'en ai eu assez.*

Dans ces deux derniers cas, on reprend l'élément de quantité après le verbe.

En, COD, remplace des noms de choses ou de personnes, il est invariable et en règle générale, le participe passé ne s'accorde pas avec lui.

Comme les autres pronoms compléments d'objet direct (*le, la, l', les*), il se place devant le verbe (sauf à l'impératif affirmatif) :

    – *Tu achètes des glaces ? – D'accord, j'en achète.*

    – *Tu as acheté des glaces ? – Oui, j'en ai acheté.*

    – *Il n'y a plus de glaces, prends-en au super marché.*

Attention

Faites bien la différence entre :

    Je te prête ma robe rouge, si tu veux.

    → *Je te la prête, si tu veux.*

    Je te prête une robe, si tu veux.

    → *Je t'en prête une, si tu veux.*

– « En », pronom COI

En complément d'objet indirect remplace un nom de chose complément rattaché au verbe par la préposition *de*. Cette préposition disparaît avec le pronom :

    – *Tu te souviens <u>de</u> son mariage ?*

    – *Oui, je m'en souviens très bien.*

Il peut remplacer aussi un infinitif précédé de la préposition de :

    – *Elle a envie <u>de</u> venir avec nous ?*

    – *Oui, elle en a très envie.*

ou une proposition entière :

    Je suis contente que ces voisins bruyants déménagent, j'en suis vraiment très contente.

    (Je suis contente <u>de</u> cela.)

En, COI, en principe, ne peut pas remplacer un nom de personne. Observez la différence :

    – *Est-ce que tu t'occupes des réservations de TGV ?*

    – *Oui, je m'en occupe.*

    – *Est-ce que tu t'occupes des enfants ?*

    – *Oui, je m'occupe d'eux.*

Rappel

Après une préposition, on utilise le pronom tonique. Mais, à l'oral, les Français marquent de moins en moins la différence et utilisent *en* dans les deux cas.

– « Y », pronom COI

Y, complément d'objet indirect, remplace un nom de chose complément, rattaché au verbe par la préposition *à*. Cette préposition disparaît avec le pronom :

    – *Tu penses parfois à notre première rencontre ?*

    – *Oui, j'y pense souvent.*

Il peut remplacer aussi certains infinitifs précédés de la préposition *à* :

    Elle s'est préparée à quitter sa maison.

    → *Elle s'y est préparée.*

ou une proposition entière :

    Il tient à ce que Étienne raccompagne son amie.

    → *Il y tient.*

ou un nom de lieu :

    – *Tu vas à la bibliothèque ? – Oui, j'y vais.*

    – *À quelle serez-vous à la maison ?*

    – *Nous y serons vers huit heures.*

Y est toujours COI. En pricipe, il ne peut pas remplacer un nom de personne. Observez la différence :

    – *Vous vous intéressez au cinéma français ?*

    – *Oui, nous nous y intéressons beaucoup.*

    – *Elle s'intéresse beaucoup aux jeunes comédiennes ?*

    – *Oui, elle s'intéresse beaucoup à elles.*

Rappel

Après une préposition, on utilise le pronom tonique. Mais, à l'oral, les Français marquent de moins en moins la différence et utilisent *y* dans les deux cas.

Cependant, *en* et *y* sont obligatoires. Vous ne pouvez pas répondre à certaines questions sans eux. Si on vous demande :

Tu veux du lait avec ton café ?

ou *Tu assistes aux cours de psycho ?*

Vous ne pouvez pas répondre : **Oui, je veux* et **Oui, j'assiste.*
Vous devez dire :

Oui, j'en veux (bien) et *oui, j'y assiste (régulièrement).*

c. Le pronom neutre *le* ou *l'*

Il reprend une idée exprimée par un adjectif :

Sa sœur est très bavarde, mais elle, elle ne l'est pas du tout. (l'= bavarde)

ou par un nom :

Elle rêve d'être un écrivain reconnu et je suis sûr qu'elle le sera un jour. (le = un écrivain reconnu)

ou par une proposition tout entière :

L'université est fermée, vous ne le savez pas ? (le = que l'université est fermée).

Attention

Après certains verbes suivis d'un infinitif avec ou sans complément, comme *accepter, aimer, apprendre, commencer, continuer, essayer, finir, oser, oublier, pouvoir, réussir, vouloir...*, on peut ne pas utiliser le pronom *le* :

– *Tu as pu t'inscrire à la fac ? – Oui, j'ai pu.*

– *Vous avez fini de ranger ? – Non, nous n'avons pas fini.*

d. Les pronoms doubles

Certains verbes exprimant l'idée de dire ou de donner (qqch à qqn) ou l'idée d'informer (accuser, avertir, féliciter, récompenser...) quelqu'un de quelque chose acceptent deux compléments d'objet, l'un direct, l'autre indirect. Dans ce cas, quelle est leur place dans la phrase ?

• Pronoms indirects + pronoms directs (sauf à la 3e personne, il y a une inversion)

Elle me montre ses photos. = Elle me les montre.

Elle montre ses photos à ses amis. = Elle les leur montre.

Les pronoms se placent avant le verbe aux temps simples et composés :

– *Elle t'a prêté ses chaussures ?*

– *Oui, elle me les a prêtées.*

Marion a prêté ses chaussures à sa cousine.

= Marion les lui a prêtées.

Quand deux verbes se suivent, les pronoms se placent devant le verbe dont ils sont compléments :

Je te chante ma chanson. = Je te la chante.

Je peux lui chanter ma chanson. = Je peux la lui chanter.

• Pronoms indirects + pronom direct *en* (*en* est toujours en seconde position)

J'adore les bonbons, tu m'en donnes ? Et à mon copain, tu lui en donnes aussi ?

• Pronoms directs + pronom indirect *en*

On a averti les automobilistes de la fermeture du périphérique. → On les en a avertis.

• Pronoms indirects + pronom indirect *en*

Elle nous parle de son voyage.

→ *Elle nous en parle.*

Elle parle de son voyage à son frère.

→ *Elle lui en parle.*

Attention

Toutes les combinaisons de pronoms ne sont pas possibles.

e. La place des pronoms personnels

Aux temps simples et composés, les pronoms se placent avant le verbe, aux formes affirmative, négative et interrogative :

– *Tu accompagnes les étudiants au théâtre ?*

– *Oui, je les accompagne.*

– *Tu as accompagné les étudiants au théâtre ?*

– *Oui, je les ai accompagnés.*

À l'impératif affirmatif, les pronoms se placent après le verbe :

Accompagne-les au théâtre s'il te plaît.

Quand deux verbes se suivent, le pronom se place avant le verbe dont il est le complément :

– *Tu peux apporter les documents demain ?*

– *D'accord, je peux les apporter demain.*

– *Peux-tu les apporter demain ?*

– *Non, je ne peux pas les apporter demain.*

Avec les constructions : *laisser* + infinitif et *faire* + infinitif, le pronom change de place :

– *Tu fais cuire le gâteau longtemps ?*

– *Non, fais-le cuire 15 minutes seulement.*

Et le rôti, tu le fais cuire après.

f. Les pronoms possessifs

Le pronom possessif remplace un nom précédé d'un adjectif possessif :

ma voiture = la mienne.

Il exprime l'appartenance, la possession. Il permet d'éviter la répétition du même mot :

J'accompagne leurs enfants et les miens à l'école tous les matins.

Il varie en genre, en nombre et en personne.

relation avec la personne	nom représenté masc. sing.	nom représenté fém. sing.	nom représenté masc. pl.	nom représenté fém. pl.
moi	le mien	la mienne	les miens	les miennes
toi	le tien	la tienne	les tiens	les tiennes
lui, elle	le sien	la sienne	les siens	les siennes
nous	le nôtre	la nôtre	les nôtres	
vous	le vôtre	la vôtre	les vôtres	
eux, elles	le leur	la leur	les leurs	

Attention

Il y a une différence d'orthographe et de prononciation entre l'adjectif possessif et le pronom possessif :
Voici votre [vɔtr] *place, la nôtre* [la notr] *est derrière.*

– Le pronom possessif peut être sujet ou complément direct ou indirect du verbe.

g. Les pronoms relatifs

• Ils permettent de relier deux propositions et ainsi d'éviter la répétition d'un même mot :

J'habite dans un petit appartement.

Ce petit appartement se trouve rue Mouffetard.

= J'habite un petit appartement qui se trouve rue Mouffetard.

• Ils peuvent remplacer un nom ou un autre pronom qu'on appelle l'antécédent :

Almodovar est un réalisateur espagnol que j'aime beaucoup.

C'est moi qui ai pris le vélo bleu ce matin.

• Ils varient suivant leur fonction (sujet ou complément) pour les formes simples :

fonctions	formes simples
sujet	qui
complément d'objet direct	que, qu'
complément d'objet indirect	dont
complément de nom ou d'adjectif	dont
complément de temps ou de lieu	où

Ces pronoms relatifs peuvent avoir des antécédents animés ou non, singulier ou pluriel, masculin, féminin ou neutre.

Il existe une forme composée, presque toujours précédée d'une préposition, qui se décline en genre et en nombre :

fonctions	forme composée	
compléments indirects	sing. masc ou fém.	pl. masc. ou fém.
préposition +	lequel, laquelle	lesquels, lesquelles

Avec les prépositions *à* et *de*, les formes du masculin et la forme du féminin pluriel se contractent :

• *à* + lequel, lesquels ou lesquelles = auquel, auxquels, auxquelles

• *de* + lequel, lesquels ou lesquelles = duquel, desquels, desquelles

– Le pronom relatif « qui »

Il est toujours sujet et ne peut jamais s'élider même devant une voyelle. Le verbe de la proposition relative s'accorde avec l'antécédent.

C'est toi qui as pris mon dictionnaire ?

– Le pronom relatif « que »

Il est toujours complément d'objet *direct* et peut s'élider (= *qu'*) devant une voyelle ou un *h* muet. Il répond à la question qui ? (pour des personnes) ou quoi ? (pour des choses) posée par le verbe de la proposition relative.

Le jeune homme que j'ai croisé dans l'escalier est le baby-sitter de mon filleul. (j'ai croisé qui ? : que = le jeune homme)

La revue qu'elle lit paraît tous les mois. (elle lit quoi ? : qu' = la revue)

Parfois, vous ne savez pas choisir entre *qui* et *que*, alors demandez-vous si le verbe de la relative a déjà un sujet. Si oui, *qui* n'est pas possible !

– Le pronom relatif « dont »

Il peut être complément d'objet *indirect* d'un verbe qui se construit avec la préposition *de* seule :

Je m'occupe de cet enfant ; il va à la piscine tous les mercredis = L'enfant dont je m'occupe va à la piscine tous les mercredis.

J'ai préparé tous les ingrédients ; tu as besoin de tous ces ingrédients pour faire la salade niçoise = J'ai préparé tous les ingrédients dont tu as besoin pour faire la salade niçoise.

• Il peut être complément d'un nom (nom + *de* + nom) ou d'un adjectif (adjectif + *de* + nom) :

Allez à Paris-Plage. Le restaurant de Paris-Plage est très agréable = Allez à Paris-Plage dont le restaurant est très agréable.

Voici ses enfants. Elle est très fière de ses enfants = Voici ses enfants dont elle est très fière.

« Dont » complément de nom exprime la possession. À l'oral, les Français l'utilisent peu et préfèrent soit le possessif, soit *en* :

Ils ont acheté un vieil appartement ; ils apprécient le charme de ce vieil appartement tous les jours.

= Ils ont acheté un vieil appartement dont ils apprécient le charme tous les jours.

= Ils ont acheté un vieil appartement ; ils apprécient son charme tous les jours.

= Ils ont acheté un vieil appartement ; ils en apprécient le charme tous les jours.

• Enfin, « dont » dont peut avoir le sens de « parmi lesquels/lesquelles » après un antécédent pluriel qui exprime une quantité comptable :

Ils ont quatre enfants dont des jumeaux.

– Le pronom relatif « où »

Il peut être complément de temps ou de lieu. Son antécédent n'est donc jamais un nom de personne :

Ils sont allés au concert ce jour-là. Il pleuvait énormément ce jour-là. = Ils sont allés au concert le jour où il pleuvait énormément.

Nous sommes passés par Arles. Nous avons visité les arènes d'Arles. = Nous sommes passés par Arles où nous avons visité les arènes.

– Le pronom relatif « lequel »

En règle générale, il s'utilise toujours précédé d'une préposition (simple comme : *à, sans, sur, avec, par...* ou composée comme : *à côté de, à la fin de, à la suite de...*) Cette préposition accompagne souvent le verbe de la relative :

> *Je me <u>suis adressé à</u> ce professeur. Ce professeur est responsable du département d'anglais.*
> *= Ce professeur auquel je me suis adressé est responsable du département d'anglais.*
> *Tu <u>as parié sur</u> un jeune cheval. Ce cheval s'appelle Bull 1er. = Le jeune cheval sur lequel tu as parié s'appelle Bull 1er.*

Il remplace des noms de personnes ou de choses. Mais quand l'antécédent est une personne, il est possible d'utiliser le pronom *qui* précédé de la même préposition :

> *Les étudiants avec lesquels (avec qui) je partage la maison ne sont pas tous de la même nationalité.*

Attention

Ne confondez pas les pronoms relatifs avec les pronoms interrogatifs, ils ont les mêmes formes mais n'ont pas les mêmes fonctions :

> – *Qui est ce chanteur ?*
> – *C'est un chanteur qui n'est pas encore très connu.*
>
> – *Que mangent-ils ?*
> – *Ils mangent le chocolat que tu as rapporté de Suisse.*
>
> – *Où vont-elles ?*
> – *Elles vont dans cette discothèque où on danse la salsa.*
>
> – *Lequel préfères-tu ?*
> – *Je ne sais pas. Je n'arrive pas à choisir le costume avec lequel je vais aller au mariage de ma cousine.*

g. Les pronoms démonstratifs

– Ils varient en genre et en nombre et s'utilisent seuls dans leur forme composée avec *-ci* ou *-là* :

masculin		féminin	
sing.	pl.	sing.	pl.
celui-ci	ceux-ci	celle-ci	celles-ci
celui-là	ceux-là	celle-là	celles-là
neutre			
ceci/cela/ça (familier)/ce, c'			

– Ils peuvent être sujet ou complément du verbe et remplacer un nom déterminé par le contexte :

> *Mme Da Silva m'a raconté la mésaventure de M. Siméon ; celui-ci est encore à l'hôpital !*
> *Non, je ne lis pas cette revue, je préfère celle-ci.*

Traditionnellement, *-ci* (abréviation de *ici*) désigne la personne ou la chose la plus proche et *-là* (abréviation de *là-bas*) la personne ou la chose la plus éloignée, mais les Français privilégient, à l'oral, les formes en *-là*.
Les formes neutres contractées *ceci, cela* remplacent essentiellement une action ou une idée :

> *Nous passerons par Marseille puis Nice et enfin Turin, cela vous convient ?*

> *Le gouvernement veut modifier la loi, qu'est-ce que tu penses de cela ?*

À l'oral, *ceci* et *cela* sont peu utilisés. On les remplace par *ça* :

> – *Tu rentres à 8 heures ce soir ? – C'est ça.*

– Les formes simples sont utilisées soit avec la préposition *de*. Dans ce cas, elles expriment l'appartenance :

> – *Tu as vu les tatouages de Pénélope ? – Oui, mais je préfère ceux d'Élodie.*

soit avec un pronom relatif :

> – *Regarde ce tableau. – Lequel ? – Celui qui est près de la fenêtre.*
> – *Je prends quels fruits ? – Ceux que tu veux.*

– La forme neutre *ce* (= l'idée, la chose) suivie d'un pronom relatif introduit une proposition relative neutre :

> *Travailler dans l'humanitaire, c'est ce qui me plaît le plus, c'est ce que j'aimerais faire comme métier.*

2. La qualification

• Les adjectifs épithètes

Ils caractérisent le nom qu'ils accompagnent, ils prennent son genre et son nombre. Ils se placent généralement après le nom quand ils sont longs, quand ils indiquent une couleur, une forme, une nationalité.

> *Mon amie marocaine a un visage rond et des yeux verts.*

Mais beaucoup d'adjectifs courts et très courants se placent avant le nom :

> *Mes voisins ont un petit chien, un gros chat et un beau bébé.*

Quand on les accumule dans une phrase, chacun garde sa place :

> *Mon amie a un joli visage rond et de grands yeux verts.*
> *Mes voisins ont un petit chien blanc, un gros chat siamois et un beau bébé joufflu.*

Certains adjectifs de couleur sont dérivés d'un nom :

> *un pantalon prune ; des sandales orange*

ou sont composés :

> *une robe bleu ciel ; des chaussettes jaune citron ; une nappe rouge cerise*

Dans ces cas-là, l'adjectif reste normalement invariable.

1. Les trois types de verbes

Il existe des verbes « pleins » qui expriment une action, une idée ou un état, deux verbes auxiliaires (*être* et *avoir*) servant à former les temps composés des autres verbes et des verbes semi-auxiliaires, toujours suivis d'un infinitif, qui ont différentes valeurs.

2. La construction des verbes

Le verbe peut se construire de différentes manières.

a. Les verbes sans complément d'objet

C'est le cas des verbes de mouvement (*aller, venir, marcher*…) ou des verbes qui expriment un changement d'état (*naître, mourir*…). Ils sont peu nombreux. Ils utilisent l'auxiliaire *être* pour former les temps composés. Il est utile de les apprendre par cœur.

➡ Voir les auxiliaires (II, 3, a)

b. Les verbes avec un complément d'objet direct

Ce complément répond à la question *qui ?* (pour une personne) ou *quoi ?* (pour une chose) ; il peut être remplacé par un pronom direct :

> – *Tu écoutes ce chanteur ?*
> – *Oui, j'aime beaucoup ses chansons.*

Le complément d'objet direct peut être :

– un nom : *Est-ce que tu veux un fruit comme dessert ?*

– un pronom : *Pénélope, tu la vois encore ?*

Rappel : les formes des pronoms COD sont : le, la, l', les, en, le (neutre)

– un infinitif : *Je désire étudier à Paris.*
(= Je le désire)

Attention

Tous les verbes n'acceptent pas un infinitif complément (exemple : prendre).

– une proposition introduite par la conjonction *que* ou *si* (= proposition complétive directe ou proposition interrogative indirecte). La proposition complétive directe ou interrogative indirecte peut être remplacée par le pronom *le* neutre.

> *Je pense que le loto ou les courses sont des jeux risqués. (= Je le pense)*
> *Il veut savoir si Bull 1er a gagné la course.*
> *(= Il veut le savoir)*

c. Les verbes avec un complément d'objet indirect

Le complément d'objet indirect est introduit par la préposition *à* ou la préposition *de*. Ce complément répond à la question *à qui ?* ou *de qui ?* (pour une personne), *à quoi ?* ou *de quoi ?* (pour une chose) ; il peut être remplacé par un pronom indirect conjoint ou disjoint (= préposition + pronom tonique).

> *Elle s'intéresse à l'informatique. (Elle s'y intéresse)*
> *Elle a besoin de l'ordinateur pour son travail.*
> *(Elle en a besoin)*
> *Cet humoriste s'adresse à un public averti.*
> *(Il s'adresse à lui)*
> *Il se moque des hommes politiques actuels.*
> *(Il se moque d'eux)*

Ce complément peut donc être :

– un nom ou un pronom

> *Il parle souvent de ses voyages à ses amis.*
> *= Il leur en parle souvent.*
> *Il parle souvent de son amie à ses parents.*
> *= Il leur parle souvent d'elle.*

– un infinitif

> *Elle a peur d'être en retard à son rendez-vous. (Elle sera en retard à son rendez-vous, elle en a peur)*
> *Elle se prépare à partir en Europe. (Elle s'y prépare)*

– une proposition complétive indirecte introduite par *à ce que*

> *Dès maintenant nous devons penser à ce que nous allons faire à Noël.*

La proposition complétive indirecte peut être remplacée par le pronom *y* : *Nous devons y penser dès maintenant.*

Attention

Beaucoup de verbes acceptent de passer d'une construction à l'autre mais pas tous : prenez le verbe *savoir*, vous pouvez dire : *L'enfant sait sa leçon ; il la sait. L'enfant sait réciter sa leçon. L'enfant sait qu'il doit réciter sa leçon au professeur.*
Mais le verbe *connaître* n'accepte qu'une construction :
Je connais son adresse, je la connais.
Certains verbes changent de construction en changeant de complément.
Je continue mon travail mais *Je continue à faire mon travail. Il craint l'orage* mais *Il craint de rester sous l'orage.*
Autres exemples : *commencer un travail,* mais *commencer à travailler ; continuer un voyage* mais *continuer à voyager.*
Enfin, toutes les locutions verbales ne se construisent pas de la même manière.
On dira : *j'ai faim, j'ai soif* mais *j'ai mal aux dents et j'ai peur du noir.*
La construction des verbes est très complexe. N'apprenez pas seulement le sens d'un verbe dans votre dictionnaire, apprenez toujours en même temps ses différentes constructions, comme vous apprenez toujours un nom accompagné de l'article indéfini (*un, une*) pour connaître son genre.

d. Les verbes à double construction

– avec la préposition *à* : ils expriment l'idée de *dire* (demander qqch à qqn, conseiller qqch à qqn, promettre qqch à qqn, indiquer qqch à qqn…) ou de *donner* (offrir qqch à qqn, apporter qqch à qqn, prêter qqch à qqn,…). Ils acceptent deux compléments d'objet : le COD (complément d'objet direct) et le COS (complément d'objet second ou d'attribution) qui est toujours animé.

Le professeur répète les consignes aux élèves.

Mon père prête souvent sa tondeuse à son voisin.

– avec la préposition *de* : ils ont différents sens : *accuser, excuser, avertir, prévenir, informer, féliciter, récompenser… qqn de qqch.*

Le directeur a prévenu les employés de la fermeture de l'usine.

➡ Voir les doubles pronoms p. 131

3. Forme active/passive. Forme pronominale. Forme impersonnelle

a. Les auxiliaires *être* et *avoir*

En français, les deux auxiliaires *être* et *avoir* servent à former les temps composés de tous les verbes. Il est donc important de bien connaître leurs conjugaisons. La grande majorité des verbes utilisent l'auxiliaire *avoir* mais certains verbes, très courants, utilisent l'auxiliaire *être*. Il est utile de savoir lesquels. Ce petit schéma peut vous aider :

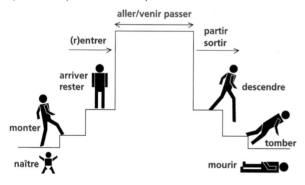

Quelques verbes acceptent l'auxiliaire *avoir* quand ils sont suivis d'un COD : *monter, passer, sortir, descendre, rentrer.*

Elle est sortie à 21 heures. Elle a sorti la poubelle. L'auxiliaire *être* sert à former le passif et les temps composés de tous les verbes pronominaux. L'auxiliaire *avoir* sert à former les temps composés du verbe *être*.

➡ Voir les tableaux de conjugaison (VI)

b. La forme passive

• auxiliaire *être* au temps souhaité + participe passé du verbe

Un expert nous expliquera le problème.

= Le problème nous sera expliqué par un expert.

– Le COD du verbe à la forme active devient le sujet du verbe à la forme passive. Le sujet du verbe à la forme active devient le complément d'agent (introduit par la préposition *par*) du verbe à la forme passive.

Le participe passé de la forme passive s'accorde avec le sujet du verbe.

– Seuls les verbes qui acceptent un COD peuvent être mis à la forme passive (excepté *avoir* et *posséder*)

Le Président nomme le Premier ministre. = Le Premier ministre est nommé par le Président.

Attention

Ne confondez pas le COD (qui peut être remplacé par un pronom personnel) avec un autre complément.
Elle mesure 1 m 72 : forme passive impossible (*1 m 72* est un complément de mesure, non un complément d'objet).
Elle a vécu trente ans à Paris : forme passive impossible (*trente ans* est un complément de temps, non un COD). Il est impossible de les remplacer par des pronoms.

– **Quand et pourquoi utiliser la forme passive ?**

• Quand on ne veut pas ou ne peut pas indiquer qui fait l'action : *La faculté sera fermée en janvier.*

• Pour mettre en évidence le résultat de l'action plutôt que l'auteur de l'action.

De nombreuses plaintes ont été enregistrées contre le bruit du chantier.

Attention

Ne confondez pas la forme passive d'un verbe (une action est faite par qqn ou qqch sur qqn ou qqch) et un verbe qui exprime un état (il n'y a pas de complément d'agent possible, l'auxiliaire est toujours au présent ou à l'imparfait).
L'enfant a été assis là par sa mère. ≠ *L'enfant est assis.*

c. La forme pronominale

Elle se caractérise par la présence d'un pronom personnel complément qui représente la même personne grammaticale que le sujet :

Je me lève, tu te lèves, le soleil se lève, nous nous levons, vous vous levez, les enfants se lèvent.

Tous ses temps composés se forment avec l'auxiliaire *être*, mais le participe ne s'accorde pas toujours avec le sujet.

➡ Voir les accords du participe passé (II, 3, e)

– On distingue plusieurs types de verbe pronominal :

• ceux qui n'existent qu'à la forme pronominale : *s'en aller, s'enfuir, se méfier de, se souvenir de, s'évader, s'évanouir…*

ou ceux qui, à la forme pronominale, prennent un sens différent et deviennent donc des verbes à part entière : *apercevoir qqn ou qqch ≠ s'apercevoir de qqch, douter de qqn ou qqch ≠ se douter de qqch, plaindre qqn ≠ se plaindre de qqch…*

Leur participe s'accorde avec le sujet.

• ceux qui ont un sens passif :

Ils remplacent une forme passive, souvent jugée lourde et peu élégante :

Les vins blancs sont bus très frais.

→ *Les vins blancs se boivent très frais.*

Leur participe passé s'accorde avec le sujet du verbe.
* ceux qui « font l'action » sur le sujet : les verbes pronominaux réfléchis et réciproques
Elle se lave (= elle lave elle-même, *se* = COD)
Ils s'aiment (= ils s'aiment l'un l'autre, *s'* = COD)
Ils se sourient (= ils sourient l'un à l'autre, *se* = COI)
Les pronominaux réciproques ont toujours des sujets au pluriel.
Leur participe passé s'accorde avec le COD placé avant le verbe.

d. La forme impersonnelle

Elle se caractérise par le sujet *il* qui ne désigne personne en particulier. Le verbe est toujours à la 3e personne du singulier, même si le sujet « réel » de l'action est au pluriel :
Il reste dix euros dans la caisse.
Son participe passé est toujours invariable.
Il a fait 35° à l'ombre cet après-midi.
Il existe plusieurs sortes de verbes impersonnels :
* ceux qui n'existent qu'à la forme impersonnelle : *falloir, s'agir, pleuvoir, neiger…*
Il faut que vous m'expliquiez de quoi il s'agit dans cet article.
* ceux qui forment des expressions verbales impersonnelles :
pour exprimer le temps : *il fait chaud, il fait beau…*
pour exprimer l'heure : *il est 5 heures*
des expressions comme : *il y a, il vaut mieux que* + subjonctif, *il est* + adjectif + *de* + infinitif ou + *que* + indicatif ou subjonctif :
Il vaut mieux que tu ailles à la poste maintenant.
Il est possible de rire et pleurer en même temps.
Il est important que tu saches conduire pour ton travail.
* ceux qui existent à la forme personnelle ou impersonnelle et expriment un événement : *arriver, passer, produire, rester…*
Dix étudiants sont arrivés aujourd'hui.
Il est arrivé dix étudiants aujourd'hui.

e. Les accords du participe passé

– Le participe passé des verbes du premier groupe (infinitif en *-er*) est toujours *-é* (téléphoner : *j'ai téléphoné au médecin*). Celui des verbes du deuxième groupe (infinitif en *-ir*) est toujours *-i* (finir : *j'ai fini mon devoir*) mais le participe passé des verbes du troisième groupe (tous les verbes irréguliers) est variable.

➡ Voir les tableaux de conjugaison (VI)

– Les participes passés s'accordent suivant des règles. Tout dépend de l'auxiliaire :
* avec l'auxiliaire *avoir*, le participe passé s'accorde avec le complément d'objet, à deux conditions : le

CO doit être direct (COD) et il doit être placé avant le verbe :
Elle a téléphoné à son ami(e), elle lui a téléphoné : pas d'accord, le CO est indirect.
Elle a appris la nouvelle par le journal : pas d'accord, le COD est placé après le verbe
mais si vous dites :
Elle l'a apprise par le journal : accord féminin singulier (l'= la nouvelle), le COD (l') est placé avant le verbe.
Le COD est placé avant le verbe lorsqu'il est :
– un pronom personnel *(le, la, l', les)*
– le pronom relatif *que* (*La nouvelle que j'ai apprise est formidable.*)
– dans une phrase interrogative (*Quelle nouvelle as-tu apprise ?*)
* avec l'auxiliaire *être*, le participe s'accorde, en général, avec le sujet du verbe :
Elle est arrivée à 9 heures. Ils sont partis en train.
Le cas des verbes pronominaux : il faut distinguer ceux qui accordent leur participe passé avec le sujet du verbe :
– les verbes toujours pronominaux ou qui ont un sens particulier à la forme pronominale : *s'évanouir, s'apercevoir (= se rendre compte), s'absenter, s'enfuir…*
En entendant la nouvelle, elle s'est évanouie.
– les verbes de sens passif :
La nouvelle s'est répandue dans tout le quartier.
et ceux qui accordent leur participe passé avec un complément d'objet direct (comme avec l'auxiliaire *avoir*) :
– les verbes pronominaux réfléchis ou réciproques font l'accord avec le pronom réfléchi compris comme un COD placé avant le verbe :
Elle s'est coupée en faisant la cuisine. (= elle a coupé elle-même)
Mais si le verbe a un autre COD, l'accord se fait avec ce COD, quand il est placé avant le verbe :
Elle s'est coupé la main en faisant la cuisine : la main est le COD de *couper*. Il est placé après le verbe, donc il n'y a pas d'accord.
Le pronom réfléchi *s'* = → elle-même ; il est devenu un COI.
La règle avec *avoir* s'applique alors : si le COD vient avant le verbe, il y aura accord :
La main qu'elle s'est coupée en faisant la cuisine a guéri rapidement.
– Qu'est-ce que tu as à la main ?
– Je me la suis coupée en faisant la cuisine.
C'est la même chose avec les verbes qui se construisent indirectement avec les prépositions *à* ou *de*.
Leur complément d'objet est toujours indirect. À la forme pronominale, le pronom réfléchi reste COI :

Elles ont parlé à leurs amies = *elles se sont parlé* :
pas d'accord
Certains verbes ont des participes passés invariables :
– le verbe *être* → *été*
– les verbes impersonnels : *Il a fait très chaud en juin.*
La chaleur qu'il a fait en juin a détruit les cultures.

4. Les temps du mode indicatif

Le mode indicatif donne une indication sur le moment
où se déroule l'action. Il la situe dans la chronologie.

> *Il est rentré chez lui, il se repose, il repartira*
> *dans une heure.*

Ce mode comporte cinq formes simples (présent,
imparfait, passé simple, futur simple, conditionnel
présent) et cinq formes composées correspondantes
(passé composé, plus-que-parfait, passé antérieur,
futur antérieur, conditionnel passé).

a. L'expression du présent

Elle peut se faire par :
– une forme simple : le présent du verbe : *Je prends*
mon petit déjeuner.
– une expression verbale : *Je suis en train de pren-*
dre mon petit déjeuner (on insiste sur le déroulement de l'action).
– une forme composée : le passé composé :
J'ai pris mon petit déjeuner (l'action est accomplie,
on considère le résultat présent).
Le présent de l'indicatif peut prendre des valeurs
différentes selon les contextes et les mots qui l'accompagnent dans la phrase.
Les valeurs expriment une idée de continuité :

> *Elle regarde la télé. Elle a les yeux noirs.*

ou l'instant ponctuel : *La porte claque. Il éteint la télé.*
Il peut aussi exprimer :
– une idée de futur, plus ou moins proche :

> *Ne bouge pas, je reviens.*

– une idée de passé récent :

> *J'arrive du marché, j'ai des légumes et des*
> *fruits pour le repas.*

On peut utiliser le présent pour raconter des faits passés (historiques ou non). Il donne alors au récit plus de
vivacité en replaçant le lecteur au cœur de l'action :

> *Les Parisiens prennent la Bastille le 14 juillet*
> *1789.* (présent historique)

Nous étions serrés, il faisait chaud, soudain l'ascen-
seur s'immobilise. (présent de narration)
Après un *si* de condition, le verbe est au présent et
exprime alors un futur hypothétique : *Si tu me don-*
nes ton adresse, je pourrai t'envoyer les photos.
Enfin, le présent peut s'employer à la place d'un
impératif pour atténuer la dureté de l'ordre :

> *Vous m'attendez un moment, je reviens.*

b. L'expression du futur

Le futur exprime une action qui se déroule dans un
avenir plus ou moins proche par rapport au moment de
l'énonciation. Dans la phrase, certains adverbes ou des
compléments de temps peuvent préciser ce « futur ».
• Plusieurs formes verbales expriment l'idée de futur :
– une forme simple : le futur simple : *Après le*
repas, nous jouerons au Scrabble.
– une forme composée : le futur antérieur : *Quand*
tu auras fini ton livre, tu me le prêteras ?
– des expressions verbales : aller + infinitif :
Le magasin va fermer dans 5 minutes.
être sur le point de + infinitif : *Vous ne pouvez pas*
entrer, le magasin est sur le point de fermer.
– un temps : le présent : *Les magasins ferment*
dans cinq minutes.
• Le futur de l'indicatif peut prendre des valeurs différentes (*de temps, d'aspect et de mode*) selon le contexte et les mots qui l'accompagnent dans la phrase :
le **futur simple** est très souvent en concurrence
avec le **futur proche** ou le présent pour exprimer
un fait ou un événement proche et presque certain.

> *Demain, on part chez grand-mère.*
> *Demain, on va partir chez grand-mère.*

Attention
Le futur simple et le futur proche ne sont pas toujours
interchangeables. Ils diffèrent :
– par le sens : le futur proche reste lié au moment présent,
il exprime un fait qui va se réaliser.
Bon d'accord, je vais faire la vaisselle.
Le futur simple marque une plus grande distance, il exprime
un fait dont la réalisation est moins certaine : *Oui, oui, je ferai*
la vaisselle.
– par l'emploi : dans certains cas, on ne peut pas remplacer
l'un par l'autre.
Le futur proche peut s'employer sans complément : *C'est*
vrai, tu vas partir au Japon ? Attention, tu vas te faire mal !
Le futur simple a besoin d'un complément : *C'est vrai, tu*
partiras au Japon l'année prochaine ? ou d'une proposition
avec *si* : *Attention, si tu ne fais pas attention, tu te feras mal.*
Au passé, l'auxiliaire du futur proche est toujours à l'imparfait : *On m'a dit que tu allais partir au Japon.*

Il peut exprimer une notion d'incertitude comme
l'éventualité, la possibilité : *Elle n'est pas là ! Elle*
aura encore eu un empêchement de dernière minute.
Le **futur antérieur** exprime :
– un fait qui sera accompli dans le futur : *Demain,*
on aura fini le déménagement.
– l'antériorité par rapport au futur simple :

> *Quand la pâte sera cuite, tu pourras la garnir*
> *avec les pommes.*

– employé seul, une supposition, une éventualité :
Il n'est pas encore arrivé ; il sera resté travailler au
bureau.
Le **futur simple et le futur antérieur dans le passé** :
ces temps ont la forme du conditionnel présent et

du conditionnel passé. On les trouve beaucoup dans le discours indirect. Ils remplacent un futur simple et un futur antérieur dans un contexte de passé :

Elle me dit qu'elle viendra me voir ce week-end.
→ Elle m'a dit qu'elle viendrait me voir ce week-end.

L'action n'est pas encore accomplie. (= va-t-elle venir ?)

Elle m'avait dit qu'elle serait venue me voir ce week-end.

Le temps composé marque l'accomplissement de l'action (= elle n'est pas venue)

c. L'expression du passé : l'imparfait

En général, l'imparfait « montre » les actions dans leur durée. Pour cela, on peut dire qu'il sert à décrire « le présent » d'une époque antérieure : *Bien avant la Révolution, la France était constituée de différentes régions dans lesquelles on parlait une autre langue que le français.*

Mais il a aussi d'autres valeurs (de temps, d'aspect et de mode) :

– Il sert à peindre une situation, à mettre en place la scène dans laquelle vont survenir des événements qui seront au passé composé (et souvent introduits par un adverbe de temps) :

Les enfants jouaient dans le jardin, le chat se chauffait au soleil, une jeune femme lisait sur la pelouse. Soudain, le ciel est devenu tout noir et une pluie diluvienne a obligé tout le monde à courir vers la maison.

– Il peut permettre de commenter un fait, de l'expliquer : *Les policiers ont barré les rues : une manifestation arrivait.*

– Accompagné d'un complément de temps, il exprime aussi la répétition dans le passé :

Tous les mercredis, ils allaient à la piscine et ensuite ils rentraient à bicyclette chez eux.

– Dans des subordonnées d'hypothèse, après *si*, l'imparfait (ou le plus-que-parfait) est obligatoire.

Il exprime une possibilité : *Si tu étais nommé à Paris, nous pourrions nous voir plus souvent* ou une impossibilité : *Si j'avais dix bras, je pourrais faire ce travail tout seul !*

Dans ce dernier cas, on dit que l'imparfait exprime un irréel du présent.

– L'imparfait peut permettre de dire les choses d'une certaine manière :

● en les souhaitant : *Ah, si tu m'aimais !*

● en les regrettant : *Si j'étais plus riche...*

● en les suggérant : *Dis donc, si on allait au bord de la mer ?*

● en les envisageant comme possible : *Et s'il avait raison ?*

d. L'expression du passé : le passé composé

C'est le temps formé d'un auxiliaire au présent + le participe passé du verbe :

Ce matin, je me suis réveillé(e) tôt, je suis allé(e) au marché où j'ai acheté des fleurs.

– Il exprime une action terminée dans le passé. Ce passé peut être plus ou moins lointain :

Hier, je suis allé(e) à l'université.
La première ligne du métro parisien a été ouverte en 1900.

– Dans une phrase complexe, il exprime l'antériorité d'une action par rapport à une autre action au présent :

Elle lui donne des nouvelles des amis qu'elle a rencontrés par hasard ce matin.

e. L'expression du passé : le plus-que-parfait

C'est le temps formé d'un auxiliaire à l'imparfait + le participe passé du verbe :

Il y a longtemps, j'étais partie à l'étranger, j'avais loué un camping-car et j'avais ainsi découvert l'Amérique.

Il exprime :

– une action antérieure à une autre action déjà exprimée au passé composé ou à l'imparfait

Elle a appris hier qu'ils avaient vendu leur maison cet été. (action accomplie, terminée dans le passé)
Aujourd'hui, il pleuvait, mais hier, il avait fait beau toute la journée. (accomplissement dans le passé)

– une action accomplie dans le passé dont on considère le résultat :

Quand il faisait beau, à 1 heure, nous avions déjeuné pour pouvoir aller à la plage de bonne heure.

– un irréel du passé avec *si* :

Si tu m'avais prêté ta voiture, je n'aurais pas été en retard (mais tu ne l'as pas fait → l'action ne s'est pas réalisée)

– une manière de dire les choses :

● en les regrettant : *Ah, si je t'avais écouté !*

● en les reprochant : *Si tu m'avais écouté, tu n'aurais pas tous ces ennuis.*

● en exagérant la politesse : *J'étais juste venue vous proposer de partager mon repas.*

f. Les relations entre les temps du passé

Dans un discours ou un récit, les temps de l'indicatif se répondent les uns aux autres, dans un rapport de chronologie :

Il faisait beau ce matin quand nous avons quitté Paris. Maintenant il pleut et la radio annonce qu'il y aura une tempête dans la soirée.

mais aussi en opposant leurs différentes valeurs :

– on oppose un état exprimé à l'imparfait à des actions exprimées au passé composé :

À la fin de la journée, j'étais fatiguée et j'avais mal à la tête, je me suis couché(e) de bonne heure et j'ai dormi longtemps. Le lendemain matin, j'étais en pleine forme.

– on oppose le passé composé (action ponctuelle, finie) à l'imparfait (action qui dure) :

Je lisais quand le téléphone a sonné.

L'imparfait « montre » la situation, « met en scène » et le passé composé « intervient », souvent de façon « brutale » ou « rapide » dans cette mise en scène. L'usage de l'imparfait ou du passé composé ensemble dépend du point de vue ou de l'impression que vous voulez transmettre.

Observez ces phrases :

Il a reposé le téléphone au moment où elle est entrée dans la pièce : les deux actions, de même valeur, s'inscrivent dans la progression d'une histoire.

Il reposait le téléphone alors qu'elle entrait dans la pièce : les deux actions sont « vues » dans leur déroulement ; elles durent toutes les deux et forment la toile de fond de la situation.

Il reposait le téléphone au moment où elle est entrée dans la pièce : la première action est « vue » dans sa durée (il était en train de reposer le téléphone), c'est la situation ; la seconde intervient ponctuellement dans cette situation.

Il a reposé le téléphone au moment où elle entrait dans la pièce : on a inversé la valeur de chaque action. Maintenant c'est l'action de « reposer » qui est ponctuelle et qui intervient dans la situation, plus durable, « d'entrer dans la pièce ».

g. La concordance des temps

Vous ne pouvez pas toujours choisir le temps du verbe. Il existe des correspondances entre les temps, principalement dans les phrases complexes où les verbes dépendent les uns des autres.

L'emploi des temps dépend de la chronologie des faits rapportés :

Je pense qu'il pleuvra demain, comme il a plu hier.

Il a enfin pu étudier les documents que l'administration avait oublié de lui transmettre.

et des rapports entre le temps de la proposition principale et le temps de la proposition subordonnée :

Quand le médecin est arrivé, ma petite fille avait beaucoup de fièvre.

➡ Voir les relations entre les temps du passé (II, 4, e)

Toutes les combinaisons ne sont pas possibles : si le verbe principal est à un temps du passé, le verbe subordonné ne peut pas être au futur simple ; si le verbe principal est à l'imparfait, le verbe subordonné ne peut pas être au passé composé.

➡ Voir le discours direct et le discours rapporté (V, 5)

5. Les semi-auxiliaires

Ces verbes sont toujours suivis d'un infinitif et peuvent avoir différentes valeurs :

– une valeur de temps : *venir de* (passé récent) et *aller* (futur proche)

Le taxi vient d'arriver ; nous allons partir.

– une valeur d'aspect : *se mettre à, commencer à* (début de l'action) ; *être en train de, continuer à* (déroulement de l'action) ; *finir de, s'arrêter de* (fin de l'action) :

Les automobilistes se sont mis à klaxonner quand minuit a sonné.

Il a continué à lire pendant que je mettais la table.

La pluie s'est enfin arrêtée de tomber.

– une valeur de cause : *laisser, faire*

Ses histoires font rire toute la salle.

Ses parents le laissent partir seul.

– une valeur de passif : *se laisser, se faire*

Il s'est laissé embrasser (= il a été embrassé sans résister)

Elle s'est fait couper les cheveux (= ses cheveux ont été coupés)

– une valeur modale : *devoir, pouvoir, savoir, vouloir*

• *devoir* peut exprimer :

– l'obligation : *À six ans, les enfants doivent aller à l'école.*

– une forte probabilité : *Elle rit : elle a dû recevoir une bonne nouvelle.*

• *pouvoir* peut exprimer :

– une possibilité : *Vous pouvez garer votre voiture dans cette rue.*

– une capacité physique ou intellectuelle : *Elle peut travailler plusieurs heures d'affilée.*

– une autorisation : *Le cours est fini, vous pouvez sortir.*

– une politesse : *Vous pouvez m'indiquer la rue Saint-Jacques, s'il vous plaît ?*

• *savoir* peut exprimer :

– une capacité personnelle : *Il sait être poli quand il veut quelque chose.*

– une compétence apprise : *Adressez-vous à lui, il sait réparer les télévisions.*

• *vouloir* peut exprimer :

– une volonté positive ou négative : *Elle veut déménager et lui, il ne veut pas.*

6. Les autres modes personnels

a. Le mode subjonctif

Contrairement au mode indicatif qui est associé à la réalité des faits et des idées, le mode subjonctif est associé à l'irréalité et à la subjectivité. Il est fréquent en français. Il est essentiellement utilisé dans les propositions subordonnées, c'est-à-dire dans des phrases complexes.

Il a quatre temps mais on n'en utilise que deux, à l'oral comme à l'écrit : le subjonctif présent qui peut avoir une valeur de présent ou de futur et le subjonctif passé qui exprime une action antérieure à l'action du verbe principal :

Je suis heureuse que tu sois là.

Je suis heureuse que tu viennes à Paris pour Noël.

Je suis heureuse que tu sois venu(e) à Paris pour Noël.

Le subjonctif présent est un temps simple (un mot) qui se forme sur la 3e personne du pluriel du présent de l'indicatif pour les 1re, 2e, 3e personnes du singulier et pour la 3e personne du pluriel. Les 1re et 2e personnes du pluriel ont les mêmes terminaisons que l'imparfait : *-ions, -iez*

Ils chantent : elle souhaite que je chante, que nous chantions.

Elles viennent me voir : je suis contente qu'elles viennent me voir, que vous veniez me voir.

Tous les verbes des 1er et 2e groupes obéissent à cette règle (sauf *aller*).

Seuls quelques verbes irréguliers ont un subjonctif particulier : *être, avoir, aller, faire, savoir, vouloir, pouvoir, falloir, vouloir.*

Ce sont des verbes courants dont il faut savoir les conjugaisons.

➡ Voir tableaux de conjugaison (VI)

Le mode subjonctif s'utilise de manière obligatoire :

– dans des propositions subordonnées complétives, après certains verbes ou locutions verbales exprimant :

• l'ordre : *Il faut que tu saches conduire.*

• le désir : *J'aimerais que tu fasses ce voyage avec moi.*

• la crainte : *Ils ont peur que le directeur ne veuille pas les recevoir.*

• le sentiment : *Ses parents sont très heureux qu'il ait obtenu une bourse.*

• le jugement : *Il est rare qu'il aille si vite en voiture.*

– ou lorsque la complétive est en tête de phrase :

Qu'il vienne me voir et je verrai ce que je peux faire.

(en fait, la principale est sous-entendue : *Dites-lui qu'il vienne...*) ;

– dans des propositions subordonnées circonstancielles, après certaines conjonctions :

• de temps : *Rentrez vite les enfants, avant qu'il pleuve.*

• de cause : *Il a cassé des verres, non qu'il ait fait exprès mais parce qu'il a perdu l'équilibre.*

• de conséquence : *Il est trop petit pour qu'on puisse le laisser voyager seul.*

• de but : *Revenez avant 5 heures pour que nous prenions le thé ensemble.*

• de condition : *Il peut faire cette course à condition qu'il soit en bonne santé.*

• de concession : *Bien qu'il ne sache pas encore lire, ce petit garçon adore les livres.*

Attention

Pour pouvoir utiliser le subjonctif, le verbe principal et le verbe subordonné doivent avoir des sujets différents : ~~Je souhaite que je vienne à Paris~~ : syntaxe impossible. Vous devez dire : Je souhaite venir à Paris.

Quand le verbe principal et le verbe subordonné ont des sujets identiques, la subordonnée se transforme en infinitif.

J'ai appris le français ~~pour que je vive en France~~.

→ *J'ai appris le français pour pouvoir vivre en France.*

Il y a une ambiguïté possible avec les sujets de la 3e personne :

Elle a peur qu'elle soit malade en avion. (= deux sujets, *la mère et la fille*, par exemple)

Elle a peur d'être malade en avion. (= un seul sujet : *je*)

Le mode subjonctif est possible :

– dans des relatives, après des indéfinis :

Je voudrais des roses qui soient très parfumées.

– ou après des superlatifs :

C'est le meilleur restaurant que je connaisse à Marseille.

De tous les films, c'est le pire que j'aie jamais vu !

Dans ces cas, le subjonctif exprime l'incertitude ou la relativité de l'opinion.

b. Le mode conditionnel

Il est considéré comme le mode du souhait et de l'imaginaire. Il a deux temps : un présent : *Je chanterais* et un passé : *J'aurais chanté.*

On l'utilise dans des phrases indépendantes. Il permet d'exprimer :

– un fait envisageable et réalisable : *Je prendrais bien un petit porto.*

– un fait non réalisé et non réalisable : *À sa place, je parlerais ou j'aurais parlé.*

– une possibilité : *Avec de la chance, il pourrait être là à Noël.*

– une demande polie : *Voudrais-tu me passer le sel ?*

– un fait imaginaire : *Je serais le roi et toi, tu serais mon chevalier, d'accord ?*

– une information non confirmée : *Le Président serait hospitalisé depuis samedi soir.*

– la surprise : *Il pourrait le faire en une semaine !*

– un conseil : *Tu devrais arrêter de fumer.*

– le regret : *J'aurais voulu être une artiste !*

Il est aussi le mode de la condition, de l'hypothèse et de l'irréel. On l'utilise dans une proposition principale accompagnée d'une subordonnée de condition ou d'hypothèse commençant par *si* :

Tu pourrais avoir ce rôle si tu étais rousse.

Si j'étais un animal, je serais un chat.

Le conditionnel est obligatoire après *au cas où* (idée d'éventualité) :
Va chez la voisine au cas où je ne serais pas rentrée.

c. Le mode impératif

C'est un mode qui ne se conjugue pas à toutes les personnes. Seules existent les 2e personnes du singulier et du pluriel et la 1re personne du pluriel (beaucoup moins utilisée) :
Sois patient, soyez patient(e)s (es),
soyons patients (es).
Il a un présent très utilisé et un passé (beaucoup moins fréquent) :
Soyez revenus avant la fermeture du métro.
(L'action doit être accomplie à un moment précisé du futur).
L'impératif des verbes du 1er groupe (infinitif en *-er*) s'écrit sans *-s* à la 2e personne du singulier :
Chante, danse, ne pleure pas.
Mais pour faciliter la prononciation de l'impératif suivi d'un pronom, on ajoute un *-s* :
– Est-ce qu'il faut aller au marché ? – Oui, vas-y.
C'est la saison du raisin, achètes-en.
L'impératif exprime :
– un ordre ou une demande : *Passe-moi le camé-scope, vite !*
– une interdiction : *Ne te penche pas par-dessus la barrière, tu vas tomber !*
– un conseil : *Venez plutôt demain, il y aura moins de monde.*
– un souhait : *Passe de bonnes vacances.*

7. Les modes impersonnels

• Le gérondif

Il est formé de la préposition *en* + le participe présent du verbe : *en chantant.*
Le participe présent du verbe se forme sur le radical du verbe à la 1re personne du pluriel + *-ant* :
Faire : nous faisons : faisant. Pouvoir : nous pouvons : pouvant.
(Il y a trois exceptions : *être : étant ; avoir : ayant ; savoir : sachant*)
Le gérondif a toujours le même sujet que le verbe principal : *Elle écoute la radio en prenant son petit déjeuner* (c'est la même personne qui écoute la radio et qui prend son petit déjeuner).
Il exprime deux actions exactement simultanées :
Il marche en sifflant gaiement. Les enfants sortent de la classe en criant.
Il peut aussi exprimer deux actions fortement dépendantes l'une de l'autre :
Il a perdu beaucoup d'argent en jouant aux courses. (= cause ou moyen)
En travaillant régulièrement, tu aurais de meilleurs résultats. (= condition, renforcée aussi par le verbe au conditionnel).

Attention
Ne confondez pas :
Élodie a aperçu Pénélope entrant au BHV. (= c'est Pénélope qui entre au BHV) et *Élodie a aperçu Pénélope en entrant au BHV.* (= c'est Élodie qui entre au BHV)
Le participe présent, seul, est surtout utilisé à l'écrit alors que le gérondif est très fréquent à l'oral.

III
Les mots invariables

1. Les prépositions

Une préposition est un mot (*à, de, sur, chez, pour...*) ou un groupe de mots (*grâce à, à cause de, en face de, à côté de...*) invariable.
Certains adjectifs, participes passés ou participes présents sont utilisés comme prépositions :
sauf, plein, excepté, vu, passé, durant, suivant.
Les prépositions ne peuvent pas être suivies d'un verbe conjugué. Après une préposition, un verbe est toujours à l'infinitif présent ou passé. Seule la préposition *en* est suivie d'un verbe au participe présent et elle forme ainsi le gérondif.

➡ Voir le gérondif (II, 7)

Une même préposition peut prendre des sens différents suivant les mots qui l'entourent. Prenons d'abord les trois prépositions les plus courantes, voici quelques-unes de leurs applications fréquentes :

• À

– Elle permet de construire le complément d'objet indirect de certains verbes : *Elle parle à sa voisine ;* le complément de l'adverbe : *Elle n'a rien à dire ;* le complément de l'adjectif : *La quiche lorraine, c'est facile à faire.*
– Elle forme un complément de nom qui indique à quoi sert un objet : *une tasse à café/un verre à vin*

ou qui caractérise quelqu'un ou quelque chose : *Pénélope, la fille au tatouage/l'actrice aux chevaux roux.*

– Elle signifie un complément circonstanciel de lieu : *J'habite à Lyon. / Tu vas à la cafétéria ?*
ou de temps : *On a rendez-vous à midi et demi.*
ou de manière : *On fait peu de choses à la main aujourd'hui, tout se fait à la machine.*
ou d'accompagnement : *J'adore ta salade au roquefort et aux lardons.*

• **De**
– Elle permet de construire le complément d'objet indirect du verbe : *Il tient de son grand-père/Il parle de son enfance ;* le complément de l'adverbe : *Ils ont beaucoup de chance ;* le complément de l'adjectif : *Elle est heureuse de partir/Il est amoureux de sa voisine.*
– Elle forme un complément de nom qui indique ce que contient « l'objet » : *une tasse de café/un verre de vin ;* ou à qui il appartient : *le livre de l'élève/Le chat de la voisine ;* de quoi il est fait : *une médaille d'or/une sculpture de bronze.* Il peut indiquer aussi une quantité, un poids, une valeur : *un litre de lait/un bébé de trois kilos/une pièce de deux euros.* Ou une caractéristique abstraite : *une actrice de talent/un homme d'honneur.*
– Elle signifie un complément circonstanciel de lieu : *Le train arrive de Genève. / Elle est de Madrid.*

• **En** est suivi d'un nom sans article quand il exprime :
– le lieu où l'on est et le lieu où l'on va : *Je suis en voiture/J'habite en Belgique/Je vais en Allemagne.*
– le temps (mois, certaines saisons, année) : *Elle est née en octobre, donc en automne, en 1900.*
– la durée : *Le TGV fait Paris-Montpellier en trois heures.*
– la matière : *C'est un bel objet en bois.*
– un état physique ou mental : *Elle est en pleurs. / Elle est en colère.*

Voici d'autres prépositions moins polysémiques :

• **Par** peut :
– introduire le complément d'agent de la forme passive : *La nouvelle a été diffusée par tous les journaux.*
– exprimer l'endroit par lequel on passe : *Je suis passée par le périphérique pour aller plus vite ;* une idée de moyen : *Nous sommes venus par le train.*

Attention
Quand elle exprime une idée de distribution ou la cause, la préposition *par* est suivie d'un nom sans article : *Le postier passe une fois par jour/Il l'a cassé par maladresse.*

• **Sans** peut exprimer, suivant le contexte :
– la privation, le manque : *Il pleut et il est sorti sans parapluie !*
– la manière : *Il s'est laissé soigner sans larmes.*
– la caractéristique : *C'est une petite ville sans charme.*

Sans peut être suivi d'un nom précédé ou non d'un déterminant. Tout dépend si le nom est pris dans un sens général ou s'il est possible de le préciser :
Il pleut et il est sorti sans son parapluie !
Il s'est laissé soigner sans une larme.
C'est une petite ville sans ce charme propre à la province.

• **Avec** peut exprimer :
– l'accompagnement : *Attendez, nous venons avec vous !/Il se promène avec sa fille.*
– le moyen : *L'enfant nage avec une bouée. Il a attaché son vélo avec un anti-vol.*
– la manière : *Il parle avec une grande modestie de son œuvre.*

Dans ce dernier cas, *avec* peut être suivi d'un nom sans article quand celui-ci est pris dans son sens général : *Il parle avec modestie de son œuvre.*

2. Les adverbes

L'adverbe est un mot (plus rarement un groupe de mots) invariable. Il n'est pas obligatoire dans la phrase. On choisit de l'utiliser pour ajouter du sens à ce qu'on dit.

Il peut ainsi modifier un adjectif : *Ma sœur est serviable.* → *Ma sœur est très serviable.*
ou un verbe : *Cet enfant aime la lecture.* → *Cet enfant aime beaucoup la lecture.*
ou un autre adverbe : *Tu pars souvent en voyage.* → *Tu pars trop souvent en voyage.*

Certains adverbes sont formés à partir de l'adjectif. On ajoute le suffixe :
– *-ment* au féminin de l'adjectif : *certain* → *certaine* → *certainement,* et au masculin des adjectifs terminés par une voyelle accentuée : *poli* → *poliment ; vrai* → *vraiment*
– *-ément* à certains adjectifs féminins :
profond → *profonde* → *profondément*
énorme → *énorme* → *énormément*
– *-emment* ou *-amment* aux adjectifs qui se terminent par *-ent* ou *-ant* :
évident → *évidemment /courant* → *couramment*
Les deux suffixes *-emment* et *-amment* se prononcent de la même manière [amã] et s'écrivent toujours avec deux *m*.

Attention aux exceptions
gentil → gentille → gentiment ; lent → lentement
et surtout ne formez pas des adverbes en -ment avec tous les adjectifs. Quand l'adverbe n'existe pas, on utilise les prépositions avec ou en suivies d'un nom :
Il voit les choses avec optimisme. (optimistement n'existe pas)
Certains adjectifs peuvent avoir une valeur d'adverbe quand ils sont utilisés seuls, après un verbe :
Hum ! ça sent bon ! / Vivre à Paris coûte cher. / Allume, je ne vois pas clair.

Il existe des adverbes :
– de manière : *bien, mal, ensemble, mieux, plutôt, vite* et la plupart des adverbes en *-ment*.
– de temps : *aujourd'hui, demain, tôt, tard, long-temps, souvent, quelquefois, toujours*.
– de lieu : *ici, là, devant, derrière, près, loin, dehors, dedans*.
– de quantité : *beaucoup, trop, assez, aussi, environ, moins, peu, plus, tellement, si…*

Attention
Ne confondez pas : *un peu (de)* et *peu (de)* :
un peu = une petite quantité positive : *J'avais un peu d'argent, j'ai changé de voiture.*
peu de = une petite quantité négative : *Ils ne partent pas en vacances, ils ont peu d'argent.*

Certains de ces adverbes peuvent être associés à *que* pour former les comparatifs :

> *Ce monument est plus vieux que la tour Eiffel/ Elle est aussi jolie que ses sœurs.*

– d'intensité : *si, tellement, tant* (plus formel, ne s'emploie qu'avec un verbe)
Ils sont si gentils ! Elle a eu tellement peur ! Il est fatigué, il travaille tant !
Comme beaucoup d'adverbes de quantité *tant* et *tellement* (mais pas *si*) peuvent être associés à la préposition *de* suivie d'un nom indéfini, sans article :

Ils ont tellement de volonté/Il a tant d'amis.
Ils servent à insister sur la « quantité » et sont souvent associés à la conjonction *que* pour exprimer la conséquence : *Les clowns sont tellement (ou si) drôles que tout le monde se met à rire.*
La place de l'adverbe varie dans la phrase :
– les adverbes de temps et de lieu, qui modifient la phrase entière, peuvent se placer au début ou à la fin de la phrase : *Aujourd'hui, elle se lève tôt* ou *Elle se lève tôt, aujourd'hui.*
– les adverbes qui déterminent un verbe se placent après le verbe à un temps simple :

> *Il marche lentement/Elle parle vite/Ils travaillent bien.*

Aux temps composés, certains adverbes changent de place :
– les adverbes de temps ou de lieu restent souvent après le verbe :

> *Il a marché lentement/Elle a parlé vite.*

mais certains adverbes courants se placent plutôt avant le participe passé : *Elle s'est longtemps levée tôt/Elle s'est toujours levée tôt.*
– les adverbes de manière et de quantité se placent souvent entre l'auxiliaire et le participe passé :

> *Ils ont bien travaillé/Ils ont mal compris son discours/Elle a peu aimé ce film.*

IV
Se situer dans le temps

1. L'expression d'une durée limitée : *pendant, pour, en, dans*

● *Pendant* peut être suivi :
– d'un nom représentant une durée : *Les vendanges se font pendant l'automne.*
– d'une durée chiffrée : *Il a vécu (pendant) deux ans dans cette maison.*
– d'un complément de temps : *Il écrit (pendant) la nuit, quand tout est silencieux.*
Dans ces deux derniers cas, *pendant* peut être sous-entendu.
● *Pour* exprime une durée à venir ou non achevée : *Ils ont loué une villa pour trois semaines en juillet/Elle est à Londres pour le week-end.*
● *En* est toujours suivi d'un complément de temps chiffré et exprime la durée nécessaire pour accomplir une action : *À vélo, elle fait ce trajet en 20 minutes.*
● *Dans* exprime la durée qui manque avant un moment futur : *Dans une semaine, nous serons en vacances.*

Ou un moment futur indéterminé pris dans une durée globale :

> *Nous avons rendez-vous demain, dans la matinée.*

2. L'expression d'une durée non limitée : *depuis*

Depuis exprime une durée commencée dans le passé et qui continue dans le présent.
● *Depuis* + durée chiffrée, date, adverbe de temps ou événement :

> *Elle a quinze ans. Elle fait de la danse depuis l'âge de cinq ans.*
> *Ils n'ont pas vu le chat depuis quatre jours.*

3. *Il y a* + durée chiffrée ou adverbe de temps (expression d'un moment)

> *Nous nous sommes mariés, il y a vingt ans / longtemps.*

4. Le vocabulaire de la chronologie

Le passé : *hier, avant-hier, la veille, l'avant-veille, à ce moment-là, cette année-là, l'année précédente, plus tôt, avant…*

Le présent : *aujourd'hui, en ce moment, maintenant, cette année…*

Le futur : *demain, le lendemain, l'année suivante, plus tard, après…*

V
De la phrase simple à la phrase complexe

1. Généralités et définitions

Une phrase simple est généralement formée d'un sujet et d'un verbe : *Le film commence.*
ou d'un verbe : *Viens !*
On peut y ajouter des attributs ou des compléments : *Les enfants sont contents. Ils vont au cirque.*
Dans une phrase complexe, on trouve plusieurs sujets et plusieurs verbes conjugués qui forment les différentes propositions de la phrase.
Les différentes propositions peuvent être :
– **juxtaposées**, c'est-à-dire séparées par un signe de ponctuation :
> *Des gens attendent le bus, il est en retard ; il arrive enfin, il est bondé ; les gens ne sont pas contents.* (5 verbes conjugués = 5 propositions dans la phrase).

– **coordonnées**, c'est-à-dire reliées par un mot de liaison qui peut établir entre elles un rapport de temps, de cause, de conséquence :
> *Elle s'est levée et a ouvert les volets puis elle a mis de l'eau à chauffer* (3 verbes conjugués = 3 propositions dans la phrase).

– **subordonnées**, c'est-à-dire reliées entre elles par des conjonctions de subordination qui établissent une hiérarchie entre les propositions : il y a des propositions principales (qui peuvent se comprendre seules et qui « commandent » aux autres) et des propositions secondaires, dépendantes. Les propositions secondaires peuvent dépendre d'une proposition principale ou d'une autre proposition secondaire.
On distingue :
– des propositions subordonnées complétives introduites par *que* ou *si* :
> *Je pense que les jeux de hasard organisés sont très risqués.*
> *Je veux savoir si je suis bien inscrite dans votre cours.*

– des propositions subordonnées relatives introduites par un pronom relatif (*qui, que, dont, où, lequel, quoi*) : *C'est un livre qui a beaucoup de succès.*

– des propositions subordonnées circonstancielles introduites par des conjonctions diverses (de temps, de cause, de concession…) :
> *J'aimais beaucoup les tatouages quand j'étais adolescente.*

2. La mise en relief

Pour insister sur un mot ou une idée, il arrive que l'ordre des mots dans la phrase varie. Ce procédé est beaucoup plus fréquent à l'oral qu'à l'écrit. Il peut se faire de deux manières :
– par la reprise
On détache de la phrase l'élément important puis on le reprend par un pronom :
> *Je mangerais des pommes toute la journée.*
> → *Des pommes, j'en mangerais toute la journée !*

– par l'extraction
On utilise la structure « *c'est* + un pronom relatif » :
> *Tu as fait ce dessin ?* → *C'est toi qui as fait ce dessin ?*

Toutes les subordonnées peuvent être mises en relief :
> *Je veux que tu sois heureuse.* → *Que tu sois heureuse, c'est ce que je veux.*
> *Ils font une grande fête parce qu'elle part longtemps.* → *C'est parce qu'elle part longtemps qu'ils font une grande fête.*

3. Les subordonnées relatives

Ce sont des propositions qui commencent par un pronom relatif (*qui, que, dont, où, lequel*).

➡ Voir les pronoms relatifs (I, 1, g)

Elles dépendent d'une proposition principale : *Elle a invité à déjeuner tous les copains <u>qui</u> l'ont aidée à déménager.*

Elles apportent un complément d'information sur un mot ou une idée exprimés dans la principale.

Place de la relative :
– La subordonnée relative peut suivre la principale :
> *Elle a lu le livre que je lui ai recommandé.*

– ou être en incise, à l'intérieur de la principale :
Le tableau dont vous parlez se trouve au musée d'Orsay.
– ou se placer en tête de phrase (dans ce cas, l'antécédent est le neutre *ce*) et être reprise par *c'est* :
Ce qui me dérange le plus, c'est le bruit.

Sens de la relative. Il existe :
– des relatives « déterminatives » : le pronom relatif et l'antécédent sont liés et donnent un sens global à la phrase. Si on supprime la relative, la phrase n'a plus le même sens :
Les étudiants qui ont le bac peuvent entrer à l'université. (= Les autres étudiants ne peuvent pas y entrer).
– des relatives « explicatives » : le pronom relatif est séparé de l'antécédent par une virgule. La relative ne détermine plus l'antécédent mais apporte une explication au sens de la principale. Celle-ci ne change pas de sens si on supprime la relative :
Les courses, que nous avions faites au supermarché, encombraient le coffre de la voiture.

Observez la différence :
Les spectateurs qui étaient debout ont vu toute la scène. (= seuls les spectateurs debout ont vu la scène)
Les spectateurs, qui étaient debout, ont vu toute la scène (= tous les spectateurs, parce qu'ils étaient debout, ont vu la scène)

Mode de la relative :
– L'indicatif : tous les temps de l'indicatif peuvent servir à exprimer une action ou un état dans la subordonnée relative :
Voici le livre que je lis en ce moment/Voici le livre que j'ai lu cet été/Voici les livres que je lirai pendant les vacances/Voici le livre qu'elle lisait quand je suis entré.
– Le conditionnel : pour exprimer l'hypothèse :
Est-ce que quelqu'un pourrait m'aider ?
– Le subjonctif : pour exprimer l'incertitude, la subjectivité
C'est la seule librairie spécialisée en architecture que je connaisse.

➡ Voir le subjonctif (II, 6, a)

4. Les subordonnées complétives

Ce sont des subordonnées qui commencent généralement par la conjonction *que*. Elles complètent le verbe principal et dépendent de lui. Elles sont essentielles au sens de la phrase et ne peuvent pas être supprimées. Elles peuvent être remplacées par les pronoms neutres *le, en, y*.

➡ Voir les pronoms personnels (I, 6, a)

La place de la complétive est le plus souvent après le verbe :
Elle pense que les piercings sont une décoration originale.
Quand plusieurs complétives dépendent de la même principale, on répète la conjonction *que* devant chacune :
Elle sait que le 1er mai est un jour férié et que la poste est fermée ce jour-là.
Le mode de la complétive dépend du verbe principal.
– Verbes principaux suivis de l'indicatif :
• les verbes du *dire* : *affirmer, annoncer, déclarer, ajouter, expliquer, raconter, préciser, répondre, remarquer* :
Le directeur nous annonce qu'il prend sa retraite.
• ou autres : *se rappeler, se souvenir, savoir, jurer, promettre* :
L'enfant jure qu'il a vu un dragon sous le lit.
• des expressions verbales exprimant la certitude, la conviction : *être sûr, certain, convaincu, persuadé que...*
• des expressions impersonnelles exprimant la certitude : *il est certain, clair, évident, exact, probable, sûr, vrai que...*
– Verbes principaux suivis du subjonctif :
• les verbes de volonté (*vouloir, exiger*), de crainte (*craindre, avoir peur*), de souhait (*souhaiter, aimer au conditionnel*), de sentiment (*détester, aimer, regretter*).
• les locutions verbales : *être, trouver* + un adjectif exprimant un sentiment (*être heureux, ravi, triste, surpris que...*)
• les expressions impersonnelles exprimant l'ordre, l'incertitude, le doute, le jugement : *il faut que, il est possible que, il est rare que...*

Attention
• Certains verbes se ressemblent mais ne sont pas suivis du même mode :
– *espérer* + indicatif/*souhaiter* + subjonctif
– *il me semble que* (= je pense) + indicatif/*il semble que* + subjonctif
– *il paraît que* + indicatif/*il semble que* + subjonctif
• Certains verbes peuvent être suivis de l'indicatif ou du subjonctif suivant le sens qu'on leur donne : *admettre, comprendre, supposer* :
J'admets que tu as eu raison (= je le reconnais, c'est un fait).
J'admets que vous partiez plus tôt mais prévenez-moi (= je veux bien, exceptionnellement).
Je comprends qu'il ne peut pas me voir (= je me rends compte).
Je comprends qu'il ne veuille plus me voir (= ça ne m'étonne pas).

5. Quelques subordonnées circonstancielles

Ce sont des subordonnées qui sont introduites par une conjonction porteuse de sens. Il y a des conjonctions de temps, de lieu, de cause et de conséquence, de but, de condition et d'hypothèse, d'opposition et de concession, de comparaison. Ces conjonctions déterminent le mode du verbe subordonné.

Subordonnées de temps : *dès que, tant que, jusqu'à ce que.*

– *dès que* + indicatif exprime l'immédiateté d'une action. Elle est suivie de l'indicatif :

Téléphone-moi dès que tu seras rentrée.

– *tant que* + indicatif exprime la même durée dans la principale et la subordonnée. Les deux verbes sont au même temps à la forme affirmative :
Elle nagera tant qu'il fera beau. (= aussi longtemps que)

– *jusqu'à ce que* + subjonctif exprime une action qui se poursuit jusqu'à un point limite :
Je vous expliquerai la règle de grammaire jusqu'à ce que vous la compreniez (= jusqu'au moment où + indicatif).

Subordonnées de cause : *parce que, puisque*

– *parce que* + indicatif est sans aucun doute la conjonction de cause la plus utilisée. Elle donne une explication et peut répondre à la question *pourquoi ?* Elle peut se mettre en tête de phrase :

Nous passons par le centre de Paris parce que le périphérique est fermé.

– *puisque* + indicatif est utilisé lorsque le fait est connu ou supposé connu des interlocuteurs. Il est alors utilisé comme un argument.

Puisque la voiture est en panne, nous prendrons un taxi.

Subordonnées de concession et d'opposition : *bien que, même si*

– *bien que* + subjonctif exprime une opposition entre deux faits ou deux états :

Il continue à jouer au foot bien qu'il ait mal au dos.

– *même si* + indicatif (souvent l'imparfait) exprime une concession avec une idée d'hypothèse :

Malheureusement, tu ne peux pas m'aider même si tu étais ici.

6. Le discours direct, le discours rapporté et la concordance des temps

– Les paroles d'une personne peuvent être rapportées sous la forme d'une citation entre guillemets :
« Tu as l'air contente », lui dit-il ou *Il lui dit : « Tu as l'air contente. »*
« Ouvre la fenêtre s'il te plaît », lui demande-t-il ou *il lui demande : « Ouvre la fenêtre, s'il te plaît. »*
« Est-ce que tu es là demain ? » lui demande-t-il ou *il lui demande : « Est-ce que tu es là demain ? »*
C'est le style direct.

– Elles peuvent aussi être rapportées sous la forme d'une proposition subordonnée complétive dans le cas d'une phrase déclarative :

Il lui dit qu'elle a l'air contente.

De nombreux verbes du *dire* peuvent servir de verbe principal à la subordonnée complétive :
Il ajoute qu'elle a l'air contente./ Il remarque qu'elle a l'air contente. / Il répète qu'elle a l'air contente.

Ou par *de* + un infinitif dans le cas d'un impératif :
Il lui dit d'ouvrir la fenêtre.

Ou par *si* dans le cas d'une interrogation avec *est-ce que* : *Il lui demande si elle est là demain.*

C'est le style indirect : les deux points et les guillemets disparaissent. Les pronoms changent de personne pour s'adapter à la situation.

– La concordance des temps dans le discours rapporté.

Quand le verbe principal (ou introducteur du discours) est au présent, le temps des verbes de la citation ne change pas :

Elle explique : « Je mets d'abord la farine et ensuite les œufs »/Elle explique qu'elle met d'abord la farine et ensuite les œufs.

Il dit : « Il fera beau demain »/Il dit qu'il fera beau demain

Mais quand le verbe principal est au passé, le temps des verbes de la citation change :

Elle a expliqué : « Je mets d'abord la farine et ensuite les œufs. » / Elle a expliqué qu'elle mettait d'abord la farine et ensuite les œufs.

Il a dit : « Il fera beau demain » / Il a dit qu'il ferait beau demain.

Les expressions de temps changent également puisque maintenant, elles sont relatives au passé.

➡ Voir le vocabulaire de la chronologie (IV, 4)

Jeudi, il m'a dit : « Je vais à l'université demain. » / Je l'ai vu jeudi, il m'a dit qu'il allait à l'université le lendemain.

Il m'a raconté : « Hier, je ne me suis pas couché avant deux heures du matin. » / Il m'a raconté que la veille, il ne s'était pas couché avant deux heures du matin.

7. L'interrogation indirecte

Les changements de pronoms, d'adjectifs possessifs, de temps des verbes et d'expressions de temps sont les mêmes que pour la phrase déclarative.

Pour les interrogations qui attendent la réponse *oui, non, si :* la question indirecte est introduite par *si :*

Tu as fait bon voyage ?/ Elle me demande si j'ai fait bon voyage/Elle m'a demandé si j'avais fait bon voyage.

Est-ce que tu connais son adresse ?/ Elle veut savoir si je connais son adresse./Elle voulait savoir si je connaissais son adresse.

Pour les interrogations qui commencent par :

– qui est-ce qui à qui (sujet) : « *Qui est-ce qui vient dîner ce soir ? »* → *J'aimerais savoir qui vient dîner ce soir.*

– qui est-ce que → qui (objet) *: « Qui est-ce que tu as vu ? »* → *Il me demande qui j'ai vu.*

– qu'est-ce qui → ce qui *: « Qu'est-ce qui est arrivé à M. Siméon ? »* → *Elle veut savoir ce qui est arrivé à M. Siméon.*

– qu'est-ce que → ce que : « *Qu'est-ce que tu fais demain ? »* → *Elle me demande ce que je fais demain.*

Pour les interrogations qui attendent une réponse spécifique, la question indirecte commence par le même mot interrogatif :

Pourquoi ris-tu ? → *Il veut savoir pourquoi je ris.*
Tu as combien d'enfants ? → *Elle me demande combien j'ai d'enfants.*

Il n'y a jamais de point d'interrogation à la fin d'une interrogation indirecte. L'ordre des mots est celui d'une phrase déclarative.

VI
Tableaux de conjugaison

ÊTRE				
Présent	**Imparfait**	**Futur**	**Passé composé**	**Plus-que-parfait**
je suis	j'étais	je serai	j'ai été	j'avais été
tu es	tu étais	tu seras	tu as été	tu avais été
il est	il était	il sera	il a été	il avait été
nous sommes	nous étions	nous serons	nous avons été	nous avions été
vous êtes	vous étiez	vous serez	vous avez été	vous aviez été
ils sont	ils étaient	ils seront	ils ont été	ils avaient été

Subjonctif	**Conditionnel présent**	**Conditionnel passé**	**Impératif**
que je sois	je serais	j'aurais été	Sois !
que tu sois	tu serais	tu aurais été	
qu'il soit	il serait	il aurait été	
que nous soyons	nous serions	nous aurions été	Soyons !
que vous soyez	vous seriez	vous auriez été	Soyez !
qu'ils soient	ils seraient	ils auraient été	

Infinitif	**Participe présent**	**Gérondif**	**Participe passé**
être	étant	en étant	été
avoir été			

AVOIR

Présent	Imparfait	Futur	Passé composé	Plus-que-parfait
j'ai	j'avais	j'aurai	j'ai eu	j'avais eu
tu as	tu avais	tu auras	tu as eu	tu avais eu
il a	il avait	il aura	il a eu	il avait eu
nous avons	nous avions	nous aurons	nous avons eu	nous avions eu
vous avez	vous aviez	vous aurez	vous avez eu	vous aviez eu
ils ont	ils avaient	ils auront	ils ont eu	ils avaient eu

Subjonctif	Conditionnel présent	Conditionnel passé	Impératif
que j'aie	j'aurais	j'aurais eu	Aie !
que tu aies	tu aurais	tu aurais eu	
qu'il ait	il aurait	il aurait eu	
que nous ayons	nous aurions	nous aurions eu	Ayons !
que vous ayez	vous auriez	vous auriez eu	Ayez !
qu'ils aient	ils auraient	ils auraient eu	

Infinitif	Participe présent	Gérondif	Participe passé
avoir avoir eu	ayant	en ayant	eu

AIMER

Présent	Imparfait	Futur	Passé composé	Plus-que-parfait
j'aime	j'aimais	j'aimerai	j'ai aimé	j'avais aimé
tu aimes	tu aimais	tu aimeras	tu as aimé	tu avais aimé
il aime	il aimait	il aimera	il a aimé	il avait aimé
nous aimons	nous aimions	nous aimerons	nous avons aimé	nous avions aimé
vous aimez	vous aimiez	vous aimerez	vous avez aimé	vous aviez aimé
ils aiment	ils aimaient	ils aimeront	ils ont aimé	ils avaient aimé

Subjonctif	Conditionnel présent	Conditionnel passé	Impératif
que j'aime	j'aimerais	j'aurais aimé	Aime !
que tu aimes	tu aimerais	tu aurais aimé	
qu'il aime	il aimerait	il aurait aimé	
que nous aimions	nous aimerions	nous aurions aimé	Aimons !
que vous aimiez	vous aimeriez	vous auriez aimé	Aimez !
qu'ils aiment	ils aimeraient	ils auraient aimé	

Infinitif	Participe présent	Gérondif	Participe passé
aimer avoir aimé	aimant	en aimant	aimé

Se conjuguent comme **aimer** tous les verbes en **-er** sauf **aller**.

Tableaux de conjugaison

SE LEVER

Présent	Imparfait	Futur	Passé composé	Plus-que-parfait
je me lève	je me levais	je me lèverai	je me suis levé	je m'étais levé
tu te lèves	tu te levais	tu te lèveras	tu t'es levé	tu t'étais levé
il se lève	il se levait	il se lèvera	il s'est levé	il s'était levé
nous nous levons	nous nous levions	nous nous lèverons	nous nous sommes levés	nous nous étions levés
vous vous levez	vous vous leviez	vous vous lèverez	vous vous êtes levés	vous vous étiez levés
ils se lèvent	ils se levaient	ils se lèveront	ils se sont levés	ils s'étaient levés

Subjonctif	Conditionnel présent	Conditionnel passé	Impératif
que je me lève	je me lèverais	je me serais levé	Lève-toi !
que tu te lèves	tu te lèverais	tu te serais levé	
qu'il se lève	il se lèverait	il se serait levé	
que nous nous levions	nous nous lèverions	nous nous serions levés	Levons-nous !
que vous vous leviez	vous vous lèveriez	vous vous seriez levés	Levez-vous !
qu'ils se lèvent	ils se lèveraient	ils se seraient levés	

Infinitif	Participe présent	Gérondif	Participe passé
se lever s'être levé	se levant	en se levant	levé

ALLER

Présent	Imparfait	Futur	Passé composé	Plus-que-parfait
je vais	j'allais	j'irai	je suis allé	j'étais allé
tu vas	tu allais	tu iras	tu es allé	tu étais allé
il va	il allait	il ira	il est allé	il était allé
nous allons	nous allions	nous irons	nous sommes allés	nous étions allés
vous allez	vous alliez	vous irez	vous êtes allés	vous étiez allés
ils vont	ils allaient	ils iront	ils sont allés	ils étaient allés

Subjonctif	Conditionnel présent	Conditionnel passé	Impératif
que j'aille	j'irais	je serais allé	Va !
que tu ailles	tu irais	tu serais allé	
qu'il aille	il irait	il serait allé	
que nous allions	nous irions	nous serions allés	Allons !
que vous alliez	vous iriez	vous seriez allés	Allez !
qu'ils aillent	ils iraient	ils seraient allés	

Infinitif	Participe présent	Gérondif	Participe passé
aller être allé	allant	en allant	allé

Tableaux de conjugaison

DEVOIR

Présent	Imparfait	Futur	Passé composé	Plus-que-parfait
je dois	je devais	je devrai	j'ai dû	j'avais dû
tu dois	tu devais	tu devras	tu as dû	tu avais dû
il doit	il devait	il devra	il a dû	il avait dû
nous devons	nous devions	nous devrons	nous avons dû	nous avions dû
vous devez	vous deviez	vous devrez	vous avez dû	vous aviez dû
ils doivent	ils devaient	ils devront	ils ont dû	ils avaient dû

Subjonctif	Conditionnel présent	Conditionnel passé	Impératif
que je doive	je devrais	j'aurais dû	Dois !
que tu doives	tu devrais	tu aurais dû	
qu'il doive	il devrait	il aurait dû	
que nous devions	nous devrions	nous aurions dû	Devons !
que vous deviez	vous devriez	vous auriez dû	Devez !
qu'ils doivent	ils devraient	ils auraient dû	

Infinitif	Participe présent	Gérondif	Participe passé
devoir	devant	en devant	dû
avoir dû			

Attention à l'accent circonflexe sur le u du participe passé : j'ai dû…

FAIRE

Présent	Imparfait	Futur	Passé composé	Plus-que-parfait
je fais	je faisais	je ferai	j'ai fait	j'avais fait
tu fais	tu faisais	tu feras	tu as fait	tu avais fait
il fait	il faisait	il fera	il a fait	il avait fait
nous faisons	nous faisions	nous ferons	nous avons fait	nous avions fait
vous faites	vous faisiez	vous ferez	vous avez fait	vous aviez fait
ils font	ils faisaient	ils feront	ils ont fait	ils avaient fait

Subjonctif	Conditionnel présent	Conditionnel passé	Impératif
que je fasse	je ferais	j'aurais fait	Va !
que tu fasses	tu ferais	tu aurais fait	
qu'il fasse	il ferait	il aurait fait	
que nous fassions	nous ferions	nous aurions fait	Allons !
que vous fassiez	vous feriez	vous auriez fait	Allez !
qu'ils fassent	ils feraient	ils auraient fait	

Infinitif	Participe présent	Gérondif	Participe passé
aller	allant	en allant	allé
être allé			

Attention à la forme irrégulière : vous <u>faites</u> et à la prononciation : nous faisons = [nufəzɔ̃] ;
il faisait = [ilfəzɛ].

Tableaux de conjugaison

FINIR				
Présent	**Imparfait**	**Futur**	**Passé composé**	**Plus-que-parfait**
je finis	je finissais	je finirai	j'ai fini	j'avais fini
tu finis	tu finissais	tu finiras	tu as fini	tu avais fini
il finit	il finissait	il finira	il a fini	il avait fini
nous finissons	nous finissions	nous finirons	nous avons fini	nous avions fini
vous finissez	vous finissiez	vous finirez	vous avez fini	vous aviez fini
ils finissent	ils finissaient	ils finiront	ils ont fini	ils avaient fini

Subjonctif	**Conditionnel présent**	**Conditionnel passé**	**Impératif**
que je finisse	je finirais	j'aurais fini	Finis !
que tu finisses	tu finirais	tu aurais fini	
qu'il finisse	il finirait	il aurait fini	
que nous finissions	nous finirions	nous aurions fini	Finissons !
que vous finissiez	vous finiriez	vous auriez fini	Finissez !
qu'ils finissent	ils finiraient	ils auraient fini	

Infinitif	**Participe présent**	**Gérondif**	**Participe passé**
finir	finissant	en finisssant	fini
avoir fini			

Se conjuguent comme finir : bâtir, choisir, fleurir, guérir, obéir, punir, réfléchir, remplir, réunir, réussir…

POUVOIR				
Présent	**Imparfait**	**Futur**	**Passé composé**	**Plus-que-parfait**
je peux	je pouvais	je pourrai	j'ai pu	j'avais pu
tu peux	tu pouvais	tu pourras	tu as pu	tu avais pu
il peut	il pouvait	il pourra	il a pu	il avait pu
nous pouvons	nous pouvions	nous pourrons	nous avons pu	nous avions pu
vous pouvez	vous pouviez	vous pourrez	vous avez pu	vous aviez pu
ils peuvent	ils pouvaient	ils pourront	ils ont pu	ils avaient pu

Subjonctif	**Conditionnel présent**	**Conditionnel passé**	**Impératif**
que je puisse	je pourrais	j'aurais pu	
que tu puisses	tu pourrais	tu aurais pu	
qu'il puisse	il pourrait	il aurait pu	
que nous puissions	nous pourrions	nous aurions pu	
que vous puissiez	vous pourriez	vous auriez pu	
qu'ils puissent	ils pourraient	ils auraient pu	

Infinitif	**Participe présent**	**Gérondif**	**Participe passé**
pouvoir	pouvant	en pouvant	pu
avoir pu			

Attention, ce verbe est très irrégulier : présent : je peux, tu peux, il peut ; futur : je pourrai ; subjonctif irrégulier ; pas d'impératif.

Tableaux de conjugaison

PRENDRE

Présent	Imparfait	Futur	Passé composé	Plus-que-parfait
je prends	je prenais	je prendrai	j'ai pris	j'avais pris
tu prends	tu prenais	tu prendras	tu as pris	tu avais pris
il prend	il prenait	il prendra	il a pris	il avait pris
nous prenons	nous prenions	nous prendrons	nous avons pris	nous avions pris
vous prenez	vous preniez	vous prendrez	vous avez pris	vous aviez pris
ils prennent	ils prenaient	ils prendront	ils ont pris	ils avaient pris

Subjonctif	Conditionnel présent	Conditionnel passé	Impératif
que je prenne	je prendrais	j'aurais pris	Prends !
que tu prennes	tu prendrais	tu aurais pris	
qu'il prenne	il prendrait	il aurait pris	
que nous prenions	nous prendrions	nous aurions pris	Prenons !
que vous preniez	vous prendriez	vous auriez pris	Prenez !
qu'ils prennent	ils prendraient	ils auraient pris	

Infinitif	Participe présent	Gérondif	Participe passé
prendre avoir pris	prenant	en prenant	pris

Se conjuguent comme prendre : les verbes apprendre, comprendre, surprendre.

SAVOIR

Présent	Imparfait	Futur	Passé composé	Plus-que-parfait
je sais	je savais	je saurai	j'ai su	j'avais su
tu sais	tu savais	tu sauras	tu as su	tu avais su
il sait	il savait	il saura	il a su	il avait su
nous savons	nous savions	nous saurons	nous avons su	nous avions su
vous savez	vous saviez	vous saurez	vous avez su	vous aviez su
ils savent	ils savaient	ils sauront	ils ont su	ils avaient su

Subjonctif	Conditionnel présent	Conditionnel passé	Impératif
que je sache	je saurais	j'aurais su	Sache !
que tu saches	tu saurais	tu aurais su	
qu'il sache	il saurait	il aurait su	
que nous sachions	nous saurions	nous aurions su	Sachons !
que vous sachiez	vous sauriez	vous auriez su	Sachez !
qu'ils sachent	ils sauraient	ils auraient su	

Infinitif	Participe présent	Gérondif	Participe passé
savoir avoir su	sachant	en sachant	su

Attention au subjonctif et à l'impératif irréguliers : que je sache - sache, sachons, sachez.

Tableaux de conjugaison

VENIR

Présent	Imparfait	Futur	Passé composé	Plus-que-parfait
je viens	je venais	je viendrai	je suis venu	j'étais venu
tu viens	tu venais	tu viendras	tu es venu	tu étais venu
il vient	il venait	il viendra	il est venu	il était venu
nous venons	nous venions	nous viendrons	nous sommes venus	nous étions venus
vous venez	vous veniez	vous viendrez	vous êtes venus	vous étiez venus
ils viennent	ils venaient	ils viendront	ils sont venus	ils étaient venus

Subjonctif	Conditionnel présent	Conditionnel passé	Impératif
que je vienne	je viendrais	je serais venu	Viens !
que tu viennes	tu viendrais	tu serais venu	
qu'il vienne	il viendrait	il serait venu	
que nous venions	nous viendrions	nous serions venus	Venons !
que vous veniez	vous viendriez	vous seriez venus	Venez !
qu'ils viennent	ils viendraient	ils seraient venus	

Infinitif	Participe présent	Gérondif	Participe passé
venir	venant	en venant	venu
être venu			

Se conjuguent comme venir les verbes : devenir, parvenir, prévenir, revenir, se souvenir, tenir, appartenir, obtenir, soutenir.

VOULOIR

Présent	Imparfait	Futur	Passé composé	Plus-que-parfait
je veux	je voulais	je voudrai	j'ai voulu	j'avais voulu
tu veux	tu voulais	tu voudras	tu as voulu	tu avais voulu
il veut	il voulait	il voudra	il a voulu	il avait voulu
nous voulons	nous voulions	nous voudrons	nous avons voulu	nous avions voulu
vous voulez	vous vouliez	vous voudrez	vous avez voulu	vous aviez voulu
ils veulent	ils voulaient	ils voudront	ils ont voulu	ils avaient voulu

Subjonctif	Conditionnel présent	Conditionnel passé	Impératif
que je veuille	je voudrais	j'aurais voulu	veuille
que tu veuilles	tu voudrais	tu aurais voulu	
qu'il veuille	il voudrait	il aurait voulu	
que nous voulions	nous voudrions	nous aurions voulu	veuillons
que vous vouliez	vous voudriez	vous auriez voulu	veuillez
qu'ils veuillent	ils voudraient	ils auraient voulu	

Infinitif	Participe présent	Gérondif	Participe passé
vouloir	voulant	en voulant	voulu
avoir voulu			

Attention, ce verbe est très irrégulier : présent : je veux, tu veux, il veut ; futur : je voudrai ; subjonctif irrégulier ; à l'impératif, une seule forme utilisée.

Tableaux de conjugaison

VOIR

Présent	Imparfait	Futur	Passé composé	Plus-que-parfait
je vois	je voyais	je verrai	j'ai vu	j'avais vu
tu vois	tu voyais	tu verras	tu as vu	tu avais vu
il voit	il voyait	il verra	il a vu	il avait vu
nous voyons	nous voyions	nous verrons	nous avons vu	nous avions vu
vous voyez	vous voyiez	vous verrez	vous avez vu	vous aviez vu
ils voient	ils voyaient	ils verront	ils ont vu	ils avaient vu

Subjonctif	Conditionnel présent	Conditionnel passé	Impératif
que je voie	je verrais	j'aurais vu	Vois !
que tu voies	tu verrais	tu aurais vu	
qu'il voie	il verrait	il aurait vu	
que nous voyions	nous verrions	nous aurions vu	Voyons !
que vous voyiez	vous verriez	vous auriez vu	Voyez !
qu'ils voient	ils verraient	ils auraient vu	

Infinitif	Participe présent	Gérondif	Participe passé
voir	voyant	en voyant	vu
avoir vu			

NAÎTRE

Présent	Imparfait	Futur	Passé composé	Plus-que-parfait
je nais	je naissais	je naîtrai	je suis né	j'étais né
tu nais	tu naissais	tu naîtras	tu es né	tu étais né
il naît	il naissait	il naîtra	il est né	il était né
nous naissons	nous naissions	nous naîtrons	nous sommes nés	nous étions nés
vous naissez	vous naissiez	vous naîtrez	vous êtes nés	vous étiez nés
ils naissent	ils naissaient	ils naîtront	ils sont nés	ils étaient nés

Subjonctif	Conditionnel présent	Conditionnel passé	Impératif
que je naisse	je naîtrais	je serais né	Nais !
que tu naisses	tu naîtrais	tu serais né	
qu'il naisse	il naîtrait	il serait né	
que nous naissions	nous naîtrions	nous serions nés	Naissons !
que vous naissiez	vous naîtriez	vous seriez nés	Naissez !
qu'ils naissent	ils naîtraient	ils seraient nés	

Infinitif	Participe présent	Gérondif	Participe passé
naître	naissant	en naissant	né
être né			

Attention à l'imparfait et au subjonctif : nous voyions, que nous voyions.

Tableaux de conjugaison

CONNAÎTRE

Présent	Imparfait	Futur	Passé composé	Plus-que-parfait
je connais	je connaissais	je connaîtrai	j'ai connu	j'avais connu
tu connais	tu connaissais	tu connaîtras	tu as connu	tu avais connu
il connaît	il connaissait	il connaîtra	il a connu	il avait connu
nous connaissons	nous connaissions	nous connaîtrons	nous avons connu	nous avions connu
vous connaissez	vous connaissiez	vous connaîtrez	vous avez connu	vous aviez connu
ils connaissent	ils connaissaient	ils connaîtront	ils ont connu	ils avaient connu

Subjonctif	Conditionnel présent	Conditionnel passé	Impératif
que je connaisse	je connaîtrais	j'aurais connu	Connais !
que tu connaisses	tu connaîtrais	tu aurais connu	
qu'il connaisse	il connaîtrait	il aurait connu	
que nous connaissions	nous connaîtrions	nous aurions connu	Connaissons !
que vous connaissiez	vous connaîtriez	vous auriez connu	Connaissez !
qu'ils connaissent	ils connaîtraient	ils auraient connu	

Infinitif	Participe présent	Gérondif	Participe passé
connaître avoir connu	connaissant	en connaissant	connu

Se conjuguent comme connaître : les verbes reconnaître, paraître, apparaître, disparaître.

DIRE

Présent	Imparfait	Futur	Passé composé	Plus-que-parfait
je dis	je disais	je dirai	j'ai dit	j'avais dit
tu dis	tu disais	tu diras	tu as dit	tu avais dit
il dit	il disait	il dira	il a dit	il avait dit
nous disons	nous disions	nous dirons	nous avons dit	nous avions dit
vous dites	vous disiez	vous direz	vous avez dit	vous aviez dit
ils disent	ils disaient	ils diront	ils ont dit	ils avaient dit

Subjonctif	Conditionnel présent	Conditionnel passé	Impératif
que je dise	je dirais	j'aurais dit	Dis !
que tu dises	tu dirais	tu aurais dit	
qu'il dise	il dirait	il aurait dit	
que nous disions	nous dirions	nous aurions dit	Disons !
que vous disiez	vous diriez	vous auriez dit	Dites !
qu'ils disent	ils diraient	ils auraient dit	

Infinitif	Participe présent	Gérondif	Participe passé
dire avoir dit	disant	en disant	dit

Se conjugue comme dire : interdire.
Sauf : – Vous interdisez (présent). – Interdisez ! (impératif).
Attention à la forme irrégulière : vous dites.

UNITÉ 1

Leçon 1

Page 10

LA GUIDE : Bonjour messieurs-dames. Pendant une heure et quart, vous allez entendre une merveilleuse leçon d'histoire. Nous sommes ici au pont de l'Alma…

LA MÈRE : Loulou, le caméscope ? Où est-il ?

LE PÈRE : Il est là, dans mon sac.

LA MÈRE : Tu peux prendre le petit ? Vite ! Tu me prends avec lui ? Allez, Romain, regarde papa et fais un sourire !

L'ENFANT : Non, je n'ai pas envie. J'ai soif. Je veux un coca !

LA GUIDE : À votre gauche, le Grand Palais. Le jardin des Tuileries et le musée du Louvre. Le vieux Louvre, le palais des rois de France, date du XIIIᵉ siècle…

L'ENFANT : Maman, je veux manger une glace.

LA MÈRE : Tais-toi. Écoute la dame ! Et attention ! Tu vas tomber !

L'ENFANT : Une glace ! une glace ! une glace !

LA MÈRE : Oh là là ! Si tu continues, tu vas avoir une claque et pas une glace !

LA GUIDE : À droite, le quai Voltaire. Et voici maintenant le Palais de l'Institut. Il date de 1663. Et l'Académie française. À gauche, le square du Vert-Galant avec la statue d'Henri IV. Le Vert-Galant, c'est lui.

L'ENFANT : Maman, il est où, Henri IV ? Qui c'est ?

LA MÈRE : Chut ! Loulou, le caméscope ! Vite !

L'ENFANT : Maman, réponds ! Qu'est-ce que c'est un Vert-Galant ? Qu'est-ce que ça veut dire ?

LA GUIDE : Attention, nous arrivons au Pont-Neuf, le plus vieux pont de Paris. Il date de…

L'ENFANT : Maman, j'ai envie de faire pipi ! Je veux faire pipi ! pipi ! pipi ! pipi !

LA MÈRE : Oh là là ! Loulou, va aux toilettes avec lui. C'est en bas…

LE PÈRE : Ah non, zut ! Je ne veux pas y aller. Vas-y, toi !

Leçon 2

Page 14

PAUL : Bonsoir, ma chérie. Alors, ces cours ? Ça va ? C'est intéressant ?

LAURA : Pas mal. Mais c'est dur, la fac. C'est plus dur que le lycée !

MARIANNE : C'est normal, tu es plus intelligente ! Enfin, j'espère !

LAURA : Tu plaisantes ! En psycho, je n'ai rien compris. C'est du chinois !

PAUL : Pourquoi ?

LAURA : C'est difficile à expliquer. Bon. D'abord, le prof parle très vite. Et puis, il a utilisé des mots très compliqués. Et puis…

MARIANNE : Il faut parler avec lui. Il comprendra. Vous avez parlé avec lui ?

LAURA : Non, on n'a pas osé. Et on lui parle quand ? Il ne reste pas, il s'en va tout de suite après le cours. Il est horrible !

PAUL : Allez, tu exagères toujours !

MARIANNE : Et les autres cours ? C'est bien ?

LAURA : L'anglais, ça va. La prof est bien. Mais on n'a que deux heures par semaine. C'est très peu. En statistiques, c'est affreux. Personne ne comprend rien. En socio, je ne sais pas. On commence demain.

PAUL : Et les étudiants ? Ils sont sympas ?

LAURA : Moi, je ne connais personne.

MARIANNE : C'est normal, c'est la première semaine. Un peu de patience ! Tu verras, ça ira mieux dans une semaine ou deux.

PAUL : Tu ne connais aucun étudiant ? Tu n'as pas vu Louise ? Elle n'est pas avec toi en psycho ?

LAURA : Dans le cours d'amphi du lundi, si, mais elle est dans un autre TD.

Leçon 3

Page 18

JULIE : Salut Martin, entre. Je suis en train de montrer mes photos de vacances à Simon. Tu les regardes avec nous ?

MARTIN : Volontiers. Salut Simon, ça va ? Tu as retrouvé tes élèves ?

SIMON : Oui, avec plaisir, et toi, tu as repris le boulot ?

MARTIN : Oui, lundi. J'avais rendez-vous avec mon rédacteur en chef.

JULIE : Eh oui ! Les vacances sont finies. Regardez, là, c'est notre maison de vacances.

SIMON : C'est où ?

JULIE : À l'île de Ré. Mes parents la louent chaque année. Là, les enfants de mon frère, ils pêchent des crabes. Et là, c'est Karim, mon copain. Vous le connaissez.

MARTIN : Oui, il est sympa. Et là, qui est-ce ?

JULIE : C'est Léna, elle faisait du bateau avec nous. Une fille super, très sportive. Elle a participé à beaucoup de courses.

MARTIN : Léna ? Léna ! Mais je la connais ! Elle a un petit accent italien, non ?

JULIE : Oui, elle est née à Florence.

MARTIN : J'ai rencontré cette fille à La Trinité-sur-Mer à Pâques. C'est elle, je suis sûr. Ça alors ! Elle participait aux régates, et moi, je faisais un reportage photo sur la Bretagne du Sud. On a sympathisé et puis un jour, elle est partie… sans dire au revoir… Tu as son numéro de téléphone ?

JULIE : Oui, je crois.

Leçon 4

Page 22

NINON : Vous êtes mariés depuis six ans ! ouah ! incroyable ! Où vous vous êtes rencontrés ?

MAUD : Sur l'autoroute Paris-Marseille.

NICOLAS : Sur l'aire de repos de Bourgogne.

MAUD : Moi, je descendais vers Genève, j'allais garder les enfants d'une famille suisse.

NICOLAS : Moi, j'allais dans les Alpes comme moniteur de ski.

NINON ET IVAN : Et alors ?

NICOLAS : À la cafétéria, j'ai renversé mon plateau-repas à ses pieds. Tout le monde me regardait. J'étais rouge comme une tomate !

IVAN : Et alors ?

NICOLAS : Elle a éclaté de rire et elle a tout ramassé avec moi. Puis, on a pris un café ensemble.

MAUD : Et on a échangé nos coordonnées.

NICOLAS : J'étais déjà amoureux. Nous nous sommes appelés tous les jours et je lui ai écrit aussi.

MAUD : Je pleurais, je riais. Les enfants ne comprenaient rien. Je leur disais : les histoires d'amour, c'est comme ça.

NINON ET IVAN : Et alors ?

NICOLAS : Nous nous sommes retrouvés en janvier, à Paris.

NINON : C'était quand ce coup de foudre ?

MAUD : En décembre 1997.

NICOLAS : Et on a attendu deux ans pour se marier, le 2 janvier exactement.

Vers le Delf A2

Page 27

Compréhension orale

Frédéric et Annelise se sont rencontrés le 26 août 1995 dans le TGV Bordeaux-Paris. Lui, il allait à Paris pour chercher un studio à louer. En effet, ce Bordelais de 31 ans, jusque-là professeur de mathématiques près de Bordeaux, venait d'être nommé dans un lycée en banlieue parisienne. Annelise était encore étudiante. Elle terminait ses études de biologie à Paris. Elle rentrait de ses vacances en Espagne.

Ils ont commencé à parler de sciences, bien sûr, mais aussi de cinéma, de théâtre, de la difficulté à se loger à Paris… Ils ont sympathisé et elle lui a laissé ses coordonnées. La semaine suivante, il l'a appelée, ils se sont retrouvés pour prendre un verre et voilà…

Et six mois plus tard, ils étaient mariés.

Leçon 5

Page 30

1 *Sur le pas de la porte*

SÉBASTIEN : Allez, bonsoir tout le monde, rentrez bien.

VOIX : Bonsoir, bonsoir, merci pour cette bonne soirée. Ciao.

2 *Dans la rue*

SÉBASTIEN : Camille, tu rentres en métro ?

CAMILLE : Oui, j'espère avoir le dernier métro, à la station Jules-Joffrin, ou un taxi.

SÉBASTIEN : Mais tu habites au diable ! Attends ! Étienne va dans la même direction que toi. Étienne ?

ÉTIENNE : Oui ?

SÉBASTIEN : Tu es en voiture ?

ÉTIENNE : Oui, elle est garée juste là.

SÉBASTIEN : Mais c'est pas la tienne !

ÉTIENNE : Non, la mienne est en panne mais Julien me prête la sienne.

SÉBASTIEN : Alors, tu peux raccompagner Camille ? Elle habite près de la porte d'Orléans.

ÉTIENNE : Bien sûr, pas de problème. On y va. Allez, salut et encore merci. On a passé une très bonne soirée. On y va Camille.

CAMILLE : Euh… D'accord, merci beaucoup. Salut Sébastien, merci.

3 *Dans la voiture*

ÉTIENNE : Tu habites près du périphérique ?

CAMILLE : Oui, hélas ! Mon appartement donne sur l'avenue. Il y a du bruit et c'est plutôt moche. Et toi ?

ÉTIENNE : Moi, j'habite à Malakoff, de l'autre côté du périph.

CAMILLE : C'est mieux ?

ÉTIENNE : Ah, beaucoup mieux ! C'est une banlieue sympa. C'est calme et en même temps très proche de Paris. C'est pratique.

CAMILLE : Moi, j'aimerais vraiment déménager dans un autre quartier, plus tranquille mais j'aimerais rester à Paris. Je rêve d'un balcon ou d'une petite terrasse, mais c'est cher !

Leçon 6

Page 34

1

UN VENDEUR : Bonjour, vous cherchez quelque chose ?

LA CLIENTE : Euh… oui. Bonjour. Je pourrais voir cette chaise, s'il vous plaît ?

UN VENDEUR : Voilà, c'est une chaise en bois qui date des années trente. J'ai les quatre si vous voulez, en bon état.

LA CLIENTE : Vous les faites à combien pièce ?

UN VENDEUR : C'est 20 euros la chaise mais si vous prenez les quatre, je vous fais un prix, je vous les fais à 60.

LA CLIENTE : Et celles qui sont derrière, là, c'est la même époque ?

UN VENDEUR : Non, elles sont plus anciennes mais elles sont abîmées. Elles ont besoin d'une réparation. Ça vous intéresse ?

LA CLIENTE : Non, merci monsieur, au revoir.

UN VENDEUR : À votre service.

2 *Un peu plus loin*

UN AUTRE VENDEUR : Vous voulez un renseignement ? N'hésitez pas, je suis là pour ça.

LA CLIENTE : Oui, je cherche des verres, je voudrais voir ceux que vous avez là.

LE VENDEUR : Ceux qui sont dans la caisse ?

LA CLIENTE : Non, pas ceux-là, les autres, sur la table. Oui, c'est ça. Ils sont en cristal ?

LE VENDEUR : Ah ! Ma petite dame, ça c'est un service en cristal de Baccarat, ceux-là non, ils sont en verre ordinaire.

LA CLIENTE : C'est combien ?

LE VENDEUR : Lesquels ?

LA CLIENTE : Ceux en cristal.

LE VENDEUR : 240 euros le service, c'est donné !

LA CLIENTE : Euh… en fait, je voudrais six verres seulement.

LE VENDEUR : Impossible. C'est les douze ou rien !

LA CLIENTE : Je vais réfléchir.

LE VENDEUR : Comme vous voulez. Mais ne réfléchissez pas trop longtemps. C'est une affaire !

Leçon 7

Page 38

PAOLA : Abdel, nous avons des invités ce soir.

ABDEL : Ah bon ! Qui ?

PAOLA : Marco et Sandra, Julie. Et peut-être Tom.

ABDEL : Donc, nous sommes au moins huit ! Qu'est-ce qu'on fait à dîner ?

PAOLA : Quelque chose de bon et bon marché !

ABDEL : Ce qui serait bien, c'est une grande salade. Et une énorme quiche. Moi, je fais la salade et toi, la quiche. Tu la fais très bien.

PAOLA : OK. Tu as ce qu'il te faut ? Non ? Bon, je fais les courses. Tu as besoin de quoi ? Qu'est-ce que tu veux mettre dans ta salade ? Des haricots verts, des tomates… J'en prends un kilo ? Ça suffit ?

ABDEL : Non. Pour huit personnes, il en faut au moins deux kilos. Et deux boîtes de haricots verts. Des olives noires… Il y a des œufs ?

PAOLA : Attends. Je regarde. Non, il n'y en a pas. J'en prends une douzaine : j'en ai besoin aussi pour ma quiche.

ABDEL : Des oignons, il y en a. De l'ail, aussi. Bon, pour la salade, ça va. Ah non ! Achète aussi une grosse boîte de thon, s'il te plaît. Et pour la quiche, tu as besoin de quoi ? Il reste du lait ?

PAOLA : Oui, il en reste un litre. Ça suffit. Je prends de la crème fraîche, des lardons, du gruyère râpé…

ABDEL : Et de la pâte surgelée.

PAOLA : Oui, bien sûr !

Leçon 8

Page 42

ABDEL : Comment tu la fais, ta quiche ? Tu me montres ?

PAOLA : D'accord. C'est toi qui vas la faire. Bon, d'abord, il faut préchauffer le four dix minutes. Allume-le, s'il te plaît. Thermostat 7. Maintenant, la pâte. Mets-la dans un moule et avec ta fourchette, tu fais des petits trous comme ça, toc toc toc. Oui, très bien. Bon. Maintenant, tu prends un bol et tu mélanges les œufs, le lait et la crème. Voilà un fouet. Vas-y.

ABDEL : Et le gruyère râpé, je ne le mets pas ?

PAOLA : Non, après. Il y a une poêle là, en bas. Tu me la donnes ? Merci. Alors, dans la poêle, tu fais revenir les lardons deux ou trois minutes. Voilà ! Le moule, s'il te plaît. Attention : d'abord, mets les lardons et après, ton mélange. Verse-le doucement. Et le gruyère à la fin. Vas-y.

ABDEL : Tu ne sales pas ta quiche ? Je mets du sel, non ?

PAOLA : Si tu veux. Mets-en un peu mais pas trop. Voilà ! et hop ! dans le four.

ABDEL : On la laisse cuire combien de temps ?

PAOLA : Trente minutes tout juste. Il est huit heures et quart. À neuf heures moins le quart, c'est prêt !

Vers le Delf A2

Page 47

Compréhension orale

Vous voulez connaître ma famille ? Bon, allons-y, je vais vous présenter tout mon petit monde.

La pitchounette en jaune que je tiens par l'épaule, c'est Mélissa, ma petite-fille, une sacrée gamine ! Son frère est un peu plus sage, il faut dire que lui, il a presque l'âge de raison, déjà. Avec lui, oui, on peut discuter, c'est un raisonneur, comme son père. Il va sur ses sept ans. Il s'appelle Gabriel, comme moi. Mais avec la petiote, c'est bêtises et compagnie ! Ce jour-là, par exemple, elle s'est rendue malade avec les abricots. Et pourtant, sa mamie l'avait prévenue : « Vas-y tout doux, tu vas avoir mal au ventre ! » Mais tu parles ! Ça n'écoute rien, à cet âge-là ! Sa mamie, c'est Jacqueline, ma femme depuis… Oh, ça va bientôt faire quarante ans qu'on est mariés. Le 15 mars. On va faire une fête à tout casser. Quarante ans, ça fait un sacré bail, non ?

La jolie fille, eh bien, c'est la mienne. Élodie, elle s'appelle. Une gentille fille. Et c'est son mari, Thierry, qui est à côté. Ça ne se voit pas sur la photo mais il y en a un autre en route. Enfin, une autre, plutôt, une fille qui naîtra en avril prochain. Cannelle, elle va s'appeler. Un drôle de nom, je trouve mais enfin, chacun ses goûts, hein ! Il y en a un autre qu'on ne voit pas sur cette photo, c'est mon fils Laurent. Pourquoi ? Ben, cherchez un peu, c'est facile !

UNITÉ 3

Leçon 9

Page 50

1

ANNE : Ma cousine Laure se marie samedi et elle m'invite, bien sûr.

PAULINE : Tu y vas ? Où est-ce ? À Paris ?

ANNE : Non, à Dijon. Oui, je lui ai promis d'y aller. Mais ça ne m'amuse pas. Elle, je l'aime bien mais lui… C'est une famille très très BCBG. Ça va être le grand tralala. Deux cents invités, le maire, le préfet… Le problème, c'est que je n'ai rien à me mettre ! Je ne peux pas y aller en jeans !

PAULINE : Ah non ! Il faut une jupe longue ou une robe.

ANNE : Une robe ? Mais je n'ai pas de robe habillée. Et mes jupes… hum…

PAULINE : OK, OK. Une robe, c'est mieux. Si tu veux, j'en ai une en soie rouge. Tu te rappelles la petite robe chinoise que j'avais pour la fête chez Karen et Guillaume ?

ANNE : Non, je ne m'en souviens pas. Mais… une robe chinoise, ce n'est pas trop original ? Et puis rouge, pour un mariage…

PAULINE : Mais non ! Arrête ! Il faut oser, dans la vie ! Et puis, ce n'est pas toi qui te maries ! Si tu te mets en blanc, on pensera que c'est toi la mariée. Si tu te mets en noir, on pensera que tu vas à un enterrement. Non, le rouge, avec tes cheveux, c'est bien. Elle t'ira très bien, tu verras. Attends, je te la montre. Tiens ! Regarde ! Tu veux l'essayer ?

ANNE : D'accord.

2

ANNE : Alors, elle me va comment ?

PAULINE (sifflement) : Magnifique ! Elle te va très bien.

ANNE : Bon. Alors, tu me la prêtes ?

PAULINE : Bien sûr. Et comme chaussures… ?

ANNE : Non, ça, ça va. Je n'en ai pas besoin. Marion en a vingt ou trente paires. Elle m'en prêtera. On a exactement la même pointure.

Leçon 10

Page 54

En 1919, Joseph et Olia Ginzburg arrivent à Paris. Ils viennent de Russie et sont réfugiés politiques. Le père est musicien et peintre. Leur fils Lucien naît à Paris en 1928, c'est le futur Serge Gainsbourg. À la maison, l'enfant entend de la musique classique et du jazz, il s'intéresse beaucoup à la peinture. Il s'inscrit aux Beaux-Arts et veut devenir peintre comme son père. Pour gagner sa vie, il joue du piano dans les bars et il commence à écrire des chansons en 1954. Quatre ans plus tard, en 1958, il change de nom, devient Serge Gainsbourg et renonce à la peinture pour la chanson. L'année suivante, premier grand succès : Le poinçonneur des lilas. Au début, Gainsbourg écrit pour les autres, par exemple pour Juliette Gréco. C'est à partir de 1961 qu'il chante lui-même ses chansons. Peu à peu, Gainsbourg devient célèbre et beaucoup d'actrices et de chanteuses lui demandent des chansons. Il écrit pour France Gall, pour Valérie Lagrange, pour Brigitte Bardot, pour Catherine Deneuve, pour Anna Karina, pour Dalida et plus tard pour Isabelle Adjani, pour Vanessa Paradis…C'est un grand séducteur, un vrai Dom Juan et les plus jolies femmes tombent amoureuses de lui. Comme par exemple Brigitte Bardot qui partage sa vie en 1967.

En 1968, il est à Londres. Il rencontre une jeune actrice anglaise, Jane Birkin. Elle a vingt-deux ans, elle est ravissante et c'est une inconnue. Il a quarante ans, il est plutôt laid et déjà très célèbre. C'est le coup de foudre.

Civilisation

Page 57

La chanson de Prévert

Oh je voudrais tant que tu te souviennes
Cette chanson était la tienne
C'était ta préférée
Je crois
Qu'elle est de Prévert et Kosma
Et chaque fois les feuilles mortes
Te rappellent à mon souvenir
Jour après jour
Les amours mortes
N'en finissent pas de mourir

Avec d'autres, bien sûr, je m'abandonne
Mais leur chanson est monotone
Peu à peu je m'indiffère
À cela il n'est rien
À faire
Car chaque fois les feuilles mortes
Te rappellent à mon souvenir
Jour après jour
Les amours mortes
N'en finissent pas de mourir

Peut-on jamais savoir par où commence
Et quand finit l'indifférence
Passe l'automne, vienne
L'hiver
Et que la chanson de Prévert,
Cette chanson,
Les Feuilles mortes
S'efface de mon souvenir
Et ce jour-là mes amours mortes
En auront fini de mourir

Leçon 11

Page 58

LE JOURNALISTE : Madame, madame, s'il vous plaît. C'est pour un sondage. On parle d'interdire les voitures dans le centre ville. Qu'est-ce que vous en pensez ?

LA DAME : Ah ! Je suis d'accord. Tout le monde irait mieux.

LE JOURNALISTE : Et vous, monsieur ?

LE MONSIEUR : À mon avis, il faut garder les voitures, pour les commerçants, pour les personnes âgées ou les handicapés. Mais, bien sûr, chacun ses idées.

LA DAME : Oui, mais les voitures c'est polluant. Le maire doit limiter leur circulation et leur stationnement. Une journée sans voiture par an, ce n'est pas assez.

LE MONSIEUR : Voyons ! Les gens qui ont des enfants ont besoin d'une voiture !

LE JOURNALISTE : Et le vélo ?

LA DAME : Quand on est jeune, oui et encore ! Les jours où il pleut ça ne doit pas être très agréable.

LE MONSIEUR : Le vélo, c'est sympa. De plus en plus de gens en ont un. Mais les pistes cyclables sont trop dangereuses. Et puis ce n'est pas pratique pour tout : les courses, les enfants…

LA DAME : En Hollande, c'est bien. Voilà un pays dont on ne parle pas beaucoup et pourtant ils ont plein de bonnes idées.

LE JOURNALISTE : Et vous, les jeunes, quelle est votre opinion ?

LES JEUNES : Ouais, les quartiers piétonniers, c'est bien mais pour les balades avec les copains, une voiture c'est mieux.

Leçon 12

Page 62

ÉLODIE : Vous ne devinerez jamais ! Je viens de rencontrer Pénélope.

MARGOT : Pénélope Duplessis ? Notre Pénélope ? Ça fait une éternité ! Tu lui as parlé ?

ÉLODIE : D'abord je ne l'ai pas reconnue. Elle donnait le bras à un homme très chic. Mais quand ils m'ont croisée, pas de doute. C'était bien elle. Je l'ai regardée, elle m'a regardée, on s'est reconnues. Elle s'est arrêtée et on a bavardé.

MARGOT : Elle a toujours son piercing sur la langue ?

ÉLODIE : Je ne l'ai pas remarqué mais je ne crois pas. Elle était très élégante.

MARGOT : Elle a changé alors ! Tu te souviens, à la fac, elle avait un look à faire peur, avec ses piercings et ses tatouages sur l'épaule !

ÉLODIE : Et toujours habillée en noir des pieds à la tête !

ANTOINE : Dis donc, les petits tatouages que tu as au bas du dos, c'est avec elle que tu les as faits ?

ÉLODIE : Oui. Mes parents étaient furieux. On était allées dans une petite boutique près des Halles. Je n'étais pas très rassurée mais Pénélope n'avait peur de rien.

ANTOINE : Moi, j'aime bien, je trouve ça original et… coquin !

Vers le Delf A2

Page 67

Compréhension orale

Voici le témoignage de Chloé, dix-neuf ans

Ma mère est bizarre. Elle n'arrive pas à accepter l'idée qu'elle n'a plus vingt ans. Elle s'habille vraiment comme une ado, avec une minijupe, des baskets et des socquettes… Tout juste si elle ne me met pas des rubans dans les cheveux et si elle ne suce pas son pouce. Elle m'énerve ! Quand on se promène, elle se comporte comme si on était des copines. Elle rit, elle regarde tout le monde, elle fait des commentaires, elle se fait remarquer… Elle devrait comprendre qu'une mère et une copine, c'est différent ! Et avec mes copains, on dirait qu'elle veut les draguer. Ils me disent « Elle est marrante*, ta mère » mais je vois bien qu'ils pensent qu'elle est bizarre.

Elle me dit souvent que tout le monde la prend pour ma sœur aînée et pas pour ma mère. Tu parles ! Elle a vingt-huit ans de plus que moi !

L'autre jour, ça devait être il y a huit ou dix jours, je me suis fait poser un piercing au nombril. Je rentre à la maison et je leur montre. Mon père trouve ça plutôt rigolo* ; ma petite sœur me demande si ça fait mal ; mon frère ne pense rien, comme d'habitude… et ma mère ne dit rien. Mais le lendemain, la voilà qui s'amène, toute contente. Elle soulève son pull : elle s'était fait faire un piercing aussi. On s'est disputées. Elle ne comprenait pas pourquoi j'étais furieuse. Elle répétait : « C'est tellement mignon et sexy ! Ton père a trouvé ça super ». Ah ! Je l'aurais tuée !

* marrante : amusante, sympa.
* rigolo : amusant, mignon.

UNITÉ 4

Leçon 13

Page 70

MME DUVAL : Vous en faites une tête, madame da Silva ! Qu'est-ce qui vous arrive ?

LA GARDIENNE : Ben, vous ne savez pas ce qui s'est passé ?

MME DUVAL : J'ai entendu dire que M. Siméon **avait eu un accident et qu'il** était à l'hôpital. C'est vrai ?

LA GARDIENNE : Et comment ! J'ai promis que je ne dirais rien mais à vous, je peux bien le raconter. Figurez-vous que vendredi soir M. Siméon est descendu en pyjama poster une lettre au coin de la rue. Je suppose qu'il a claqué sa porte sans penser à prendre ses clés. Quand il est revenu, impossible de rentrer ! Je crois qu'il était trop gêné pour demander de l'aide, alors il a décidé d'escalader les balcons.

MME DUVAL : Mais il habite au deuxième !

LA GARDIENNE : Justement ! Il a perdu l'équilibre et il est tombé. Il est tombé à mes pieds. J'étais en train de mettre mes poubelles sur le trottoir. Quelle histoire ! « Il y avait une fenêtre ouverte, j'ai cru que j'y arriverais », voilà ce qu'il m'a expliqué quand je suis allé le voir à l'hôpital.

MME DUVAL : Il vous a dit qu'il y arriverait ! À son âge ! Ce n'est pas banal c'était une lettre vraiment urgente !

LA GARDIENNE : Oui, il m'a dit que c'était pour sa retraite.

MME DUVAL : Quand même ! Bon. J'irai lui rendre visite cet après-midi.

LA GARDIENNE : Vous ne lui direz pas que je vous ai dit tout ça… hein ?

Leçon 14

Page 74

CHRISTINE : Tu sais qui je viens de voir ? Devine !

JULIEN : Je ne sais pas, moi. Je donne ma langue au chat.

CHRISTINE : Vincent !

JULIEN : Lequel ?

CHRISTINE : Vincent Deslauriers.

JULIEN : Ça alors ! Je pensais à lui il y a cinq minutes ! Quand est-ce que tu l'as vu ?

CHRISTINE : Là, tout de suite, en faisant les courses.

JULIEN : Ah bon ! Qu'est-ce qu'il faisait par ici ?

CHRISTINE : Il travaille à la bibliothèque depuis trois semaines. Il a trouvé un appartement rue des Plantes.

JULIEN : Rue des Plantes ! Quelle chance ! Il l'a trouvé comment ?

CHRISTINE : En cherchant sur Internet, je crois. C'est une colocation. Il partage l'appart avec un Polonais et une Tchèque.

JULIEN : Ça y est ? Il y habite ?

CHRISTINE : Oui, il s'y est installé il y a trois ou quatre jours. Je l'ai invité à dîner demain.

JULIEN : Demain, je rentre tard, c'est jeudi. Tu feras la cuisine ?

CHRISTINE : Oui, je m'en occuperai, ne t'inquiète pas. Je sortirai un peu plus tôt du bureau. Tu pourras rapporter de la bière et du vin ? C'est lourd.

JULIEN : D'accord, j'y penserai. Dis donc… Tu crois qu'il est toujours amoureux de toi ?

CHRISTINE : Mais non ! C'est une vieille histoire. Il n'y pense plus et moi non plus. Il était avec la fille tchèque. Elle est très jolie. J'ai l'impression qu'il s'intéresse beaucoup à elle !

JULIEN : Ah bon ! On les invite tous les deux, alors ?

CHRISTINE : Oui, bonne idée. Et même tous les trois. Je l'appelle.

Leçon 15

Page 78

LE PRÉSENTATEUR : Bonjour à tous. Vous savez que nous avons deux grands week-ends qui arrivent, un la semaine prochaine, avec le lundi de Pâques et l'autre bientôt avec le jeudi de l'Ascension. Beaucoup de Français vont faire le pont du vendredi. Aussi avons-nous choisi, dans cette émission spéciale « Découvertes », de vous proposer une idée de week-end originale. Pour cela, nous sommes en direct avec Noëlle qui est à Arles. Noëlle, vous m'entendez ?

NOËLLE : Très mal Patrick. Il y a du mistral aujourd'hui à Arles. J'ai à mes côtés M. Jalabert, le directeur des arènes d'Arles. Il est prêt à répondre à vos questions.

LE PRÉSENTATEUR : Bien. Bonjour monsieur Jalabert. Est-ce que tout est en place pour la feria pascale ?

M. JALABERT : Pardon ?

NOËLLE : Il vous demande si tout est en place pour la feria.

M. JALABERT : Oui, aucun problème, nous attendons de magnifiques toros et des toreros de grande valeur grâce auxquels nous espérons attirer de nombreux spectateurs.

LE PRÉSENTATEUR : Qu'est-ce qui compte le plus pour vous ?

M. JALABERT : Désolé, j'entends très mal.

NOËLLE : Il voudrait savoir ce qui compte le plus pour vous.

M. JALABERT : Pour moi, la tauromachie c'est plus qu'un spectacle, c'est un patrimoine. J'aimerais le transmettre aux jeunes de la région et d'ailleurs.

LE PRÉSENTATEUR : Que faites-vous pour cela ? Monsieur Jalabert, qu'est-ce que vous faites pour cela ?

NOËLLE : Il demande ce que vous faites en direction des jeunes.

M. JALABERT : Ah ! Nous avons créé un « passeport » à 35 euros avec lequel les jeunes peuvent assister aux différentes courses et corridas de la saison. Nous espérons aussi que la feria sera l'occasion de découvrir des artistes inspirés par la tauromachie. Je vous rappelle aussi que cette tradition permet de sauvegarder des milliers d'hectares en Camargue.

Leçon 16

Page 82

Ici, Bernard Vinet, qui vous parle de Cannes. Je suis actuellement devant les marches du Palais des Festivals. Nous attendons les résultats et, comme vous l'entendez, l'excitation est à son comble.

Il a fait un temps superbe depuis une semaine mais les membres du jury n'ont guère profité de cette magnifique plage de Cannes. Cette année, vous le savez, le président du jury pour la **Compétition officielle** est Emir Kusturica. C'est un habitué du Festival : il a été récompensé deux fois par la Palme d'or, ce qui est tout à fait exceptionnel. La première fois, c'était en 1985 avec *Papa est en voyage d'affaires* et dix ans plus tard avec *Underground*.

La seconde sélection officielle, **Un certain regard**, est présidée cette année par Alexander Payne, l'excellent réalisateur de *Sideways*.

Mais nous avons eu cette année le bonheur d'accueillir à Cannes une autre figure légendaire du cinéma, Abbas Kiarostami, cinéaste iranien très apprécié en France. Il a obtenu, lui aussi, une Palme d'or en 1997 avec *Le Goût de la cerise*.

Kiarostami préside le jury de **la Caméra d'or** qui, je vous le rappelle, récompense un premier film. Il a accepté cette présidence avec joie en félicitant le Festival pour, je cite, « sa façon de voir et d'accueillir le monde dans toutes ses nuances de couleurs et sa diversité ».

Mais voici qu'enfin, les portes du Palais s'ouvrent. Ça y est ! Les résultats vont être annoncés d'une minute à l'autre. La foule retient son souffle. Alors, cette année, et c'est une surprise, la Palme d'or est attribuée à…

Vers le Delf A2

Page 87

Compréhension orale
Une journée pourrie !

Vraiment, il y a des jours où on ferait mieux de rester au lit ! Ce matin, par exemple, sans chercher plus loin. Primo, le réveil ne sonne pas. C'est de ma faute, j'avais oublié de le mettre sur « on ». Bon, je saute du lit, je fonce sous la douche ! Zut ! Pas d'eau chaude. C'est vrai, ils avaient prévenu qu'il y aurait une coupure d'eau entre huit heures et midi !

Bref, je me lave à l'eau froide, j'avale un fond de café… Je fonce, je fonce, vite, j'ai rendez-vous à dix heures et le client est super important. Zut, zut et zut ! Pas d'électricité, donc pas d'ascenseur ! Je suis au sixième ! Je descends quatre à quatre et en bas, malheur ! je m'aperçois que j'ai laissé dans l'appart le dossier du client. Oh non ! C'est pas vrai ! Bon, j'y retourne. Six étages, on les sent, surtout quand on fume. Allez, c'est décidé, j'arrête !

Me voilà dans la rue, vite, un taxi, ça ira plus vite que le bus. Bien sûr, pas un taxi à l'horizon.

Finalement, il y en a un qui s'arrête, un pas sympa avec un gros chien qui sent mauvais devant et une radio débile qui hurle. Je demande au chauffeur de baisser un peu le son, il le prend mal et me dit que si je ne suis pas content, je peux descendre. C'est ce que je fais. Chance, le bus 81 est juste là, je saute dedans. Monte derrière moi un petit gars qui ne veut pas montrer sa carte. Le chauffeur s'énerve, refuse de partir tant qu'il n'a pas obéi. Bloqués ! On est bloqués ! Les voyageurs protestent. Il est dix heures moins dix, j'y serai jamais !

Bon, ça s'arrange et on repart. J'arrive au bureau à dix heures vingt. Et qu'est-ce qu'elle me dit, la secrétaire, la bouche en cœur ? Elle me dit que le client vient de téléphoner pour s'excuser, qu'il a changé d'avis, qu'il n'est plus intéressé… Bon, bref, l'affaire est à l'eau !

Voilà une journée qui commence bien, je me dis. Si ça continue comme ça… Et le pire, c'est que, oui, ça a vraiment continué comme ça !

UNITÉ 5

Leçon 17

Page 90

MARINA : S'il vous plaît, vous pouvez me dire quels sont les jours et les heures de travail ?
Il faut que je le sache à cause de mes cours. Je vais m'inscrire jeudi.

MME GAILLARD : C'est simple. Les jours d'école, lundi, mardi, jeudi et vendredi, il faut que vous alliez chercher Eva à quatre heures et demie. Ensuite, vous la ferez goûter…
MARINA : À la maison ?
MME GAILLARD : À la maison ou au square s'il fait beau. Après, j'aimerais que vous lui donniez un petit coup de main pour ses devoirs et ses leçons.
MARINA (*étonnée*) : On lui donne des devoirs ? C'est normal qu'elle ait des devoirs à huit ans ?
MME GAILLARD : Oh, ce n'est pas grand-chose ! Il faut juste revoir avec elle ce qu'elle a fait à l'école et lui expliquer ce qu'elle n'a pas compris.
MARINA : Vous voulez que je la fasse dîner, après ?
MME GAILLARD : Oui, s'il vous plaît. Faites-la dîner à sept heures. Après, un bain, les dents et au lit ! Je suis là vers huit heures. C'est moi qui lui lirai une histoire en rentrant.
MARINA : Et le mercredi ?
MME GAILLARD : Non, le mercredi, je ne travaille pas, je m'occupe d'elle. Elle a école un samedi sur deux mais le samedi, ça va, je suis là. Mais, si ça ne vous ennuie pas… euh…
MARINA : Oui ?
MME GAILLARD : Un soir par semaine, ce serait possible que vous restiez avec elle ? Le mercredi ou le jeudi, par exemple ? J'aimerais sortir, dîner dehors, aller au théâtre…
MARINA : Oui, bien sûr. Pas de problème.
MME GAILLARD : Parfait ! Alors, pour le prix… 8 euros de l'heure, ça vous va ?
MARINA : Oh oui, c'est très bien. Merci.

Leçon 18

Page 94

1

CYRIELLE : Dis donc, tu as vu cette affiche. Regarde !
BENOÎT : Oh oh ! Tu es rousse, tu es grande, tu n'es pas mal… Tu as fait de la danse, tu chantes bien. Pour l'âge, ça va aussi. Il faut que tu y ailles.
CYRIELLE : Tu penses que j'ai une chance ?
BENOÎT : Mais oui ! Celui qui ne risque rien n'a rien. Vas-y. C'est bien payé, en général. Et puis, c'est marrant.
CYRIELLE : Il ne faut pas y aller, il faut écrire. Tu crois vraiment qu'il faut que j'écrive ?
BENOÎT : Oui, envoie vite un mot avant qu'une autre rouquine réponde. Des rouquines, il y en a beaucoup, tu sais ! C'est à la mode !
CYRIELLE : Mais les yeux…
BENOÎT : Yeux clairs, yeux clairs… Tu as les yeux marron clair. Ils sont beaux, tes yeux ! Ça va aller, tu verras.
CYRIELLE : Bon, OK, j'essaie.
2 *Deux semaines plus tard*
BENOÎT : Alors, ça a marché ?
CYRIELLE : Je suis convoquée le 18. Dans trois semaines pile. Je me fais du souci pour la danse…
BENOÎT : En trois semaines, tu peux t'entraîner. Il faudrait que tu fasses trois ou quatre heures de danse par jour. J'ai une idée. On va demander à Mario.
CYRIELLE : Mais il est déjà parti, non ?
BENOÎT : Non, pas encore. Il s'en va le 15. Il t'aidera. Je suis sûr qu'il sera d'accord.
CYRIELLE : Ah, vraiment, Mario, ça serait super ! C'est le meilleur prof que je connaisse !
BENOÎT : Justement, il faut en profiter tant qu'il est là. Dis donc, ils n'ont pas besoin d'un type pas grand, pas beau, un peu chauve, qui ne sait pas danser et qui chante comme une casserole mais qui adore les comédies musicales ?
CYRIELLE : Tu es bête ! J'aimerais que tu viennes avec moi le 18. Tu es libre ?

Leçon 19

Page 98

XAVIER : Tiens, tu as du courrier, ça vient de Suisse.
EVA : C'est sûrement la réponse d'Alix.
XAVIER : Qu'est-ce qu'elle te dit ? Tu me la lis ?

Eva : OK.

Chère Eva,

Alors, c'est vrai, tu t'es enfin décidée à venir. Je suis ravie que tu puisses passer ces quelques jours avec moi. Tu verras, Genève est une ville très agréable où il y a beaucoup de choses à faire et à voir. J'ai même peur que nous n'ayons pas assez de temps pour tout mais tant pis. Tu reviendras une autre fois. Il n'y a pas que des banques à Genève, il reste encore de vieux quartiers comme celui où j'habite. Tu vas adorer. Et puis tu vas te régaler : les fromages, le chocolat ! Et aussi, l'excellent Fendant* bien frais qu'on déguste en lisant La Tribune au bord du lac. Je viens d'en acheter pour toi. Bon, je te vois faire les gros yeux. Je comprends que tu veuilles surveiller ta ligne mais on sera raisonnables, promis !

D'ailleurs, j'ai prévu aussi quelques activités culturelles et un peu d'exercice, en particulier une petite randonnée dans le Valais, pas très loin puisque tu ne restes que quatre jours. Les arbres fruitiers seront en fleurs, ce sera magnifique.

Comment va mon petit filleul ? Est-ce qu'il marche ? Merci à Xavier de le garder pour permettre à deux vieilles copines de se retrouver un peu.

Je t'attends avec impatience.

Bisous,

Alix

PS : N'oublie pas de prendre un passeport ou une carte d'identité !

Xavier : Elle est sympa. Tu vas passer un bon moment.

Eva : Grâce à toi. Tu es un amour. J'ai hâte.

*Le Fendant : vin blanc sec

Leçon 20

Page 102

Un journaliste sportif, à la radio :

Au départ, stalle numéro 4, jockey casaque bleu ciel sur le dos, nous avons *Bull 1er*. C'est sa première grande course, c'est un beau cheval très prometteur. J'espère qu'il va faire une belle course. Le départ n'est toujours pas donné. Le cheval monté par Yves Saint-Jean a du mal à rester tranquille. Il semble qu'il n'en fasse qu'à sa tête. Voilà, il se calme. C'est maintenant une question de secondes. Ça y est, le départ a été donné. La course est très rapide. En tête, nous avons *Princesse Lydie*, juste derrière *On-ne-sait-jamais* et *Bull 1er* est en troisième position. Le numéro 9 vient de tomber. C'est la jument du prince Abdullah d'Arabie Saoudite. Elle ne se relève pas. Il me semble qu'elle s'est cassé une jambe. Cela a ralenti plusieurs chevaux. Les autres continuent. Voici le dernier virage, *Bull 1er* remonte à toute allure. Il dépasse *On ne sait jamais*. Il reste la dernière ligne droite. *Bull 1er* galope, on dirait qu'il dépasse *Princesse Lydie*. Aïe, aïe, aïe, il faut attendre le verdict de la caméra. Pour moi, pas de doute, je suis certain qu'il l'a dépassée.

Et voici les résultats : *Bull 1er* est le vainqueur. Il a magnifiquement couru. Je souhaite vraiment qu'il fasse une belle carrière, il a toutes les qualités d'un champion.

Le tiercé d'aujourd'hui est donc : le 14, le 7 et le 3.

Ici, l'hippodrome de Longchamp, je vous rends l'antenne, à vous le studio.

Vers le Delf B1

Page 107

Compréhension orale

A : Bonjour. C'est madame Rigaut à l'appareil, madame Rigaut de Palavas. J'appelle pour la location en août. Bon, alors, je vous explique. L'appartement est au rez-de-chaussée mais il est très clair. C'est très bien meublé, dans le style rustique. Vous avez tout le confort, lave-linge, lave-vaisselle, télévision… Il y a trois chambres, deux chambres avec un grand lit et la troisième avec deux lits superposés. La plage n'est pas loin. Vous y êtes en dix minutes à pied. Comme toujours, la location va du samedi au samedi. C'est libre la première semaine d'août (du 31 juillet au 7 août) ou la dernière (du 21 au 28). Le prix de la location est 1200 euros par semaine, sans les charges. Ça serait gentil de nous rappeler ou de nous envoyer un mail dans les deux jours

parce que nous avons d'autres personnes intéressées. Je rappelle le mail : prigaut@wanadoo.fr. Merci et au revoir.

B : Allô. Ici, Jeanne Pluvier. J'appelle de l'île d'Oléron à propos de la location de la maison en août. Merci pour votre message. Voici quelques informations complémentaires. C'est donc une maison qui se trouve à dix minutes de la mer en voiture. La rue est très calme et résidentielle. Il y a trois chambres, deux avec un grand lit et une avec un lit une place. Dans le séjour, il y a un canapé-lit très confortable. Il y a télé et chaîne hi-fi. On fournit les draps et le linge de toilette. Derrière la maison, vous avez un jardinet avec une table et des chaises, un barbecue… La cuisine est tout équipée : lave-vaisselle, lave-linge, congélateur, micro-ondes, etc. Alors, pour le prix, c'est 1300 euros par semaine tout compris. La location va du samedi 16 h au samedi midi. Il nous reste la semaine du 7 au 14 et la semaine du 21 au 28. Soyez gentils de donner votre réponse avant dimanche, nous avons d'autres demandes. Au revoir, messieurs-dames. Bonne soirée.

C : Allô ? Allô ? Bonjour, messieurs-dames. C'est monsieur Thibaud à l'appareil. J'appelle pour la maison de Saint-Cyprien. Bon, alors, j'ai bien reçu votre message. Je voulais vous donner quelques précisions. Alors, c'est une maison de 75 m^2 sur la colline. Bon. Pour la vue, depuis la salle de séjour, on a une très belle vue sur le port. Derrière, après le jardin, c'est plutôt la vallée, les prés… C'est une maison pour six à huit personnes, avec trois chambres assez grandes et une petite. La cuisine est tout équipée avec une cheminée.

On n'est pas très loin de la mer, dix minutes en voiture à peu près. Pour l'instant, le mois d'août est libre, sauf la première semaine. Mais à partir du samedi 6, ça va. Le prix, c'est 1155 euros la semaine, plus l'électricité et le gaz qui sont comptés à part. Si vous êtes intéressés, envoyez un courrier électronique d'ici demain à jcthibaud@yahoo.fr. Je vous remercie. Passez une bonne soirée.

Leçon 21

Page 110

Il existe de nombreuses versions de ce conte. Celle qui est racontée ici est la version de Mme Leprince de Beaumont.

L'histoire se passe il y a longtemps, longtemps… C'est l'histoire d'un homme et d'une femme qui vivent pauvrement dans leur petite maison. Ils rêvent d'être heureux, aussi heureux que leurs voisins, qui sont un peu plus riches qu'eux… Ils se plaignent de leur pauvreté et parlent toujours de ce qu'ils feraient s'ils avaient de l'argent.

Un jour, l'homme dit en soupirant : « Ah ! J'aimerais qu'une bonne fée vienne nous aider. »

Immédiatement, apparaît une belle jeune femme qui lui dit : « Tu m'as appelée. Me voici. Je te promets de te donner les trois premières choses que tu demanderas. Mais attention : tu as droit à trois vœux, pas davantage ! » Et pfuitt ! elle disparaît brusquement. C'était une fée.

La femme saute de joie et elle dit : « Moi, je voudrais une belle robe, des chaussures d'or, des bijoux… ». Elle était jolie et très coquette.

« Moi, dit l'homme, je voudrais une bonne santé, du bonheur, une longue vie…

– Que tu es bête ! répond la femme. Une longue vie et une bonne santé, à quoi ça sert si on est pauvre ! » Et ils discutent et ils se disputent… La nuit tombe et ils se disputent toujours. L'homme dit : « Bon. Assez ! Je meurs de faim, moi. Hum… ce que j'aimerais, c'est un bon morceau de boudin ! » Et aussitôt, floc, un superbe boudin tombe sur la table devant lui.

« Triple idiot, crie la femme. Avec ton boudin, tu as perdu un souhait ! Mais pourquoi j'ai épousé un homme aussi bête ! » Et elle crie et elle saute de colère. Le brave homme n'était pas patient : il crie, lui aussi : « Maudite femme ! Ce boudin, je voudrais qu'il te pende au nez ! »

Aïe aïe aïe !!! Le boudin obéit : toc ! il saute et vient se pendre au bout du nez de la femme qui se met à pleurer. Bouh-bouh-bouh,

sniff, sniff…. Elle était jolie et très fière de son ravissant petit nez. « Méchant homme ! Que je suis malheureuse ! Qu'est-ce que je vais faire ! Mon joli nez !
– Arrête de pleurer, répond le mari. Il nous reste un souhait. Écoute. Je vais demander de l'or, de l'argent, des pierres précieuses et je t'achèterai un bel étui en or pour cacher le boudin. »
Sa femme se met à pleurer plus fort : elle ne veut pas d'étui ni en or ni en diamant, elle veut son joli petit nez d'avant. L'homme qui était amoureux de sa femme, même s'ils se disputaient souvent, dit alors : « Je voudrais que ce maudit boudin revienne sur la table. » Et le boudin, sagement, revient sur la table. La femme essuie ses yeux et se pend au cou de son mari qui lui rend ses baisers. Heureusement, ils n'ont pas tout perdu, il leur reste le boudin. Et très gaiement, ils le partagent en deux.

Leçon 22

Page 114
Si j'étais elle
Je saurais dire… tant de ces choses,
Tant de ces mots, qu'elle ne dit pas…
De sa voix douce, à en frémir
Si j'étais elle
Je ne voudrais pas de tous ces songes,
De tous ces drôles de mensonges,
Qu'elle s'invente… pour s'enfuir
Refrain
Mais il n'y a qu'elle
Qui sait se taire ainsi…
Et elle se cache dans ses silences
Comme une toute petite fille
Mais il n'y a qu'elle
Qui sait se fuir comme ça…
Et elle s'allonge dans son absence
Tout contre moi, tout contre moi…

Si j'étais elle
Je ne chercherais pas tellement d'excuses
Paroles vaines et vains refuges…
Tristes armes de combat
Si j'étais elle
Je n'aimerais pas me voir souffrir,
À en crever… à la maudire
Pour tout ce mal qu'elle pose là.
Refrain […]
Si j'étais elle,
Je laisserais que tout se glisse…
Que tout se passe… et très en douce,
C'est qu'elle est douce, croyez-moi
Si j'étais elle je voudrais bien… juste pour voir
Juste pour rien, juste comme ça, comment ce serait…
Cet amour-là

Leçon 23

Page 118
Dialogue 1
IRINA : Qu'est-ce que tu ferais, toi, si tu gagnais le gros lot ?
FRANK : Moi ? Oh, moi, j'ai des goûts simples, tu sais. Je ne suis pas ambitieux. Je m'achèterais une petite maison au bord de la mer, avec un petit bout de jardin. J'aurais un petit bateau.
IRINA : Et tu aurais une petite femme avec des petits yeux, un petit nez et une petite cervelle ?
FRANK : Idiote, va !
Dialogue 2
ALAIN : Allô, bonjour, c'est l'Opéra ? Je voudrais réserver deux places pour *La Traviata*, s'il vous plaît ! Pour ce soir !
LA DAME : Pour ce soir ! Désolé, monsieur, c'est complet !
ALAIN : Ah bon ? Et en venant dix minutes avant, je pourrais avoir des places ?
LA DAME : Ah ça, je ne peux pas vous le dire. Il faut essayer !
Dialogue 3
LE PÈRE : Alors, cette audition ? Tu te sens prête ?
ÉLISA : Bof ! Si je tombe sur une scène comique, si je joue le rôle de Martine, ça va. Mais…

LE PÈRE : C'est sûr que Racine, ce serait plus difficile pour toi que Molière. Le tragique, ma chérie, ce n'est pas ton style !
Dialogue 4
LA MÈRE : Alors, tu as eu combien ?
DENIS : Euh… Huit.
LA MÈRE : Seulement ! En travaillant un peu plus, tu aurais de meilleures notes mais bien sûr…
DENIS : Oh là là ! Avec des « si », on mettrait Paris en bouteille.
LA MÈRE : Peut-être mais moi, en tout cas, si ça continue, je te mets en pension.

Leçon 24

Page 122
1 *Dans le métro*
VOIX OFF : En raison d'un mouvement social partiel, la circulation des rames sur la ligne 4 est perturbée. Je répète : en raison d'un mouvement social partiel, la circulation est perturbée. Nous vous prions de bien vouloir nous en excuser.
TESS : Ce n'est pas vrai ! On va être en retard ! Ce n'est même plus la peine d'y aller ! Avec des places sans réservation, les premiers arrivés seront les mieux placés. On ne va rien voir !
LÉO : Tu entendras ! Tiens, le voilà ton métro. Croise les doigts et on sera à l'heure !
2 *À la sortie du métro*
TESS : Oh ! Zut ! Il pleut ! Et on n'a pas de parapluie. Tu aurais pu y penser ! J'ai mis mes mocassins blancs, ils vont être dans un état ! Si j'avais su, je ne t'aurais pas écouté et en ce moment je serais sous la couette avec un bouquin.
LÉO : Et tu aurais renoncé à voir Santana, ton guitariste préféré. Ça m'étonnerait ! Viens, abritons-nous là jusqu'à la fin de l'averse.
TESS : C'est ça, pour être encore plus en retard ! Sous une échelle, en plus, mais tu es fou !
LÉO : Mais qu'est-ce que tu as aujourd'hui ? Tu t'es levée du pied gauche ? C'est à cause de la lettre du propriétaire ? Quand il saura qu'on va avoir un bébé, ça va s'arranger.
3 *Devant le théâtre*
TESS : Oh non ! après la grève, la pluie ; après la pluie, la queue, et la queue sous la pluie ! C'est le bouquet ! Tu vois, je te l'avais bien dit, on aurait dû partir une heure plus tôt. On ne pourra jamais rentrer !
LÉO : Arrête, tu veux bien. Si j'avais su, je ne t'aurais jamais parlé de ce spectacle.
TESS : OK, OK. Ça ira mieux après le 21, je l'ai lu dans mon horoscope.
LÉO : Dans huit jours ! Quelle galère !

Vers le Delf B1

Page 127
Compréhension orale
1
– Salut, ça va ?
– Non, pas du tout.
– Ah ! bon ! ?
– Tu connais Eugénie,
– Euh…
– Elle vient encore de me poser un lapin et je sais pourquoi ! On avait rendez-vous à 18 heures pour aller au cinéma et elle n'est pas là !
– Ah bon ! ?
– Elle est hypocrite et mal élevée. Je la croyais mon amie mais elle n'a même pas le courage de me dire qu'elle sort avec Fabrice, elle me laisse poireauter pour rien ! D'ailleurs, tu as bien vu comment elle était à ton anniversaire : sainte-nitouche avec les filles et allumeuse avec les garçons. Je la déteste. Je ne comprends pas pourquoi tu l'avais invitée.
– C'est ma demi-sœur.
2
– Regarde ce tableau, quelle horreur ! Comment peut-on mettre une croûte pareille au mur ! Je me demande bien qui peut perdre son temps à produire une telle nullité.
– Moi !

MINI-PORTFOLIO

Le Portfolio vous permet de faire le point sur vos relations avec les langues étrangères en général et de réfléchir à votre apprentissage du français en particulier.
Vous voici arrivé à la fin de *Festival 2*. C'est le moment de faire le point !

MES RELATIONS À LA LANGUE FRANÇAISE

Pendant cette année, qu'est-ce que j'ai fait pour améliorer mon niveau de langue en français et mes connaissances sur la culture française ?

EN INTERACTION

J'ai parlé français avec les enseignants et/ou les étudiants français ou francophones de mon lycée (ou université).
....

J'ai parlé français avec des Français, des francophones... ....
J'ai eu des relations par lettres, par e-mail ou par SMS avec des correspondants français ou francophones.
....

J'ai assisté à des événements culturels organisés par l'Institut français, les Alliances françaises, le Centre culturel français (expositions, conférences, spectacles...). ....
J'ai participé à des forums de discussion sur Internet. ....
Je suis allé en France ou dans un pays francophone. ....

EN MÉDIATION

J'ai aidé des personnes francophones à se repérer dans ma ville. ....
J'ai traduit de ma langue maternelle en français des explications pour des locuteurs francophones.
....

J'ai traduit du français dans ma langue maternelle des textes. ....

COMMENT J'AI TRAVAILLÉ TOUT(E) SEUL(E)

J'ai travaillé seul avec un livre d'exercices et une grammaire. ....
J'ai lu des journaux en français. ....
J'ai regardé TV5 assez régulièrement ou écouté une radio en français. ....
J'ai écouté des chansons en français. ....
J'ai vu des films français en version originale.
J'ai lu une nouvelle, un roman, des poèmes en français. ....
J'ai fait des recherches sur les sites français ou francophones d'internet. ....

À la fin de Festival 2, quelles sont mes compétences communicatives ? Qu'est-ce que je connais ? Qu'est-ce que je sais faire ?

A – en compréhension orale

Quand on parle français, je comprends...	un peu	assez bien	bien
• les formules de politesse	☐	☐	☐
• si quelqu'un me propose quelque chose (une sortie, par exemple)	☐	☐	☐
• si quelqu'un me parle de ses études, de son passé...	☐	☐	☐
• si quelqu'un me décrit un lieu	☐	☐	☐
• si quelqu'un discute d'un projet à réaliser	☐	☐	☐
• si quelqu'un compare deux objets, deux lieux...	☐	☐	☐

- si quelqu'un raconte un événement ☐ ☐ ☐
- un récit de vie, une biographie ☐ ☐ ☐
- une chanson ☐ ☐ ☐
- un reportage à la radio, un témoignage ☐ ☐ ☐
- si quelqu'un parle des ressources culturelles d'une ville ou d'une région ☐ ☐ ☐
- si quelqu'un me parle de son travail, de son emploi du temps ☐ ☐ ☐
- si quelqu'un évoque les différentes possibilités de réaliser un projet ☐ ☐ ☐
- la plaisanterie, l'humour ☐ ☐ ☐
- si quelqu'un raconte une histoire, un conte ☐ ☐ ☐
- l'expression des regrets et des reproches ☐ ☐ ☐

B – en expression orale

Quand je parle, je peux...	un peu	assez bien	bien
• proposer quelque chose à quelqu'un	☐	☐	☐
• parler de moi, de mes études, de mon école	☐	☐	☐
• évoquer une rencontre, parler de mes relations personnelles	☐	☐	☐
• décrire quelqu'un, décrire un lieu	☐	☐	☐
• décrire un objet, comparer deux objets	☐	☐	☐
• discuter d'un projet	☐	☐	☐
• exprimer mon avis sur quelque chose ou quelqu'un	☐	☐	☐
• évoquer des souvenirs	☐	☐	☐
• exposer la biographie de quelqu'un	☐	☐	☐
• raconter un événement	☐	☐	☐
• rapporter les paroles de quelqu'un	☐	☐	☐
• exprimer la surprise	☐	☐	☐
• exprimer le doute, l'incertitude	☐	☐	☐
• faire des hypothèses, des suppositions	☐	☐	☐
• exprimer le regret	☐	☐	☐
• reprocher quelque chose à quelqu'un	☐	☐	☐

C – en compréhension écrite

Quand je lis, je peux comprendre...	un peu	assez bien	bien
• un dépliant touristique	☐	☐	☐
• un texte historique simple	☐	☐	☐
• un tableau	☐	☐	☐
• des avis de naissance, de mariage	☐	☐	☐
• un plan, une carte	☐	☐	☐
• des annonces de logement	☐	☐	☐
• un petit article d'information générale	☐	☐	☐
• une recette de cuisine	☐	☐	☐
• une lettre familière racontant un événement	☐	☐	☐
• la biographie d'une personne célèbre	☐	☐	☐
• un tract, une pétition	☐	☐	☐
• des petites annonces (offres/demandes : emploi, logement, rencontres)	☐	☐	☐
• des messages sur un forum de discussion Internet	☐	☐	☐
• des annonces publicitaires sur Internet	☐	☐	☐
• un article présentant une région, un festival	☐	☐	☐
• des prospectus, des publicités	☐	☐	☐
• des lettres de protestation, de réclamation	☐	☐	☐
• des lettres pour exposer un problème, argumenter un choix	☐	☐	☐
• les sous-entendus, l'implicite, dans une lettre	☐	☐	☐

D – en expression écrite

Quand j'écris, je peux...	un peu	assez bien	bien
• écrire une lettre à des amis	☐	☐	☐
• raconter les circonstances d'une rencontre	☐	☐	☐
• comparer deux lieux, deux modes de vie	☐	☐	☐

- décrire quelqu'un (son physique, son caractère) ☐ ☐ ☐
- commenter un petit sondage d'opinion ☐ ☐ ☐
- rédiger la biographie d'une personne célèbre ☐ ☐ ☐
- rédiger un petit article pour présenter une enquête ☐ ☐ ☐
- rédiger une lettre semi-officielle (à un collègue de travail, par exemple) ☐ ☐ ☐
- rédiger un tract, un message pour les voisins, un avis pour des collègues ☐ ☐ ☐
- répondre à une annonce en expliquant qui je suis et ce que je veux ☐ ☐ ☐
- raconter et commenter un film ☐ ☐ ☐
- rédiger une lettre pour raconter un événement, une expérience ☐ ☐ ☐
- rédiger une petite note pour un guide touristique ☐ ☐ ☐
- résumer les idées principales d'un texte ☐ ☐ ☐
- rédiger une lettre officielle (protestation, réclamation…) ☐ ☐ ☐

MES CONNAISSANCES SUR LA FRANCE

Je saurais parler…

	un peu	assez bien	bien
du système éducatif en France	☐	☐	☐
de la durée du travail et la durée des vacances en France	☐	☐	☐
des différentes manières de vivre en couple en France	☐	☐	☐
de la vie à Paris, la vie en banlieue	☐	☐	☐
de la cuisine française	☐	☐	☐
des relations hommes/femmes en France	☐	☐	☐
de la chanson française	☐	☐	☐
des problèmes de pollution et d'écologie	☐	☐	☐
de la mode	☐	☐	☐
des problèmes de logement dans les grandes villes	☐	☐	☐
des régions françaises et leurs caractéristiques	☐	☐	☐
du cinéma	☐	☐	☐
du travail, des « petits boulots » pour étudiants	☐	☐	☐
de la francophonie et des pays francophones	☐	☐	☐
des stéréotypes	☐	☐	☐
des superstitions	☐	☐	☐

MES STRATÉGIES DE COMMUNICATION

Je sais…

	un peu	assez bien	bien
demander de répéter, de parler plus lentement	☐	☐	☐
demander le sens d'un mot, d'une expression	☐	☐	☐
reformuler ce que dit quelqu'un pour vérifier que j'ai compris	☐	☐	☐
manifester mon accord, mon adhésion	☐	☐	☐
exprimer mon désaccord avec politesse	☐	☐	☐
exprimer une critique, un reproche, un regret	☐	☐	☐
éviter de répondre et « noyer le poisson » (changer de sujet) si je n'ai pas envie de répondre	☐	☐	☐
justifier mon opinion, la défendre, trouver des arguments	☐	☐	☐
prendre la parole en public (et en français !)	☐	☐	☐

Vous savez certainement faire beaucoup d'autres choses en français !
À vous de compléter ce petit document aussi librement que vous le désirez :
donnez des exemples de vos réussites ou de vos échecs, des difficultés que
vous avez vaincues et de celles qui demeurent, de vos satisfactions et de vos déceptions…
Apprendre une langue, c'est une aventure personnelle, c'est VOTRE aventure
et ce Portfolio est le vôtre : notez vos expériences d'apprenant, votre parcours.
Il vous permettra de constater les progrès que vous avez réalisés.

LEXIQUE

Ce lexique répertorie, par ordre alphabétique,
le vocabulaire essentiel utilisé dans les pages 1 et 2 de chaque leçon.

A
1 abîmé(e) 6
2 abriter(s') 24
3 absence (une) 22
4 absolument 14
5 accepter qqch 16
6 accessible 15
7 accident (un) 13
8 acclamer qqn 16
9 accompagné(e) 18
10 accueillir qqn 16
11 activité (une) 19
12 actuellement 16
13 à destination de 15
14 admiration (une) 10
15 admirer qqch 1
16 adorable 23
17 affiche (une) 18
18 affreux(se) 2
19 âge (un) 18
20 âgé(e) 11
21 aide (une) 13
22 ail (de l') 7
23 ailleurs 15
24 aire de repos (une) 4
25 ajouter qqch à qqch 6
26 à la fin 8
27 à la fois 19
28 à l'avance 7
29 album (un) 16
30 allonger (s') 22
31 à l'opposé 20
32 ambitieux(se) 22
33 à moins de 19
34 amoureux(se) 14
35 amphithéâtre (un) 2
36 amuser qqn 9
37 ancien(ne) 1
38 annonce(une) 18
39 annoncer qqch 16
40 à part 6
41 à partir de 10
42 à portée de 4
43 apparaître 21
44 apprécié(e) 16
45 arbre fruitier (un) 19
46 arène (une) 15
47 argenterie (une) 6
48 arme (une) 22
49 arranger (s') 24
50 arrêter de + inf. 10
51 artiste (un) 15
52 assister à qqch 15
53 attentivement 18
54 attirer qqn 15
55 au bas de 12
56 au début 19
57 audition (une) 23
58 au moins 7
59 autorisation (une) 14
60 autoroute (une) 4
61 autre (un/une) 6
62 avenue (une) 4
63 averse (une) 24
64 avoir hâte 19
65 avoir l'impression 14
66 avoir peur de qqch/qqn 12
67 avoir peur que + subj. 19
68 avoir rendez-vous avec qqn 3

B
69 bain (un) 17
70 baiser (un) 21
71 balade (une) 11
72 balcon (un) 5
73 ballet (un) 21
74 banal(e)13
75 bande dessinée (une) 6
76 banlieue (la) 5
77 bar (un) 10

78 bâtir qqch 22
79 bavarder 12
80 bête 18
81 bijou (un) 12
82 boire 7
83 bois (du) 6
84 boîte (une) 7
85 bonheur (le) 16
86 boudin (un) 21
87 bouquin (un) 24
88 brouillard (le) 4
89 bruit (le) 5

C
90 cacher 21
91 cacher (se) 4
92 caisse (une) 6
93 calme 5
94 calmer (se) 20
95 caméra (une) 20
96 caméscope (un) 1
97 camping (le) 3
98 canton (un) 19
99 caoutchouc (du) 15
100 carrière (une) 20
101 casaque (une) 20
102 célibataire 13
103 centre ville (le) 11
104 cervelle (une) 23
105 c'est-à-dire 20
106 chaise (une) 6
107 chambre de bonne (une) 13
108 chambre d'hôte (une)3
109 champ (un) 4
110 champion(un) 20
111 chanson (une) 10
112 chanter 18
113 chapeau (un) 9
114 charcuterie (une) 21
115 charges (les) 14
116 chauve 18
117 chemin (un) 4
118 cheval (un) 20
119 choisir qqn /qqch 14
120 ciel (le) 4
121 cinéaste(un/e) 16
122 circulation (la) 11
123 clair(e) 18
124 claque (une) 1
125 clé (une) 13
126 coca (un) 1
127 collection (une) 6
128 colocation (la) 14
129 colère (la) 21
130 comédie musicale (une) 18
131 comique 23
132 commander qqch 23
133 commerçant(e) un(e) 11
134 commun(e) 14
135 comparer 6
136 compétent(e) 18
137 comprendre qqch 2
138 compter 15
139 concours (un) 22
140 confort (le)3
141 conseiller à qqn de + inf. 10
142 contrat (un) 18
143 contre 22
144 contribuer à + inf. 22
145 convenir à qqn 23
146 convoquer qqn 18
147 coquet(te) 21
148 coquin(e) 12
149 correspondre à qqch 18
150 corrida (une) 15
151 corvée (une) 14
152 cosmopolite 19
153 couette (une) 24
154 couple (un) 13

155 courant (le) 4
156 courrier (le) 19
157 course (compétition) (une) 3
158 coûter 11
159 crabe (un) 3
160 craindre 14
161 crème (la) 7
162 cristal (du) 6
163 croiser qqn 12
164 cueillir qqch 4
165 cuire qqch 8
166 culturel(le) 19
167 dangereux(se) 11

D
168 dater de 1
169 davantage 21
170 décider de + inf. 13
171 décider (se) à + inf. 19
172 déguster qqch 19
173 déménager 5
174 dents (les) 17
175 départ (le) 20
176 dépasser qqn 20
177 dépense (une) 14
178 depuis 14
179 descendre 1
180 déterminer 17
181 détruit(e) 20
182 développer qqch 16
183 deviner qqch 12
184 devoir 11
185 devoirs (les) 17
186 difficile 2
187 diplôme (un) 2
188 dire qqch à qqn 4
189 directeur (un) 15
190 direction (une)5
191 discuter de qqch 17
192 disparaître 21
193 disputer (se) 21
194 divorcé(e) 13
195 dos (le) 12
196 doucement 8
197 doux (douce) 17
198 dur(e) 2
199 dynamique 17

E
200 échelle (une) 24
201 écouter qqn 1
202 écrire à qqn 4 / qqch 10
203 efficace 11
204 élève (un/e) 3
205 emballage (un) 12
206 embouteillage (un) 11
207 émission (une) 15
208 emménager 24
209 emprunter qqch à qqn 9
210 en aller (s') 2
211 en bas 1
212 encore 4
213 en effet 10
214 enfant (un/e) 3
215 enfin 2
216 enfuir (s') 22
217 énorme 7
218 en particulier 19
219 en raison de 24
220 en revanche 21
221 ensemble 14
222 entendre dire que + ind. 13
223 enterrement (un) 9
224 en tête 20
225 entraîner (s') 18
226 envoyer qqch à qqn 18
227 épaule (une) 12
228 époque (une) 6
229 épouser qqn 21
230 épuisette (une) 15
231 équilibre (un) 14

232 erreur (une) 11
233 escalader qqch 13
234 escale (une) 1
235 espace (un) 14
236 espérer 2

F
237 essuyer 21
238 étui (un) 21
239 exactement 4
240 exagérer 2
241 exaspération (une) 10
242 exceptionnel(le) 16
243 excitation (une) 16
244 excursion (une) 19
245 excuse (une) 22
246 excuser (s') 7
247 expérience (une) 17
248 facture (une) 24
249 faim (avoir faim) 1
250 faire goûter / dîner qqn 17
251 faire plaisir (se) 6
252 fan (un) 16
253 fée (une) 21
254 fenêtre (une) 13
255 feria (une) 15
256 fermé(e) 21
257 festival (un) 16
258 fichier (un) 18
259 fièvre (la) 16
260 filleul(e) (un/e) 19
261 flâner 6
262 forcément 24
263 fouet (un) 8
264 foule (la) 16
265 four (un) 8
266 fourchette (une) 8
267 fréquenter qqch 6
268 frémir 22
269 frère (un) 3
270 fuir (se) 22
271 fumeur(se)/non fumeur(se) (un/e) 14
272 furieux(se) 12
273 futur(e) 10

G
274 gai(e) 17
275 gaiement 21
276 galoper 20
277 gant (un) 12
278 gardien(ne) un(e) 21
279 gêné(e) 13
280 glisser (se) 22
281 gourmand(e) 19
282 goûter 17
283 grâce à 15
284 grève (la) 24
285 gros lot (le) 23
286 gruyère (du) 7
287 guetter qqn 16
288 guitariste (un) 24

H
289 habillé(e) 12
290 habitué(e) (un/e) 16
291 hall (un) 13
292 handicapé(e) un(e) 11
293 haricots (des) 7
294 hectare (un) 15
295 hésiter 6
296 heureusement 9
297 hippodrome (un) 20
298 histoire (une) 1
299 hôpital (un) 13
300 horoscope (un) 24
301 horreur (une) 14
302 horrible 2
303 hors de 6

I
304 idéal (un) 14
305 idole (une) 16
306 ignorer que + ind. 24
307 immédiatement 21

GLOSSARY

This glossary lists the essential vocabulary used in the pages 1 and 2 of each lesson.

1 damaged 6
2 to take shelter 24
3 absence (an) 22
4 absolutely 14
5 to accept something 16
6 accessible 15
7 accident (an) 13
8 to acclaim somebody 16
9 accompanied 18
10 to welcome somebody 16
11 activity (an) 19
12 at the moment 16
13 bound for 15
14 admiration (an) 10
15 to admire something 1
16 adorable 23
17 poster (a) 18
18 hideous 2
19 age (an) 18
20 elderly 11
21 assistance (an) 13
22 garlic 7
23 elsewhere 15
24 rest area (a) 4
25 to add something
   to something 6
26 at the end 8
27 at the same time 19
28 in advance 7
29 album (an) 16
30 to lie down 22
31 in the opposite direction 20
32 ambitious 22
33 unless 19
34 in love 14
35 lecture theatre (a) 2
36 to amuse somebody 9
37 ancient 1
38 announcement (an) 18
39 to announce something 16
40 apart from 6
41 from 10
42 within reach of 4
43 to appear 21
44 appreciated 16
45 fruit tree (a) 19
46 arena (an) 15
47 piece of silverware (a) 6
48 weapon (a) 22
49 to get better 24
50 to stop doing + inf. 10
51 artist (an) 15
52 to attend something 15
53 attentively 18
54 to attract somebody 15
55 at the foot of 12
56 at the beginning 10
57 audition (an) 23
58 at least 7
59 authorization (an) 14
60 motorway (a) 4
61 other (an) 6
62 enue (an) 5
63 shower (a) 24
64 to be impatient to 19
65 to have the impression 14
66 to be afraid of something/
   somebody 12
67 to be afraid that + subj. 19
68 to have an appointment
   with somebody 3
69 bath (a) 17
70 kiss (a) 21
71 walk (a) 11
72 balcony (a) 5
73 ballet (a) 21
74 banal 13
75 comic strip (a) 6
76 suburbs (the) 5
77 bar (a) 10
78 to build something 22

79 to chat (with) 12
80 silly 18
81 piece of jewellery (a) 12
82 to drink 7
83 wood 6
84 box (a) 7
85 happiness (the) 16
86 blood sausage (a) 21
87 book (a) 24
88 fog (the) 4
89 noise (the) 5
90 to hide 21
91 to hide 4
92 crate (a) 6
93 calm 5
94 to calm down 20
95 camera (a) 20
96 camescope (a) 1
97 camping (the) 3
98 canton (a) 19
99 rubber (some) 15
100 career (a) 20
101 jersey (a) 20
102 single 13
103 city centre (the) 11
104 brain (a) 23
105 that is to say 20
106 chair (a) 6
107 maid's room (a) 13
108 room in a guest house (a) 3
109 field (a) 4
110 champion (a) 20
111 song (a) 10
112 to sing 18
113 hat (a) 9
114 pork's meat 21
115 expenses (the) 14
116 bald 18
117 path (a) 4

118 horse (a) 20
119 to choose somebody/
   something 14
120 sky (the) 4
121 film director (a) 16
122 traffic (the) 11
123 pale 18
124 slap (a) 1
125 key (a) 13
126 Coke (a) 1
127 collection (a) 6
128 co-renting (the) 14
129 anger (the) 21
130 musical (a) 18
131 comedy 23
132 to order something 23
133 shopkeeper (a) 11
134 common 14
135 to compare 6
136 competent 18
137 to understand something 2
138 to count 15
139 competition (a) 22
140 comfort (the) 3
141 to advise somebody to + inf. 10
142 contract (a) 18
143 close to 22
144 to contribute to + inf. 22
145 to suit somebody 23
146 to summon somebody 18
147 particular about his (her)
   appearance 21
148 mischievous 12
149 to correspond to something 18
150 bullfight (a) 15
151 chore (a) 14
152 cosmopolitan 19
153 continental quilt (a) 24
154 couple (a) 13
155 current (the) 4
156 mail (the) 19

157 race (a) 3
158 to cost 11
159 crab (a) 3
160 to fear 14
161 cream (the) 7
162 crystal 6
163 to pass somebody 12
164 to pick something 4
165 to cook something 8
166 cultural (the) 19
167 dangerous 11
168 to date from 1
169 more 21
170 to decide to + inf. 13
171 to decide to + inf. 19
172 to taste something 19
173 to move 5
174 teeth (the) 17
175 departure (the) 20
176 to overtake somebody 20
177 expense (an) 14
178 since 14
179 to go down 1
180 to determine 17
181 destroyed 20
182 to develop something 16
183 to guess something 12
184 duty 11
185 homework 17
186 difficult 2
187 diploma (a) 2
188 to say something to somebody 4
189 director (a) 15
190 direction (a) 5
191 to talk about something 17
192 to disappear 21
193 to argue 21
194 divorcee 13
195 back (the) 12
196 gently 8
197 soft 17
198 hard 2
199 dynamic 17
200 ladder (a) 24
201 to listen to somebody 1
202 to write to somebody 4 /
   something 10
203 efficient 11
204 student (a) 3
205 packaging (a) 12
206 traffic jam (a) 11
207 programme (a) 15
208 to move in 24
209 to borrow something
   from somebody 9
210 to leave 2
211 down below 1
212 again 4
213 actually 10
214 child (a) 3
215 finally 2
216 to run away 22
217 enormous 7
218 in particular 19
219 owing to 24
220 on the other hand 21
221 together 14
222 to hear that + ind. 13
223 burial (a) 9
224 ahead 20
225 to train 18
226 to send something
   to somebody 18
227 shoulder (a) 12
228 time (a) 6
229 to marry somebody 21
230 shrimp net (a) 15
231 balance (a) 14
232 mistake (a) 11
233 to climb on something 13
234 stopover (a) 1

235 space (a) 14
236 to hope 2
237 to wipe 21
238 case (a) 21
239 exactly 4
240 to exaggerate 2
241 exasperation (an) 10
242 exceptional 16
243 excitement (an) 16
244 excursion (an) 19
245 excuse (an) 22
246 to apologize 7
247 experience (an) 17
248 invoice (an) 24
249 hunger (to be hungry) 1
250 to serve a snack/ dinner
   to somebody 17
251 to please oneself 6
252 fan (a) 16
253 fairy (a) 21
254 window (a) 13
255 feria (a) 15
256 closed 21
257 festival (a) 16
258 file (a) 18
259 fever (the) 16
260 godchild (a) 19
261 to stroll 6
262 necessarily 24
263 whisk (a) 8
264 crowd (the) 16
265 oven (an) 8
266 fork (a) 8
267 to hang about something 6
268 to quiver 2
269 bother (a) 3
270 to avoid 22
271 smoker/ non-smoker (a) 14
272 furious 12
273 future 10
274 cheerful 17
275 cheerfully 21
276 to gallop 20

277 glove (a) 12
278 caretaker (a) 21
279 embarrassed 13
280 to slip 22
281 to have a sweet tooth 19
282 to taste 17
283 thanks to 15
284 strike (the) 24
285 jackpot (the) 23
286 Gruyère (some) 7
287 to look out for somebody 16
288 guitarist (a) 24
289 dressed 12
290 regular (a) 16
291 hall (a) 13
292 disabled person (a) 11
293 beans (some) 7
294 hectare (an) 15
295 to hesitate 6
296 fortunately 9
297 racetrack (a) 20
298 story (a) 1
299 hospital (a) 13
300 horoscope 24
301 horror (a) 14
302 horrible 2
303 outside 6
304 ideal (an) 14
305 idol (an) 16
306 to ignore that + ind. 24
307 immediately 21
308 buiding (a) 13
309 impossible 6
310 inaccessible 11
311 inaugurated 20
312 stranger (a) 10
313 indemnity (an) 11

قاموس

يحتوي هذا القاموس على الكلمات الأساسية المستخدمة في الصفحتين الأولى والثانية من كل درس،

词汇

词汇表按照字母顺序列入每课第一、二页里使用的主要生词。

単語集

前の番号はフランス語の単語集のABC順で, 後ろの番号は課の番号です

N° d'éditeur : 101 57466 - Janvier 2009
Imprimé en Italie par Vincenzo Bona - Torino